中华人民共和国海船船员培训大纲熟悉训练资源

（第3版）

船舶机舱自动化

（电子电气员）

大连海事大学交通运输教材研究所 　组织编写

电子电气专业

大连海事大学出版社
DALIAN MARITIME UNIVERSITY PRESS

图书在版编目（CIP）数据

船舶机舱自动化：电子电气员／大连海事大学交通运输教材研究所，中国海事服务中心编. — 3版.

大连：大连海事大学出版社，2025.6. — ISBN 978-7-5632-4709-7

Ⅰ. U664.82

中国国家版本馆 CIP 数据核字第 20251YX616 号

大连海事大学出版社出版

地址：大连市黄浦路523号　邮编：116026　电话：0411-84729665（营销部）　84729480（总编室）

http：//press.dlmu.edu.cn　E-mail：dmupress@ dlmu.edu.cn

大连天骄彩色印刷有限公司印装　　　　　　　　大连海事大学出版社发行

2020 年 11 月第 1 版　　　2025 年 6 月第 3 版　　　2025 年 6 月第 1 次印刷

幅面尺寸：184 mm×260 mm　　　　　　字数：318 千　　　　　印张：12.75

出版人：余锡荣

责任编辑：张　冰　　　　　　　　　　　　　　　　　责任校对：刘宝龙

封面设计：解瑶瑶　　　　　　　　　　　　　　　　　版式设计：解瑶瑶

ISBN 978-7-5632-4709-7　　　定价：38.00 元

第 3 版
前　言

　　"中华人民共和国海船船员培训大纲熟悉训练资源"（以下简称"训练资源"）自首版发行以来，深受广大航海教育培训机构、航运企业及海船船员的重视与欢迎。作为衔接船员培训和船员适任能力要求的重要载体，"训练资源"第 1 版和第 2 版在过去的实践中，紧密围绕海船船员培训大纲的核心要求，坚持以船员岗位能力培养为导向，为国内船员培训体系的有效实施提供了坚实支撑，已成为课堂教学与学员自学不可或缺的权威参考资料。"训练资源"结构清晰、重点突出、贴近实践，对系统掌握知识要点、顺利通过考试成效显著，在提升我国海船船员专业素养和能力方面发挥了基础性作用。

　　基于"训练资源"前两版的成功经验，结合教学单位、考评专家及一线船员宝贵意见，大连海事大学交通运输教材研究所启动了"训练资源"第 3 版的全面修订工作。本次修订严格遵循 2021 年《中华人民共和国海船船员培训大纲》和 2022 年《中华人民共和国海船船员考试大纲》的要求，秉持一贯的严谨性和实用性原则，旨在更好地服务于新形势下航海人才培养的需要。本次修订的主要特点体现在以下几个方面：

　　1.内容体系的与时俱进与精准对接。密切关注行业最新发展趋势和规范要求，在严格遵循现行有效公约、国内法律法规的原则下，对教材内容进行细致的梳理、补充和更新，确保所有知识点、能力要求与现行培训大纲和考试大纲保持高度一致，强化对大纲理解深度和广度的覆盖。同时对近年来大纲中进一步强调的关键知识点和技能要求进行了着重阐释和充实。

　　2.知识内涵的充实完善与深度优化。在保持原有优秀框架的同时，分别对驾驶、轮机、电子电气专业分册内容进行了系统的优化提升。结合近年来航运技术和管理实践的发展，以及对操作流程、安全要求的深入理解，修订组对相关章节进行了逻辑重构与内容深化，增加了对关键概念、基本原理和典型操作场景的更深入的解析，力求内容更加精炼、准确、易懂，更好地满足学员深度学习和能力内化的需求。同时对前两版中的表述进行了全面的规范化和精炼化处理。

　　3.实践导向的持续强化与案例更新。强化训练资源的实践性和应用性特点。参考最新的事故案例分析和行业经验总结，对各类船舶实际操作情境的描述、应急处置程序以及典型设备操作要点的讲解进行了更新和细化，力求使学员能够更直观地理解抽象理论在实际工作中的应用，有效培养其分析问题、解决实际问题的职业能力。

　　4.教学适用性的整体提升与交互呈现形式。充分考虑不同层次培训对象的需求和教学过程的规律，在内容组织、重点强调、互动设计等方面进行深度优化。通过合理布局章节内容、醒目展示关键要点，并融入互动元素，以交互呈现的形式，便于教师灵活授课、学员高效学习，有效提升教学实用性与资源吸引力。

　　新版"中华人民共和国海船船员培训大纲熟悉训练资源"包括：

　　《航海学》（船长/大副）（第 3 版）

《船舶操纵与避碰》(船长/大副)(第 3 版)

《船舶结构与货运》(大副)(第 3 版)

《航海英语》(船长/大副)(第 3 版)

《船舶管理》(船长/大副)(第 3 版)

《航海学》(二/三副)(第 3 版)

《船舶操纵与避碰》(二/三副)(第 3 版)

《船舶结构与货运》(二/三副)(第 3 版)

《航海英语》(二/三副)(第 3 版)

《船舶管理》(二/三副)(第 3 版)

《主推进动力装置》(大管轮)(第 3 版)

《船舶辅机》(大管轮)(第 3 版)

《船舶电气与自动化》(轮机长/大管轮)(第 3 版)

《船舶管理》(轮机长/大管轮)(第 3 版)

《轮机英语》(轮机长/大管轮)(第 3 版)

《船舶动力装置》(轮机长)(第 3 版)

《主推进动力装置》(二/三管轮)(第 3 版)

《船舶辅机》(二/三管轮)(第 3 版)

《船舶电气与自动化》(二/三管轮)(第 3 版)

《船舶管理》(二/三管轮)(第 3 版)

《轮机英语》(二/三管轮)(第 3 版)

《船舶电气》(电子电气员)(第 3 版)

《船舶机舱自动化》(电子电气员)(第 3 版)

《船舶管理》(电子电气员)(第 3 版)

《信息技术与通信导航系统》(电子电气员)(第 3 版)

《电子电气员英语》(电子电气员)(第 3 版)

新版"中华人民共和国海船船员培训大纲熟悉训练资源"一书一码,刮开封底上的贴码,用手机微信扫描二维码登录,即可享受"海大 e 出版"平台服务,可在线刷题,可组卷模拟考试,亦可扫描书中"参考答案"后的"解析"二维码获得答案解析。

本次修订工作得到了各海事管理机构、各海事院校资深教师、航运企业专家、山东中航海事技术服务有限公司的大力支持和悉心指导,他们提供了许多富有建设性的意见和建议,为本教材质量的提升提供了重要保障。在此,谨致以最诚挚的谢意!

大连海事大学交通运输教材研究所

2025 年 3 月

扫码学习《深入学习贯彻党的二十大精神　加快建设交通强国
当好中国式现代化开路先锋》

第 2 版
前 言

"中华人民共和国海船船员培训大纲熟悉训练资源"是大连海事大学交通运输教材研究所在深入解读《海船船员培训大纲》的基础上,研究中华人民共和国海事局公布的大纲训练资源,针对海船船员适任考试的特点组织编写的。自问世以来,受到广大考生的一致好评。

为有效履行《1978年海员培训、发证和值班标准国际公约马尼拉修正案》,进一步规范海船船员的培训、发证工作,提高培训质量,提升海员业务素质,交通运输部于2021年发布了《海船船员培训大纲(2021版)》,对海船船员的适任要求,培训的理论知识、实践技能,评价标准及学时等做出了详细规定。为实施高素质船员队伍建设,进一步提升海船船员适任能力,加强考试管理,根据《中华人民共和国海船船员适任考试和发证规则》和《海船船员培训大纲(2021版)》,中华人民共和国海事局编制了《海船船员考试大纲(2022版)》并于2022年7月发布。

为了更加有效地帮助考生理解和掌握《海船船员培训大纲(2021版)》《海船船员考试大纲(2022版)》的要求,大连海事大学交通运输教材研究所在"中华人民共和国海船船员培训大纲熟悉训练资源"的基础上,对照大纲,对变化较大的驾驶专业、轮机专业、电子电气专业分册的内容进行了有益的增减,并对训练资源的部分内容进行了解析。新版"中华人民共和国海船船员培训大纲熟悉训练资源"更贴近海船船员适任考试实际,紧密结合我国有关海船船员职业培训的最新规定,针对性强,实用性强,知识点全面,易于学员学习、理解,是海船船员参加适任考试、培训必不可少的参考书。

新版"中华人民共和国海船船员培训大纲熟悉训练资源"包括:

《航海学》(船长/大副)(第2版)

《船舶操纵与避碰》(船长/大副)(第2版)

《船舶结构与货运》(大副)(第2版)

《航海英语》(船长/大副)(第2版)

《船舶管理》(船长/大副)(第2版)

《航海学》(二/三副)(第2版)

《船舶操纵与避碰》(二/三副)(第2版)

《船舶结构与货运》(二/三副)(第2版)

《航海英语》(二/三副)(第2版)

《船舶管理》(二/三副)(第2版)

《主推进动力装置》(大管轮)(第2版)

《船舶辅机》(大管轮)(第2版)

《船舶电气与自动化》(轮机长/大管轮)(第2版)

《船舶管理》(轮机长/大管轮)(第2版)

《轮机英语》(轮机长/大管轮)(第2版)

《船舶动力装置》(轮机长)(第2版)

《主推进动力装置》(二/三管轮)(第2版)

《船舶辅机》(二/三管轮)(第2版)

《船舶电气与自动化》(二/三管轮)(第2版)

《船舶管理》(二/三管轮)(第2版)

《轮机英语》(二/三管轮)(第2版)

《船舶电气》(电子电气员)(第2版)

《船舶机舱自动化》(电子电气员)(第2版)

《船舶管理》(电子电气员)(第2版)

《信息技术与通信导航系统》(电子电气员)(第2版)

《电子电气员英语》(电子电气员)(第2版)

新版"中华人民共和国海船船员培训大纲熟悉训练资源"一书一码,刮开封底上的贴码,手机微信扫描二维码登录,即可享受"海大e出版"平台服务,可在线刷题,可组卷模拟考试,亦可扫描书中"参考答案"后的"解析"二维码获得答案解析。

新版"中华人民共和国海船船员培训大纲熟悉训练资源"的出版和编写得到了各海事管理机构、航海院校培训机构、航运企业的关心和帮助,特致谢意。

大连海事大学交通运输教材研究所
2022年12月

第 1 版

前 言

　　为有效履行《1978 年海员培训、发证和值班标准国际公约》，进一步规范海船船员的培训、发证工作，提高培训质量，提升海员业务素质，交通运输部颁布了《中华人民共和国海船船员适任考试和发证规则》（以下简称"20 规则"），并发布《中华人民共和国海事局关于印发〈中华人民共和国海船船员适任考试和发证规则实施办法〉的通知》。通知指出："'20 规则'第二十九条规定的适任考试按照《海船船员培训大纲》确定的适任标准和内容实施。"

　　为更加有效地配合海船船员适任考试培训，帮助考生顺利通过考试，大连海事大学交通运输教材研究所在深入解读《海船船员培训大纲》的基础上，研究部海事局公布的大纲训练资源，针对海船船员适任考试的特点，组织编写了"中华人民共和国海船船员培训大纲熟悉训练资源"（以下简称"训练资源"）。

　　"训练资源"涵盖了各航区、各船舶等级、各部门的海船船员，所有专业、职级的考试内容，包括：

《航海学》（船长／大副）	《航海学》（二／三副）
《船舶操纵与避碰》（船长／大副）	《船舶操纵与避碰》（二／三副）
《船舶结构与货运》（大副）	《船舶结构与货运》（二／三副）
《航海英语》（船长／大副）	《航海英语》（二／三副）
《船舶管理》（船长／大副）	《船舶管理》（二／三副）

《GMDSS 综合业务》
《GMDSS 英语阅读》

《主推进动力装置》（大管轮）	《主推进动力装置》（二／三管轮）
《船舶辅机》（大管轮）	《船舶辅机》（二／三管轮）
《船舶电气与自动化》（轮机长／大管轮）	《船舶电气与自动化》（二／三管轮）
《船舶管理》（轮机长／大管轮）	《船舶管理》（二／三管轮）
《轮机英语》（轮机长／大管轮）	《轮机英语》（二／三管轮）
《船舶动力装置》（轮机长）	

《船长／驾驶员训练指南》（未满 500 总吨）

《轮机长／大管轮训练指南》（未满 750 kW）	《二／三管轮训练指南》（未满 750 kW）

《船舶电气》(电子电气员)

《船舶机舱自动化》(电子电气员)

《船舶管理》(电子电气员)

《信息技术与通信导航系统》(电子电气员)

《电子电气员英语》(电子电气员)

《水手业务》

《机工业务》

《电子技工业务》

《基本安全》

《精通救生艇筏和救助艇、精通快速
救助艇、高级消防》

《船舶医疗》

《船舶保安》

《油船和化学品船货物操作》

《液化气船货物操作》

《客船船员特殊培训》

《大型船舶操纵特殊培训》

《高速船船员特殊培训》

《船舶装载危险和有害物质作业》

《使用气体或其他低闪点燃料船舶》

《极地水域船舶操作》

"训练资源"具有针对性强、实用性强的特点,是海船船员参加适任考试、培训必不可少的参考书。

"训练资源"的出版,得到了中国海事服务中心的大力支持,在此表示感谢。在"训练资源"的编写过程中得到了各海事管理机构、航海院校、海员培训机构、航运企业等单位的关心和帮助,特致谢意。

大连海事大学交通运输教材研究所

2020 年 12 月

目　　录

第一章

船舶自动控制系统及技术

第一节　自动控制基础

1.在主机遥控系统中,采用反馈控制的有_____。
 A.启动控制   B.换向控制
 C.转速控制   D.制动控制

2.在定值控制系统中,为了能使被控量稳定在给定值上或附近,通常采用_____。
 A.手动控制系统   B.开环控制系统
 C.闭环正反馈控制系统   D.闭环负反馈控制系统

3.在锅炉水位控制系统中,参考水位罐和差压变送器属于_____。
 A.调节单元   B.测量单元
 C.执行机构   D.控制对象

4.在反馈控制系统中,为使被控参数能较快地恢复到给定值,该系统必须是_____。
 A.正反馈控制系统   B.负反馈控制系统
 C.逻辑控制系统   D.时序控制系统

5.组成反馈控制系统的基本单元不包括_____。
 A.测量单元   B.调节单元
 C.记录单元   D.执行机构

6.在反馈控制系统中,具有反馈功能的单元是_____。
 A.调节器   B.测量仪表
 C.执行机构   D.控制对象

7.在自动控制系统中,输出信号是反馈信号的单元是_____。
 A.测量单元   B.调节单元
 C.执行机构   D.控制对象

8.锅炉水位自动控制系统的控制对象为_____。
 A.热水井   B.给水调节阀
 C.锅炉   D.给水泵

9.在柴油机转速控制系统中,调节单元是_____。
 A.电子调速器   B.磁脉冲传感器

1

C.柴油机   D.电/液伺服器

10._____一般不用来作为船用气动或电动控制系统标准信号。

  A.0.02~0.1 MPa   B.0.02~0.1 Pa

  C.0~10 mA   D.4~20 mA

11.在燃油温度自动控制系统中,实际测量的加热器出口温度比所要控制的最佳温度高 10 ℃,这10 ℃值是_____。

  A.被控量   B.偏差值

  C.给定值   D.测量值

12.在反馈控制系统中,执行机构的输入是_____。

  A.被控参数的实际信号   B.调节器的输出信号

  C.被控参数的偏差信号   D.被控参数的给定信号

13.在反馈控制系统中,为使控制对象正常运行而要加以控制的工况参数是_____。

  A.给定值   B.被控量

  C.扰动量   D.反馈量

14.与闭环系统相比较,开环系统主要是没有_____。

  A.执行机构   B.反馈环节

  C.调节单元   D.显示单元

15.在反馈控制系统中,输入信号是被控量的偏差值,输出信号决定调节阀开度的单元是_____。

  A.显示单元   B.调节单元

  C.执行机构   D.测量单元

16.在柴油机气缸冷却水温度自动控制系统中,其测量单元是_____。

  A.参考水位罐和差压变送器   B.压力传感器和压力变送器

  C.感温元件和温度变送器   D.温度变送器和调节器

17.在闭环系统的方框图中,若输入是扰动信号,输出为被控量,则该环节是_____。

  A.调节单元   B.测量单元

  C.执行机构   D.控制对象

18.在反馈控制系统中,调节单元根据_____的大小和方向,输出一个控制信号。

  A.给定值   B.偏差值

  C.测量值   D.扰动量

19.主机在高负荷区加速过程中转速控制系统属于_____。

  A.定值控制系统   B.程序控制系统

  C.随动控制系统   D.开环控制系统

20.在以下系统中,属于反馈控制系统的是_____。

  A.辅锅炉点火控制系统   B.分油机排渣控制系统

  C.主机遥控中启动控制系统   D.柴油机气缸冷却水温度控制系统

21.船舶主机燃油黏度控制系统是_____。

  A.定值控制系统   B.程序控制系统

C.随动控制系统　　　　　　　　　　　D.开环控制系统

22.在反馈控制系统中,给定值任意变化的控制系统属于_____。

    A.定值控制系统　　　　　　　　　　　B.程序控制系统

    C.随动控制系统　　　　　　　　　　　D.开环控制系统

23.反馈控制系统按给定值的不同可分为_____三类。

    A.定值控制、随动控制和程序控制　　　B.定值控制、随动控制和反馈控制

    C.反馈控制、随动控制和程序控制　　　D.定值控制、有差控制和无差控制

24.反馈控制系统随动控制的特点是_____。

    A.给定值是不变的,系统始终保持被控量在给定值上或附近

    B.给定值是变化的,变化规律是不确定的

    C.给定值是变化的,变化规律是确定的

    D.给定值恒定和变化交替进行

25.对随动控制系统来说,其主要扰动是_____。

    A.电源或气源的波动　　　　　　　　　B.给定值的变动

    C.控制对象负荷的变化　　　　　　　　D.调节器参数整定不合格

26.船舶柴油主机的滑油温度控制系统属于_____。

    A.定值控制　　　　　　　　　　　　　B.程序控制

    C.随动控制　　　　　　　　　　　　　D.函数控制

27.在机舱常用控制系统中,属于定值控制系统的是_____控制系统。

    A.锅炉点火　　　　　　　　　　　　　B.分油机排渣

    C.燃油黏度　　　　　　　　　　　　　D.手动操舵

28._____不属于反馈控制系统。

    A.主机遥控换向控制系统　　　　　　　B.燃油黏度自动控制系统

    C.主机冷却水温度自动控制系统　　　　D.船舶自动舵控制系统

29.对反馈控制而言,程序控制与定值控制、随动控制的主要区别是_____。

    A.给定值不变　　　　　　　　　　　　B.给定值有规律变化

    C.给定值无规律变化　　　　　　　　　D.被控量不变

30.在反馈控制系统中,设定值如果是固定不变的,则称为_____。

    A.定值控制　　　　　　　　　　　　　B.程序控制

    C.随动控制　　　　　　　　　　　　　D.函数控制

31.给定值按人们事先安排好的规律进行变化的控制系统是_____。

    A.定值控制系统　　　　　　　　　　　B.程序控制系统

    C.随动控制系统　　　　　　　　　　　D.开环控制系统

32.给定值是变化的且变化规律不是由人们事先规定好的控制系统是_____。

    A.定值控制系统　　　　　　　　　　　B.随动控制系统

    C.开环控制系统　　　　　　　　　　　D.程序控制系统

33.发电机的原动机(柴油机)的速度控制系统是_____。

    A.定值控制系统　　　　　　　　　　　B.随动控制系统

C.程序控制系统　　　　　　　　　　　　D.开环控制系统

34.对定值控制系统来说,其主要扰动是_____。

　　A.电源或气源的波动　　　　　　　　B.给定值的变动

　　C.控制对象的负荷变化　　　　　　　D.调节器参数整定不合适

35.给定值是时间函数的自动控制系统属于_____。

　　A.定值控制系统　　　　　　　　　　B.函数控制系统

　　C.随动控制系统　　　　　　　　　　D.程序控制系统

36.在反馈控制系统中,采用定值控制的目的是_____。

　　A.在系统受到扰动时使被控量能尽快地恢复到给定值上或附近

　　B.给定值随工况变化,被控量能尽快地恢复到给定值上或附近

　　C.给定值不变,被控量也始终保持不变

　　D.给定值在一定范围内变动,被控量也在较小范围内变化

37.反馈控制系统程序控制的特点是_____。

　　A.给定值是不变的,系统始终保持被控量在给定值上或附近

　　B.给定值是变化的,变化规律是不确定的

　　C.给定值是变化的,变化规律是确定的

　　D.给定值恒定和变化交替进行

38.按偏差控制运行参数的控制系统是一个_____系统。

　　A.正反馈控制　　　　　　　　　　　B.负反馈控制

　　C.逻辑控制　　　　　　　　　　　　D.随动控制

39.反馈控制系统中若测量单元发生故障而无信号输出,这时被控量将_____。

　　A.保持不变　　　　　　　　　　　　B.达到最大值

　　C.达到最小值　　　　　　　　　　　D.不能自动控制

40.在反馈控制系统中,若执行机构发生故障而卡死在某一位置,这时被控量将_____。

　　A.保持不变　　　　　　　　　　　　B.达到最大值

　　C.达到最小值　　　　　　　　　　　D.不能自动控制

41.在改变给定值的控制系统中,用来衡量系统准确性的指标是_____。

　　A.振荡次数　　　　　　　　　　　　B.上升时间

　　C.衰减率　　　　　　　　　　　　　D.静态偏差

42.在定值控制系统中,其动态过程的衰减率 $0<\varphi<1$,则该动态过程是_____。

　　A.非周期过程　　　　　　　　　　　B.衰减振荡过程

　　C.等幅振荡过程　　　　　　　　　　D.发散振荡过程

43.用来衡量定值控制系统快速性的指标是_____。

　　A.静态偏差　　　　　　　　　　　　B.最大动态偏差

　　C.过渡过程时间　　　　　　　　　　D.衰减率

44.用来衡量定值控制系统稳定性的指标是_____。

　　A.静态偏差　　　　　　　　　　　　B.最大动态偏差

　　C.过渡过程时间　　　　　　　　　　D.振荡次数

45.某一反馈控制系统的过渡过程为发散振荡,其衰减率应_____。

A.小于 0　　　　　　　　　　　B.等于 0

C.等于 1　　　　　　　　　　　D.无穷大

46.自动控制系统从扰动发生到建立新的稳态过程所需要的时间称为_____。

A.上升时间　　　　　　　　　　B.峰值时间

C.过渡过程时间　　　　　　　　D.振荡周期

47.对于自动控制系统,最不利的扰动形式是_____。

A.阶跃输入　　　　　　　　　　B.速度输入

C.加速度输入　　　　　　　　　D.脉冲输入

48.在系统过渡过程曲线上,第一个波峰到第二个波峰之间的时间称为_____。

A.过渡过程时间　　　　　　　　B.振荡周期

C.上升时间　　　　　　　　　　D.峰值时间

49.反馈控制系统衰减率从 0 变到 1,则系统的振荡情况为_____。

A.发散→振荡→非周期　　　　　B.惯性→衰减振荡→发散

C.等幅振荡→衰减振荡→非周期　D.发散→衰减振荡→惯性

50.反馈控制系统衰减率 $\varphi=0$ 的过渡过程是_____。

A.发散振荡过程　　　　　　　　B.非周期过程

C.等幅振荡过程　　　　　　　　D.衰减振荡过程

51.衡量自动控制系统快速性的指标是_____。

A.衰减率　　　　　　　　　　　B.最大动态偏差

C.过渡过程时间　　　　　　　　D.超调量

52.理想的定值控制系统过渡过程是_____。

A. y / O / t　　　　　　　B. y / O / t

C. y / O / t　　　　　　　D. y / O / t

53.在控制系统动态过程结束后,被控量的稳态值与给定值之差称为_____。

A.静态偏差　　　　　　　　　　B.最大动态偏差

C.超调量　　　　　　　　　　　D.衰减率

54.反馈控制系统从扰动发生到系统达到新稳态的这段时间称为_____。

A.上升时间　　　　　　　　　　B.峰值时间

C.过渡过程时间　　　　　　　　D.振荡周期

55.最大动态偏差小的控制系统,其_____。

A.过渡过程时间长　　　　　　　B.稳定性好

C.动态精度高　　　　　　　　　D.动态精度低

56.在反馈控制系统中,过渡过程时间和稳态偏差(或称静态偏差)分别用于描述系统的_____。

　　A.动态特性和静态特性　　　　　　　　　B.静态特性和动态特性

　　C.静态特性和静态特性　　　　　　　　　D.动态特性和动态特性

57.在对自动控制系统进行分析时,最常采用的扰动形式是_____。

　　A.阶跃输入　　　　　　　　　　　　　　B.斜坡输入

　　C.加速度输入　　　　　　　　　　　　　D.脉冲输入

58.最大动态偏差用来衡量控制系统的_____。

　　A.稳定性　　　　　　　　　　　　　　　B.精确性

　　C.快速性　　　　　　　　　　　　　　　D.稳定性、快速性

59.在定值控制系统中,其动态过程的衰减率$\varphi=1$,则该动态过程是_____。

　　A.非周期过程　　　　　　　　　　　　　B.衰减振荡过程

　　C.等幅振荡过程　　　　　　　　　　　　D.发散振荡过程

60.在定值控制系统中,其动态过程的衰减比为1：2,则该动态过程为_____。

　　A.非周期过程　　　　　　　　　　　　　B.衰减振荡过程

　　C.等幅振荡过程　　　　　　　　　　　　D.发散振荡过程

61.在采用比例、积分、微分三作用调节器的控制系统中,起作用最慢的环节是_____。

　　A.微分和积分环节　　　　　　　　　　　B.微分环节

　　C.积分环节　　　　　　　　　　　　　　D.比例环节

62.若给比例积分微分(PID)调节器输入一个阶跃偏差信号,在其输出特性曲线中首先起控制作用的是_____。

　　A.比例　　　　　　　　　　　　　　　　B.比例和积分

　　C.比例和微分　　　　　　　　　　　　　D.积分和微分

63.有一台调节器施加阶跃输入信号后,它先有一个较大的阶跃输出,然后该输出逐渐减小,当达到某值后,又随时间逐渐增大,这是_____。

　　A.比例控制规律　　　　　　　　　　　　B.比例积分控制规律

　　C.比例积分微分控制规律　　　　　　　　D.比例微分控制规律

64.积分控制规律是指_____。

　　A.调节器的输出变化量与输入偏差变化量成正比

　　B.调节器的输出变化量与输入偏差的变化速度成正比

　　C.调节器的输出变化速度与输入偏差变化量成正比

　　D.调节器的输出变化速度与输入偏差的变化速度成正比

65.比例控制规律是指_____。

　　A.调节器的输出变化量与输入偏差变化量成正比

　　B.调节器的输出变化量与输入偏差的变化速度成正比

　　C.调节器的输出变化速度与输入偏差变化量成正比

　　D.调节器的输出变化速度与输入偏差的变化速度成正比

66.令调节器输出量为p,输入量为e,输出量随时间的变化规律如下图所示,则这是_____。

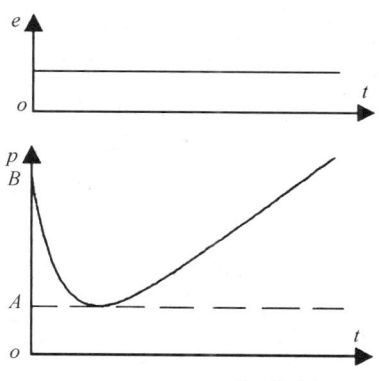

A.PID 调节器   B.PI 调节器

C.PD 调节器   D.P 调节器

67.有两台 PID 调节器 R_1 和 R_2,其参数整定为 $PB_1 < PB_2$,$T_{i1} < T_{i2}$,$T_{d1} < T_{d2}$,这表示_____。

    A.R_1 的比例、积分、微分作用都比 R_2 强

    B.R_1 的比例、积分、微分作用都比 R_2 弱

    C.R_1 的比例、积分作用比 R_2 弱,微分作用比 R_2 强

    D.R_1 的比例、积分作用比 R_2 强,微分作用比 R_2 弱

68.有两台 PID 调节器 R_1 和 R_2,其参数整定为 $PB_1 > PB_2$,$T_{i1} > T_{i2}$,$T_{d1} > T_{d2}$,这表示_____。

    A.R_1 的比例、积分、微分作用都比 R_2 强

    B.R_1 的比例、积分、微分作用都比 R_2 弱

    C.R_1 的比例、积分作用比 R_2 弱,微分作用比 R_2 强

    D.R_1 的比例、积分作用比 R_2 强,微分作用比 R_2 弱

69.有两台 PID 调节器 R_1 和 R_2,其参数整定为 $PB_1 > PB_2$,$T_{i1} > T_{i2}$,$T_{d1} < T_{d2}$,这表示_____。

    A.R_1 的比例、积分、微分作用都比 R_2 强

    B.R_1 的比例、积分、微分作用都比 R_2 弱

    C.R_1 的比例、积分作用比 R_2 弱,微分作用比 R_2 强

    D.R_1 的比例、积分作用比 R_2 强,微分作用比 R_2 弱

70.在反作用式 PID 调节器中,当测量值阶跃增大时,调节器输出的阶跃响应曲线为_____。

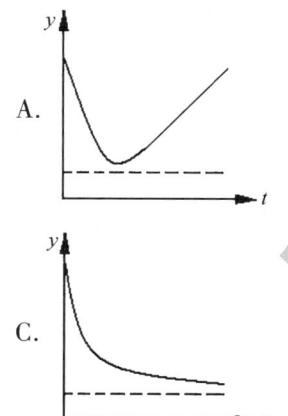

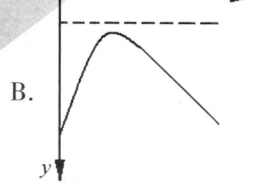

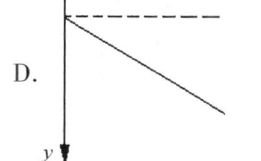

71.当一个调节器输入阶跃偏差信号时,输出信号是阶跃变化信号,该调节器是_____。
  A.P 调节器   B.PI 调节器
  C.I 调节器   D.PD 调节器

72.在采用比例调节器的控制系统中,导致系统的稳定性差的原因很可能是_____。
  A.比例带太大   B.比例带太小
  C.给定值太大   D.给定值太小

73.在比例积分微分控制规律中,微分控制的特点是_____。
  A.适用于控制对象惯性小、迟延小的系统
  B.对被控量控制不及时,能消除静态偏差
  C.具有超前控制作用,能提高系统稳定性
  D.具有超前控制作用,能消除静态偏差

74.在比例积分微分控制规律中,比例控制的特点是_____。
  A.对被控量控制及时,不能消除静态偏差
  B.对被控量控制不及时,能消除静态偏差
  C.具有超前控制作用,能提高系统稳定性
  D.具有超前控制作用,能消除静态偏差

75.当一个调节器输入信号为阶跃信号时,输出信号为没有任何延迟的阶跃信号,该调节器是_____。
  A.比例调节器   B.微分调节器
  C.比例微分调节器   D.比例积分调节器

76.机舱中不适合采用 PID 调节器的系统是_____。
  A.温度控制系统   B.黏度控制系统
  C.液位控制系统   D.气压控制系统

77.被控量是温度的无差控制系统,一般采用_____控制规律。
  A.P   B.PID
  C.PD   D.双位

78.在比例控制系统中,被控量的静态偏差与_____。
  A.输入量成反比   B.输出量成正比
  C.扰动量成正比   D.放大倍数成正比

79.比例作用规律无法消除静态偏差的根本原因是调节器的_____。
  A.输出与偏差无关
  B.输出与偏差成正比
  C.输出变化量依赖于偏差的存在而存在
  D.输出与偏差成反比

80.在采用 PI 调节器所组成的控制系统中,积分控制的作用是_____。
  A.消除静态偏差   B.提高系统稳定性
  C.提高系统动态精度   D.实现超前控制

81.在控制对象时间常数较大的控制系统中,为了改善其动态性能,应采取_____调节规律。

A.比例　　　　　　　　　　　　　　B.比例微分

C.比例积分　　　　　　　　　　　　D.双位

82.在反馈控制系统传递方框图中,输出信号是被控量的单元是_____。

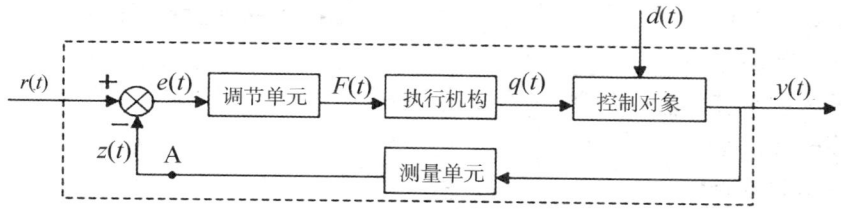

A.控制对象

C.执行机构

B.调节单元

D.测量单元

83.在船舶锅炉水位自动控制系统组成的传递方框图中,控制对象和被控量分别是_____。

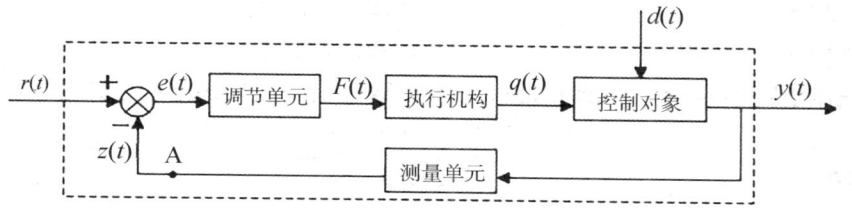

A.船舶和压力

C.锅炉和压力

B.锅炉和水位

D.船舶和水位

84.微分作用规律具有超前控制的能力,其根本原因是调节器的_____。

A.输出与偏差随时间的积分成比例

B.输出变化速度与偏差成正比

C.输出与偏差变化速度成比例

D.输出变化速度与偏差成反比

85.关于微分调节规律,错误的说法是_____。

A.微分调节不能单独使用　　　　　　B.具有超前调节作用

C.不能消除静态偏差　　　　　　　　D.适用于惯性小、迟延小的系统

86.采用 PID 调节的自动控制系统,为实现比例积分作用,应该_____。

A.全关积分阀　　　　　　　　　　　B.全开积分阀

C.全关微分阀　　　　　　　　　　　D.全开微分阀

87.当输入为阶跃信号时,调节器输出以恒定不变的速率变化,这是_____。

A.双位作用规律　　　　　　　　　　B.比例作用规律

C.积分作用规律　　　　　　　　　　D.微分作用规律

88.比例调节规律的优点是_____。

A.调节及时　　　　　　　　　　　　B.能消除静态偏差

C.有超前调节作用　　　　　　　　　D.有自适应控制能力

89.能消除静态偏差的调节器是_____。

A.双位调节器　　　　　　　　　　　B.P 调节器

C.PI 调节器   D.PD 调节器

90.积分调节在实践中极少被单独采用的主要原因是_____。

  A.在起始阶段调节太灵敏   B.容易引起超调和振荡

  C.积分时间难以调整   D.衰减率大,过渡过程时间长

91.积分调节规律的缺点是_____。

  A.输出与输入无对应关系

  B.不能消除静态偏差

  C.自适应控制能力弱

  D.调节不及时且会产生调节过头

92.某自动控制系统的给定值是变化的,而且其变化规律事先由人们规定好的某种函数,此控制系统是_____。

  A.定值控制系统   B.随动控制系统

  C.开环控制系统   D.程序控制系统

93.在定值自动控制系统中,为使其动态过程符合品质指标要求,系统的衰减率应整定为_____。

  A.0   B.0.5~0.7

  C.0.75~0.9   D.1

第二节 数据处理技术和 PLC 程序设计

1.由若干_____构成的,能够实现_____等复杂功能的数字设备,称为数字系统。

  A.数字电路和逻辑部件;数据存储、传送和处理

  B.数字电路和逻辑部件;模拟信号存储、传送和处理

  C.模拟电路和逻辑部件;模拟信号存储、传送和处理

  D.模拟电路和逻辑部件;数据存储、传送和处理

2.以下对数字系统结构输入、输出接口的描述正确的是_____。

  A.是数字系统中数据传送、存储和处理的单元

  B.是控制系统内各部分协同工作的电路

  C.存储数据和各种控制信息,以供控制器调用

  D.用于系统和外界信息交换

3.以下对数字系统结构存储器的描述正确的是_____。

  A.是数字系统中数据传送、存储和处理的单元

  B.是控制系统内各部分协同工作的电路

  C.存储数据和各种控制信息,以供控制器调用

  D.用于系统和外界信息交换

4._____位二进制数可以表示 1 位八进制数。

  A.2   B.3

  C.4   D.8

5.8421 BCD 码_____表示十进制数67。

    A.0100 0011　　　　　　　　　　　　B.0103

    C.0043　　　　　　　　　　　　　　D.0110 0111

6.以下数据类型的精度自低至高的顺序为_____。

    ①byte；②double；③float；④int

    A.①②③④　　　　　　　　　　　　B.①③②④

    C.①④③②　　　　　　　　　　　　D.①④②③

7.在逻辑函数中，若有 n 个变量，则会有_____种变量组合。

    A.n　　　　　　　　　　　　　　B.n^2

    C.$2n$　　　　　　　　　　　　　　D.2^n

8.以下数制不是常用的是_____。

    A.二进制　　　　　　　　　　　　　B.十进制

    C.六进制　　　　　　　　　　　　　D.十六进制

9.在微型计算机 CPU 中，可用于存放中间运算结果、数据或地址的部件是_____。

    A.堆栈指示器　　　　　　　　　　　B.通用寄存器

    C.程序计数器　　　　　　　　　　　D.指令寄存器

10.通过加入相应的电压及控制信号来改写某一个字节的内容或擦除全部内容的存储器是_____。

    A.RAM　　　　　　　　　　　　　B.PROM

    C.EPROM　　　　　　　　　　　　D.EEPROM

11.ROM 是一种_____的内存储器。

    A.永久性、随机性　　　　　　　　　B.易失性、随机性

    C.永久性、只读性　　　　　　　　　D.易失性、只读性

12.内存储器可分为_____。

    A.RAM 和 ROM　　　　　　　　　　B.硬盘存储器和光盘存储器

    C.内存储器和外存储器　　　　　　　D.ROM 和 EPROM

13.某台计算机的字长为8个字节，则该机器_____。

    A.能够处理的最大数值是8位十进制数

    B.能够处理的二进制数最多位数是8位

    C.在 CPU 中能够作为一个整体处理64位的二进制代码

    D.在 CPU 中能够运算的最大结果为256

14.存储器的作用不包括_____。

    A.控制输入捕获　　　　　　　　　　B.存放系统程序

    C.存放用户程序　　　　　　　　　　D.存放工作状态数据

15.在下列存储器中，掉电内容丢失的是_____。

    A.ROM　　　　　　　　　　　　　B.EPROM

    C.EEPROM　　　　　　　　　　　　D.RAM

16.为了防止 PLC 中保存的内容掉电丢失，采用的方法是_____。

  A.使用电容对存储器进行保护

  B.使用电阻对存储器进行保护

  C.使用电感对存储器进行保护

  D.使用二极管对存储器进行保护

17.下列说法正确的是_____。

  A.RAM 掉电内容不丢失

  B.EPROM 单元可以直接写入

  C.EEPROM 使用紫外线照射的方法进行抹除

  D.EEPROM 掉电内容不丢失

18.以下为字节访问的是_____。

  A.VB10   B.V10.0

  C.VW10   D.VD10

19.MB20 代表的是_____访问方式。

  A.位访问   B.字节访问

  C.字访问   D.双字访问

20.VW10 代表的字节数为_____。

  A.1   B.2

  C.4   D.6

21.在微型计算机中,通常把_____定义为一个字节。

  A.4 位二进制数   B.8 位二进制数

  C.16 位二进制数   D.32 位二进制数

22.用二进制代码形式表示的计算机语言编写程序,其缺点是_____。

  ①直观性差;②计算机不易识别;③通用性差;④容易出错;⑤计算机不能直接执行

  A.②③④   B.②③⑤

  C.①④⑤   D.①③④

23.在计算机中,用来存放数据和程序的部件是_____。

  A.运算器   B.寄存器

  C.控制器   D.存储器

24.在下列存储器中,可用电擦除原来信息的只读存储器是_____。

  A.RAM   B.ROM

  C.EPROM   D.EEPROM

25.微型计算机通常采用异步通信,数据通常是以字符(或字节)为单位组成字符帧传送的。为保证发射和接收的协调,需要发射方和接收方的_____一致。

  A.CPU   B.波特率

  C.CPU 的时钟源   D.机器周期

26.在微型计算机的CPU 中,程序指令执行次序是由_____确定的。

  A.程序计数器   B.累加器

  C.指令寄存器   D.标志寄存器

27.累加器不能以_____方式进行数据存取。

    A.位   B.字节

    C.字   D.双字

28.PLC 采样后,把采样结果放至_____。

    A.变量存储器   B.局部存储器

    C.输入映像寄存器   D.累加器

29.PLC 数据处理完成后,输出信号直接送到_____。

    A.输出端子   B.变量存储器

    C.局部存储器   D.输出映像寄存器

30.作为局部有效的中间变量的存储区为_____。

    A.局部存储器   B.变量存储器

    C.定时器存储器   D.计数器存储器

31.起到中间状态暂存作用的是_____。

    A.局部存储器   B.变量存储器

    C.内部标志位存储器   D.计数器存储器

32.S7-200 有_____个局部存储器。

    A.16   B.32

    C.64   D.128

33.在模拟量信号中,电压信号的有效值为_____。

    A.0~5 V   B.3~5 V

    C.4~20 V   D.0~100 V

34.在模拟量信号中,电流信号的有效值为_____。

    A.0~5 A   B.3~5 A

    C.4~20 mA   D.0~100 mA

35.当采集数据相近时,一般采用的数据处理方法是_____。

    A.算术平均值法   B.比较取舍法

    C.中值法   D.数字滤波法

36.在运行过程中,若要使输出的状态与两个单元数据的大小有关,则应使用的操作为_____。

    A.数据比较   B.数据传送

    C.数据移位   D.数据转换

37.平均值滤波的方法需要使用的操作为_____。

    A.数据比较   B.数据传送

    C.数据移位   D.数据运算

38.在下列数据运算的操作中,输入为整数、输出不一定为整数的运算为_____。

    A.加减运算   B.乘法运算

    C.加一减一   D.对数运算

39.根据经验进行判断,设定两次采样允许的最大偏差值 A,每次检测到新值时判断:如果本次值与上次值之差小于等于 A,则本次值有效;如果本次值与上次值之差大于 A,则本次值无效,放

弃本次值,用上次值代替本次值的滤波方法为_____。

  A.中位值滤波法   B.限幅滤波法

  C.算术平均滤波法   D.中位值平均滤波法

40.连续采样 N 次(N取奇数),把 N 次采样值按大小排列,取中间值为本次有效值的滤波方法为_____。

  A.中位值滤波法   B.限幅滤波法

  C.算术平均滤波法   D.中位值平均滤波法

41.连续取 N 个采样值进行算术平均运算的滤波方法为_____。

  A.中位值滤波法   B.限幅滤波法

  C.算术平均滤波法   D.中位值平均滤波法

42.把连续取到的 N 个采样值看成一组,组的长度固定为 N,每次采样到一个新数据放入组尾,并扔掉原来组首的一个数据,把组中的 N 个数据进行算术平均运算的滤波方法为_____。

  A.中位值滤波法   B.限幅滤波法

  C.递推平均滤波法   D.中位值平均滤波法

43.连续采样 N 个数据,去掉一个最大值和一个最小值,然后计算 $N-2$ 个数据的算术平均值的滤波方法为_____。

  A.中位值滤波法   B.限幅滤波法

  C.递推平均滤波法   D.中位值平均滤波法

44.将每次采样的新数据先进行限幅处理,再送入队列进行递推平均滤波处理的滤波方法为_____。

  A.中位值滤波法   B.限幅滤波法

  C.递推平均滤波法   D.限幅平均滤波法

45.不同时刻的数据加以不同的权的滤波方法为_____。

  A.中位值滤波法   B.一阶滞后滤波法

  C.加权递推平均滤波法   D.限幅平均滤波法

46.设置一个滤波计数器,将每次采样值与当前有效值比较:如果采样值等于当前有效值,则计数器清零;如果采样值不等于当前有效值,则计数器加1,并判断计数器是否大于等于上限 N(溢出),如果计数器溢出,则将本次值替换当前有效值,并清零计数器的滤波方法为_____。

  A.消抖滤波法   B.一阶滞后滤波法

  C.加权递推平均滤波法   D.限幅平均滤波法

47.将每次采样的新数据先进行限幅处理,再将每次采样值与当前有效值比较进行消抖的滤波方法为_____。

  A.消抖滤波法   B.限幅滤波法

  C.限幅平均滤波法   D.限幅消抖滤波法

48.低通滤波的主要缺点是无法兼顾_____。

  A.灵敏度和平稳度   B.灵敏度和准确度

  C.准确度和平稳度   D.清晰度和灵敏度

49.在S7-200中,中断程序可达_____个。

电子电气专业

A.16　　　　　　　　　　　　　　　　B.32

C.64　　　　　　　　　　　　　　　　D.128

50.在 S7-200 中,以下中断可以打断子程序的为_____。

①输入中断;②定时中断;③高速计数中断

A.①②　　　　　　　　　　　　　　　B.①③

C.②③　　　　　　　　　　　　　　　D.①②③

51.可编程序控制器执行用户程序的扫描过程包括的步骤是_____。

A.扫描处理　　　　　　　　　　　　　B.输入用户程序

C.内部通信　　　　　　　　　　　　　D.输出结果

52.PLC 的 I/O 总点数是指_____和_____的数量之和。

A.模拟信号;输出信号　　　　　　　　B.输入信号;模拟信号

C.数字信号;输出信号　　　　　　　　D.输入信号;输出信号

53.如下梯形图所示的指令功能为_____,指令表为_____。

```
        I0.0    I0.1            Q4.0
        ┤├──────┤├──────────────( )
                       │
                       │        Q4.1
                       └────────( )
```

		A	I0.0			O	I0.0
A.或操作;	A	I0.1		B.与操作;	O	I0.1	
	=	Q4.0			=	Q4.0	
	=	Q4.1			=	Q4.1	
C.与操作;	A	I0.0		D.或操作;	O	I0.0	
	A	I0.1			O	I0.1	
	=	Q4.0			=	Q4.0	
	=	Q4.1			=	Q4.1	

54.下列_____是 S7-200 系列 PLC 提供的定时器类型。

①接通延时型定时器;②断开延时型定时器;③记忆接通延时型定时器

A.①②　　　　　　　　　　　　　　　B.①③

C.②③　　　　　　　　　　　　　　　D.①②③

55.以下梯形图代表的定时器类型为_____。

①接通延时型定时器;②断开延时型定时器;③记忆接通延时型定时器

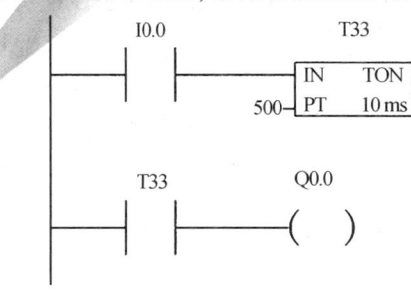

A.①   B.②

C.③   D.②或③

56.以下梯形图代表的定时器类型为_____。

①接通延时型定时器；②断开延时型定时器；③记忆接通延时型定时器

```
        I0.0                    T3
  ───────┤├───────┤├───────┌──────────────┐
                           │ IN      TONR │
                       500─┤ PT      10 ms│
                           └──────────────┘

        T3                     Q0.0
  ───────┤├───────┤├───────────(   )

        I0.1                    T3
  ───────┤├───────┤├───────────( R )
                                     1
```

A.①   B.②

C.③   D.①或②

57.如下梯形图所示的指令功能为_____，指令表为_____。

```
        I1.2          Q4.1
  ───────┤ P ├────────( )
```

A.正跳变；EU   LD I1.2   B.负跳变；EU   LD I1.2

           =   Q4.1   =   Q4.1

C.正跳变；ED   LD I1.2   D.负跳变；ED   LD I1.2

           =   Q4.1   =   Q4.1

58.如下梯形图所示的指令功能为_____，指令表为_____。

```
        I1.2          Q4.1
  ───────┤ N ├────────( )
```

A.正跳变；EU   LD I1.2   B.负跳变；EU   LD I1.2

           =   Q4.1   =   Q4.1

C.正跳变；ED   LD I1.2   D.负跳变；ED   LD I1.2

           =   Q4.1   =   Q4.1

59.以下梯形图代表字传送指令的是_____。

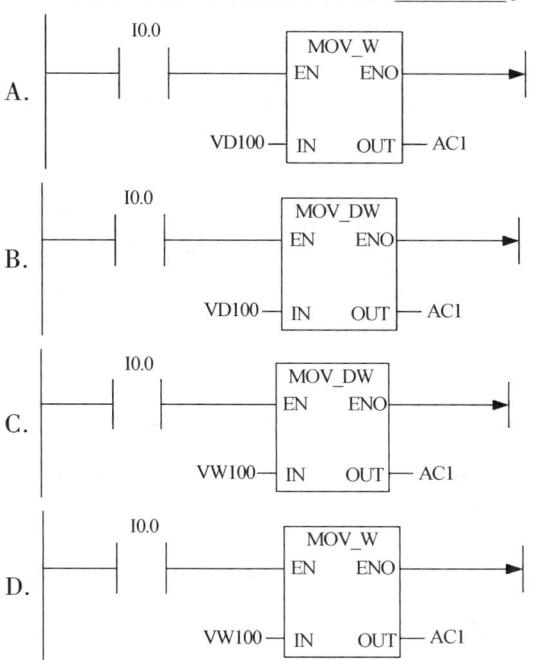

60.以下梯形图代表字节传送指令的是_____。

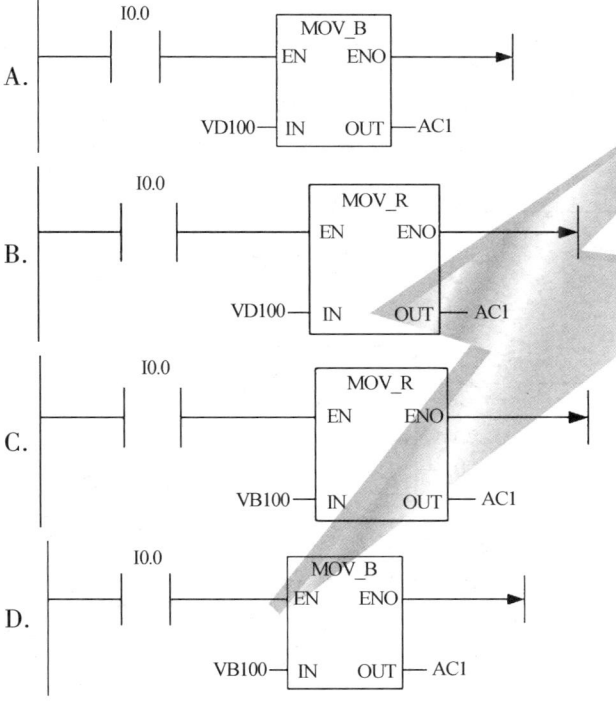

61.经过以下梯形图，VB10 中的数据为_____。

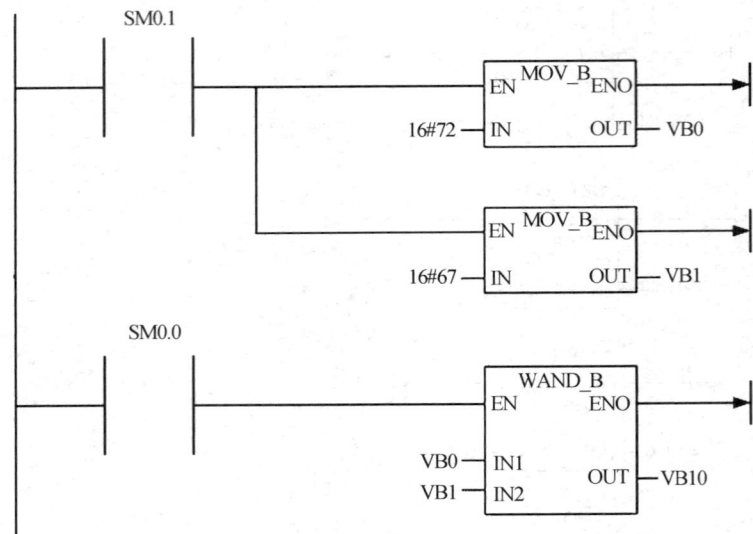

A.1001 1011   B.1000 0000

C.0001 1011   D.0100 0000

62.经过以下梯形图，VB10 中的数据为_____。

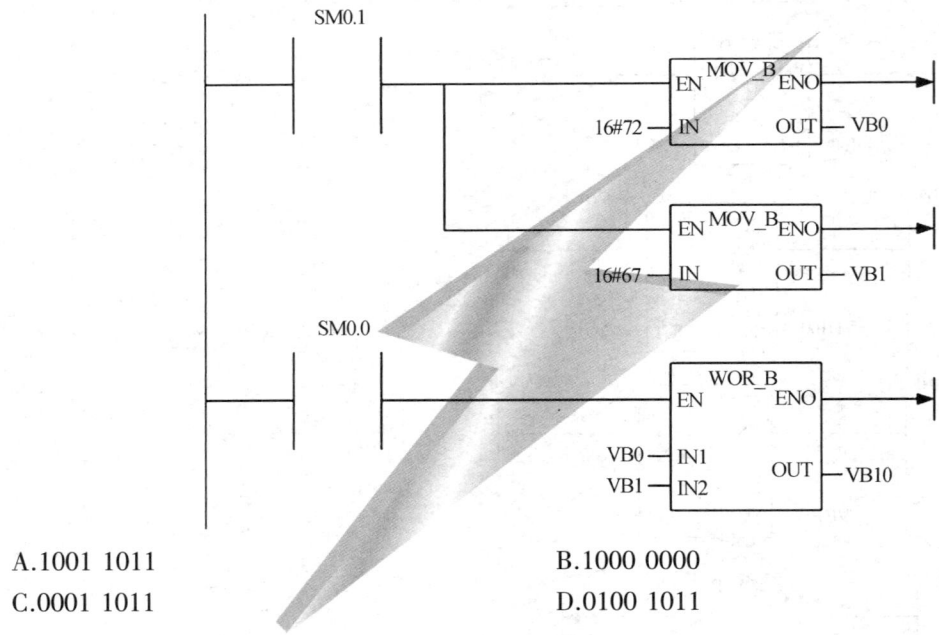

A.1001 1011   B.1000 0000

C.0001 1011   D.0100 1011

63.经过以下梯形图,VB10 中的数据为_____。

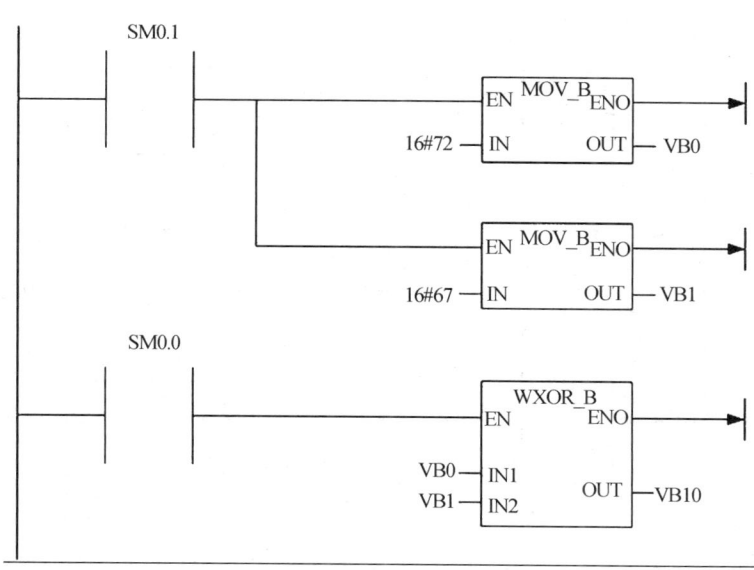

A.0000 1011   B.1000 0000

C.0001 1011   D.1001 1011

64.经过以下梯形图,VB10 中的数据为_____。

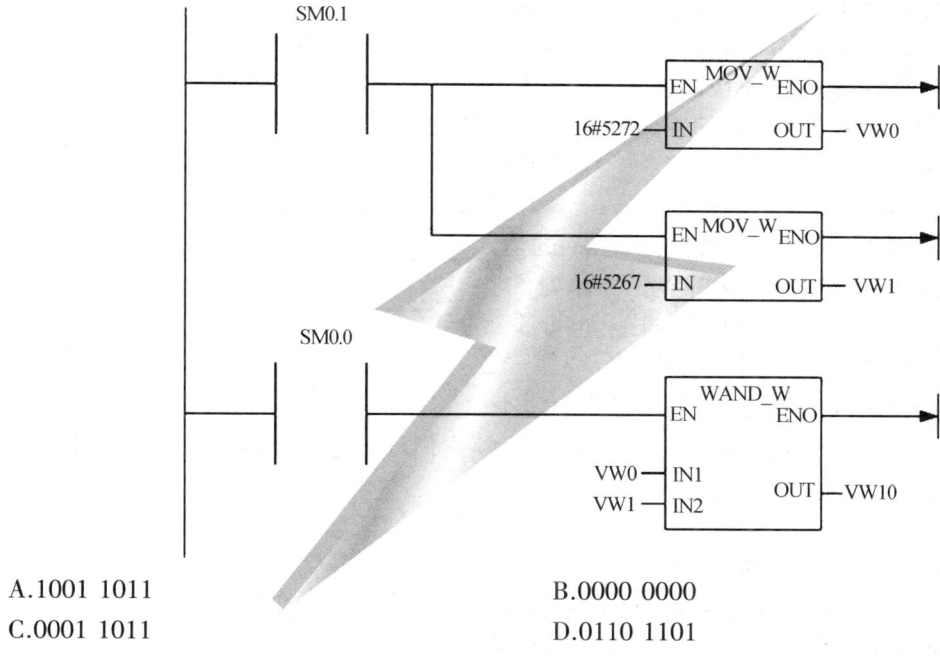

A.1001 1011   B.0000 0000

C.0001 1011   D.0110 1101

65.经过以下梯形图,VB10 中的数据为_____。

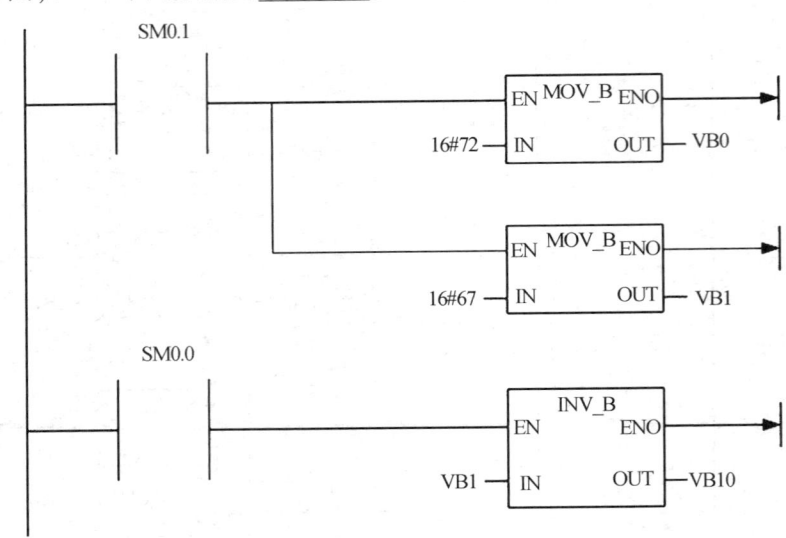

A.1011 1100   B.1000 0000

C.0001 1011   D.0110 1101

66.可编程序控制器梯形图语言的编程规则包括_____。

  A.同一个触点的使用次数只能一次,而同一线圈则一般能重复使用

  B.线圈可以任意串联或并联,但触点只能并联而不能串联

  C.当有几个并联电路相串联时,宜将含有触点最多的并联支路画在梯形图的最左面

  D.触点应画在垂直线上,而不应画在水平分支上

67.PLC 指令语句表是由若干条语句组成的程序,一条语句由_____两部分组成。

  A.标志符和参数   B.操作码和操作数

  C.标志符和操作码   D.参数和操作数

68.在 PLC 梯形图编程语言中,下列说法不正确的是_____。

  A.梯形图按照从左到右、从上到下的顺序排列

  B.最左边的竖线称为起始母线或左母线,也可简称母线

  C.梯形图中的触点有常开、常闭两种

  D.梯形图中的继电器、定时器、计数器是物理器件

69.可编程序控制器梯形图中的触点有常开、常闭两种,它们可以是 PLC 内_____的触点。

  A.程序存储器   B.累加器

  C.控制器   D.辅助继电器

70.可编程序控制器梯形图语言的编程规则包括_____。

  A.同一个触点的使用次数不受限制,而同一线圈则一般不能重复使用

  B.同一个触点的使用次数只能一次,而同一线圈则一般能重复使用

  C.线圈可以任意串联或并联,但触点只能并联而不能串联

  D.触点应画在垂直线上,而不应画在水平分支上

71.可编程序控制器梯形图中的触点有常开、常闭两种,它们可以是 PLC 内_____的触点。

A.输入继电器或辅助继电器

B.控制器或输出继电器

C.定时器或调节器

D.调节器或计数器

72.梯形图的左侧为_____，右侧为_____。

A.输入接点；终止信号

B.输入接点；输出元素

C.输出接点；输入元素

D.输出接点；终止信号

73.梯形图中的输入接点以及输出线圈不是_____，而是_____中的输入输出点的状态。

A.物理接点和线圈；变量存储器

B.物理接点和线圈；输入、输出存储器

C.假设接点和虚拟线圈；变量存储器

D.假设接点和虚拟线圈；输入、输出存储器

74.梯形图中的继电器触点_____。

A.只能常开　　　　　　　　　　　B.只能常闭

C.既可常开，又可常闭　　　　　　D.既不能常开，又不能常闭

75.可编程序控制器梯形图中的能流是_____。

A.假想的能流在梯形图中流动，在每一行中只能自左向右流；在母线则从上向下流

B.实际的能流在梯形图中流动，在每一行中只能自左向右流；在母线则从上向下流

C.直流电流在梯形图中流动，在每一行中只能自左向右流；在母线则从上向下流

D.交流电流在梯形图中流动，在每一行中只能自左向右流；在母线则从上向下流

76.与继电器电路类似，具有直观易懂的特点，很容易被熟悉继电器控制的人员所掌握的 PLC 编程语言是_____。

A.梯形图　　　　　　　　　　　　B.语句表

C.功能块图　　　　　　　　　　　D.顺序功能图

77.有一可编程序控制器用户程序编写示例如下图所示，_____是逻辑流程图。

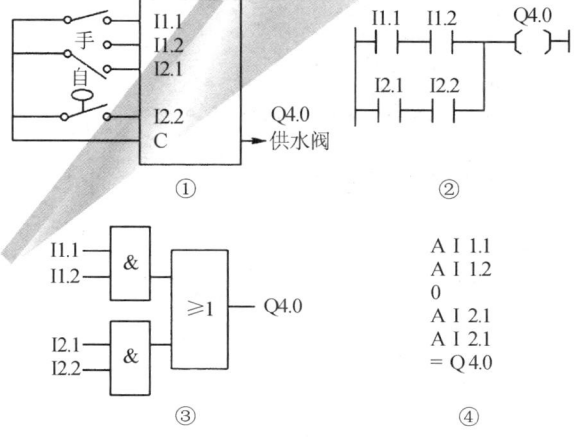

A.①   B.②

C.③   D.④

78.和实际电路图最接近的编程语言是_____。

A.逻辑符号图   B.梯形图

C.语句表   D.高级语言

79.可编程序控制器可采用的编程语言是_____。

A.汇编语言

B.机器语言

C.计算机语言

D.指令语句表编程语言（STL）

80.可编程序控制器可采用的编程语言是_____。

A.梯形图编程语言   B.机器语言

C.计算机语言   D.汇编语言

81.可编程序控制器可采用的编程语言是_____。

A.汇编语言

B.控制系统流程图（CSF）

C.机器语言

D.计算机语言

82.在可编程序控制器中,利用梯形图来编制程序时使用的基本符号包括_____。

A.直线   B.线圈

C.节点   D.环节

83.以下可编程序控制器用户程序编写示例图中,_____是梯形图。

A.①   B.②

C.③   D.④

84.以下可编程序控制器用户程序编写示例图中，_____是PLC接线图。

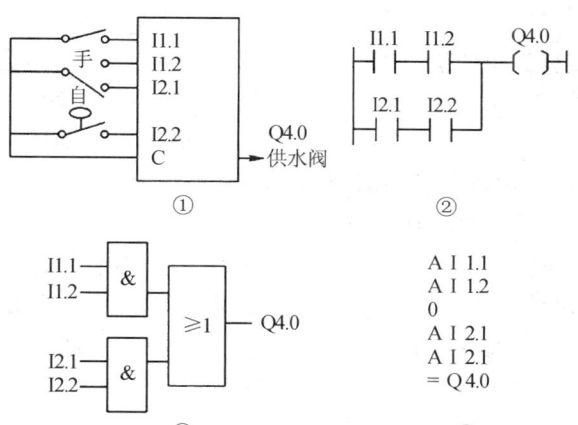

A.①   B.②

C.③   D.④

85.以下可编程序控制器用户程序编写示例图中，_____是语句表。

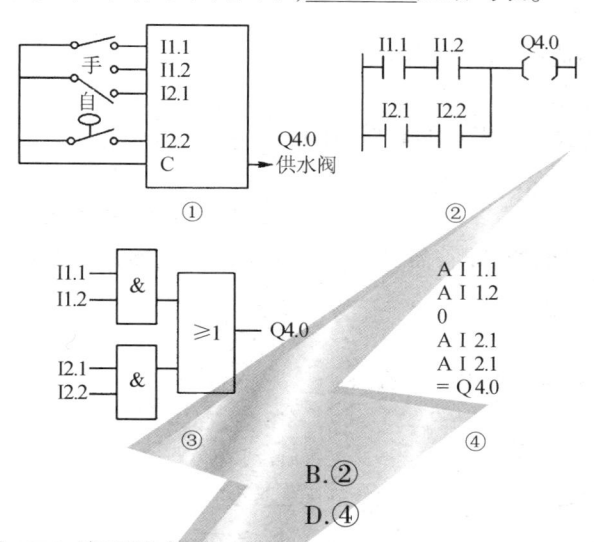

A.①   B.②

C.③   D.④

86.与逻辑功能图类似的PLC编程语言是_____。

A.梯形图编程语言   B.控制系统流程图编程语言

C.语句表编程语言   D.高级编程语言

87.数字PID控制器根据设定值与实际值的差值,按照PID算法计算出控制器的_____,控制执行机构,影响_____的变化。

A.偏差值;被控对象   B.输入量;输出量

C.输出量;被控对象   D.偏差值;输入量

88.系统在纯比例作用下整定完成,加入积分环节后,为了保证原有的稳定度,应将比例带_____。

A.减小   B.不变

C.增大   D.先增大后减小

89.在PID控制器中,积分作用的优点是_____,但是引入积分环节会使系统的_____下降。

A.消除余差;稳定性   B.消除余差;准确性

C.超前调节;稳定性   D.超前调节;准确性

90.PLC中断程序将PID输出的标准化实数值先刻度化,然后再转换成有符号整数,最后送至_____,实现对_____的控制。

A.模拟量输入;内部设备   B.数字量输出;外部设备

C.模拟量输出;外部设备   D.数字量输入;内部设备

91.S7-200系列PLC的CPU最多可以支持_____个PID控制回路。

A.2   B.4

C.8   D.10

92.在S7-200 PLC中,PID功能块只接收_____之内的实数作为_____、给定与控制输出的_____。

A.0~1;偏差;实际数值

B.0~1;反馈;有效数值

C.1~10;反馈;实际数值

D.1~10;偏差;有效数值

93.在PLC中,16位的整数可以表示的数据范围是_____。

A.-127 ~ +128   B.-128 ~ +127

C.-32 767 ~ +32 768   D.-32 768 ~ +32 767

94.在PLC中,开关量信号的通和断,需要_____位的二进制数据来表示。

A.1   B.2

C.8   D.16

95.在PLC中,1个开关量信号可以存放在_____变量中。

A.位   B.整数

C.双整数   D.实数

96.在PLC中,-129可以存放在_____变量中。

A.位   B.字节

C.整数   D.实数

97.在PLC中,-32769可以存放在_____变量中。

A.位   B.字节

C.整数   D.双整数

98.在PLC中,100.0可以存放在_____变量中。

A.位   B.字节

C.整数   D.实数

99.在S7-200 PLC中,存储空间的基本存储单元由_____位组成。

A.1   B.8

C.16　　　　　　　　　　　　　　　　D.32

100.在 S7-200 PLC 中,每个基本存储单元都有一个_____位的地址指针。

    A.1　　　　　　　　　　　　　　　　B.8

    C.16　　　　　　　　　　　　　　　　D.32

101.在 S7-200 PLC 中,CPU 在扫描周期的第一阶段对开关量物理输入点进行采样,然后写入_____存储区中。

    A.I　　　　　　　　　　　　　　　　B.Q

    C.AI　　　　　　　　　　　　　　　　D.AQ

102.在 S7-200 PLC 中,CPU 在扫描周期的第三阶段将_____存储区中的数值复制到开关量物理输出点上。

    A.I　　　　　　　　　　　　　　　　B.Q

    C.AI　　　　　　　　　　　　　　　　D.AQ

103.在 S7-200 PLC 中,某个模拟量输入通道的正确存储区地址是_____。

    A.IW0　　　　　　　　　　　　　　　B.AI0

    C.AIW0　　　　　　　　　　　　　　　D.AQW0

104.在 S7-200 PLC 中,某个模拟量输出通道的正确存储区地址是_____。

    A.QW0　　　　　　　　　　　　　　　B.AQ0

    C.AQW0　　　　　　　　　　　　　　　D.AIW0

105.在 S7-200 PLC 中,正确的开关量输入通道地址是_____。

    A.I0　　　　　　　　　　　　　　　　B.I0.0

    C.M0.0　　　　　　　　　　　　　　　D.V0.0

106.在 S7-200 PLC 中,正确的开关量输出通道地址是_____。

    A.Q0　　　　　　　　　　　　　　　　B.Q0.0

    C.M0.0　　　　　　　　　　　　　　　D.V0.0

107.在 S7-200 PLC 中,正确的模拟量输入通道地址是_____。

    A.I0　　　　　　　　　　　　　　　　B.IW0

    C.AIW0　　　　　　　　　　　　　　　D.AIW0.0

108.在 S7-200 PLC 中,正确的模拟量输出通道地址是_____。

    A.Q0　　　　　　　　　　　　　　　　B.QW0

    C.AQW0　　　　　　　　　　　　　　　D.AQW0.0

109.在 S7-200 PLC 中,I0.0 属于_____寻址方式。

    A.直接　　　　　　　　　　　　　　　B.间接

    C.先直接、后间接　　　　　　　　　　D.先间接、后直接

110.在 S7-200 PLC 中,Start 属于_____寻址方式。

    A.直接　　　　　　　　　　　　　　　B.间接

    C.先直接、后间接　　　　　　　　　　D.先间接、后直接

111.在 S7-200 PLC 中,M100.0 属于_____存取方式。

    A.位　　　　　　　　　　　　　　　　B.字节

C.字   D.双字

112.在 S7-200 PLC 中，VB200 属于_____存取方式。

    A.位   B.字节

    C.字   D.双字

113.在 S7-200 PLC 中，LW1000 属于_____存取方式。

    A.位   B.字节

    C.字   D.双字

114.在 S7-200 PLC 中，SMD10 属于_____存取方式。

    A.位   B.字节

    C.字   D.双字

115.在 S7-200 PLC 中，每个中断事件需要指定_____个中断程序。

    A.0   B.1

    C.2   D.3

116.在 S7-200 PLC 中，每个中断程序可以关联_____个中断事件。

    A.1   B.2

    C.3   D.若干

117.在 S7-200 PLC 中，中断优先级别最高的是_____。

    A.通信口中断   B.I/O 中断

    C.时基中断   D.软件中断

118.在 S7-200 PLC 中，中断优先级别最低的是_____。

    A.通信口中断   B.I/O 中断

    C.时基中断   D.软件中断

119.在 S7-200 PLC 中，中断嵌套的个数为_____个。

    A.0   B.1

    C.2   D.3

120.在 S7-200 PLC 中，负跳变触点指令在检测到一次能流的负跳变后，可以让右侧的能流接通_____个扫描周期。

    A.0   B.1

    C.2   D.无数

121.在 S7-200 PLC 中，共有_____个定时器。

    A.1   B.16

    C.64   D.256

122.在 S7-200 PLC 中，定时器的分辨率可以为_____。

    A.1 ns   B.1 μs

    C.1 ms   D.1 s

123.在 S7-200 PLC 中，共有_____个计数器。

    A.1   B.16

    C.64   D.256

124.在 S7-200 PLC 中,正确的定时器号可以为_____。

 A.T0   B.TB0

 C.TW0   D.TD0

125.在 S7-200 PLC 中,正确的计数器号可以为_____。

 A.C0   B.CB0

 C.CW0   D.CD0

126.在 S7-200 PLC 中,IN 端的 VB0 = 2#11111111,在执行一次字节取反指令 INV_B 后,OUT 端的 VB0 =_____。

 A.2#00000000   B.2#10101010

 C.2#01010101   D.2#111111111

127.在 S7-200 PLC 中,IN 端的 VB0 = 2#10000001,在执行一次字节递增指令 INC_B 后,OUT 端的 VB0 =_____。

 A.2#01111110   B.2#10000000

 C.2#10000010   D.2#111111111

第三节 可编程序控制器原理及应用

1.PLC 的系统程序不包括_____。

 A.管理程序   B.用户指令解释程序

 C.开关量逻辑控制程序   D.供系统调用的标准程序模块

2.PLC 程序运行的基本方式是采用扫描原理,程序扫描顺序是_____。

 ①输入通道信号处理;②用户程序执行;③包括自诊断在内的内部处理;④与其他微处理器或编程器之间进行通信;⑤输出处理

 A.①②③④⑤   B.③④⑤①②

 C.②③⑤④①   D.③④①②⑤

3.PLC 程序运行的基本方式是采用扫描原理。合上电源后,PLC 首先进行_____。

 A.包括自诊断在内的内部处理

 B.与其他微处理器或编程器之间的通信

 C.输入通道信号处理

 D.用户程序执行

4.可编程序控制器主要应用于_____。

 A.科学计算   B.工业控制

 C.财会自动化   D.办公自动化

5.与可编程序控制器在扫描过程无关的是_____。

 A.外设通信   B.读入 I/O 口信息

 C.输出处理结果   D.诊断外设故障

6.可编程序控制器的核心控制单元是_____,它与被控对象之间的联系是通过_____来实现的。

  A.CPU；存储器   B.CPU；I/O 接口

  C.编程设备；I/O 模块   D.编程设备；通信模块

7.PLC 的硬件是一种模块式的结构，它的核心部件是_____。

  A.CPU 模块   B.存储单元

  C.I/O 模块   D.编程设备

8.在可编程序控制器中，CPU 模块主要由微处理器和_____组成。

  A.计算器   B.存储器

  C.运算器   D.操作器

9.在可编程序控制器的存储器中，用 EPROM 存放_____。

  A.公式   B.数据

  C.固定程序   D.用户程序

10.可编程序控制器执行用户程序的扫描过程包括的步骤是_____。

  A.扫描处理   B.输入用户程序

  C.内部通信   D.读入现场信号

11.可编程序控制器在执行用户程序阶段，CPU 逐条解释和处理用户程序，程序执行以后得出的运算结果_____。

  A.立即送至内存中输出信号状态缓冲区 B.立即输出

  C.CPU 闲时才做向外输出   D.CPU 工作时才做向外输出

12.可编程序控制器与传统的继电器控制相比有很多优点，其中不包括_____。

  A.更高的系统可靠性   B.更好的系统灵活性

  C.体积大、价格便宜   D.更快的系统响应时间

13.在可编程序控制器中，编程器的工作方式有两种，即编程方式和_____。

  A.离线方式   B.监控工作方式

  C.远程方式   D.遥控方式

14.可编程序控制器采用_____的工作方式。

  A.监控执行程序   B.循环扫描

  C.解释执行   D.边解释边执行

15.PLC 的工作过程周期需要三个阶段，依次执行的顺序是_____。

  ①程序执行阶段；②输入采样阶段；③输出刷新阶段

  A.①②③   B.②①③

  C.②③①   D.①③②

16.PLC 的特点有_____。

  ①体积小、组装维护方便；②编程简单；③可靠性高；④抗干扰能力差

  A.①③④   B.②③④

  C.①②③   D.①②③④

17.PLC 的工作方式为_____。

  A.等待工作方式   B.中断工作方式

  C.扫描工作方式   D.循环扫描工作方式

18.不属于 S7-200 PLC 可编程语言的是_____。

A.指令表　　　　　　　　　　　　　B.功能块图

C.梯形图　　　　　　　　　　　　　D.格式文本

19.PLC 在输出扫描阶段,将_____寄存器中的内容复制到输出接线端子。

A.输出映像　　　　　　　　　　　　B.输入映像

C.变量存储器　　　　　　　　　　　D.内部存储器

20.PLC 的输入/输出映像寄存器采用的是_____。

A.ROM

B.RAM

C.EEPROM

D.ROM、RAM、EEPROM 都有可能

21.可编程序控制器的扫描周期与用户程序的长短和_____有关。

A.时钟频率　　　　　　　　　　　　B.扫描速度

C.缓冲器大小　　　　　　　　　　　D.存储器容量

22.PLC 采用_____工作方式,其工作过程为_____、程序执行、输出刷新,并循环往复。

A.循环扫描;输入采样　　　　　　　B.逐次扫描;网络通信

C.顺序扫描;系统自监测　　　　　　D.被动扫描;与编程器交换信息

23.若 PLC 的开关量输出模块控制的是交流负载,则该输出模块的类型可以是_____。

①晶体管开关量输出模块;②继电器开关量输出模块;③晶闸管开关量输出模块

A.①②③　　　　　　　　　　　　　B.①②

C.②③　　　　　　　　　　　　　　D.①③

24.在可编程序控制器中,数字量输出模块按输出开关器件的种类不同可有多种输出方式,其中包括_____。

A.驱动管输出　　　　　　　　　　　B.电动输出

C.晶闸管输出　　　　　　　　　　　D.放大器输出

25.在可编程序控制器中,数字量输出模块将 PLC 内部信号电平转换成过程所要求的外部信号电平,可直接用于驱动_____。

A.用于电动机启动的中间继电器　　　B.A/D 转换器

C.放大器　　　　　　　　　　　　　D.电动机

26.可编程序控制器的总线多为基板形式,并采用紧凑的无槽位限制的模块化结构,其模块通常包括_____。

A.图像模块　　　　　　　　　　　　B.质量控制模块

C.安全控制模块　　　　　　　　　　D.I/O 接口模块

27.PLC 能够用于闭环控制的模块是_____。

A.模拟量输入模块　　　　　　　　　B.数字 I/O 模块

C.CPU 模块　　　　　　　　　　　　D.智能模块

28.PLC 模拟量输入模块的核心部件是_____。

A.A/D 转换器　　　　　　　　　　　B.D/A 转换器

C.集成放大电路   D.功率放大电路

29.在可编程序控制器中,数字量输出模块按负载回路使用电源不同,其中有_____。

 A.驱动电路输出模块   B.低压电路模块

 C.高压电路模块   D.交直流两用输出模块

30.下列信号量中,哪个信号量超出 PLC 模拟量输入模块的处理范围?_____。

 A.3 V   B.12 V

 C.5 mA   D.18 mA

31.下列信号量中,哪个信号量不能由 PLC 数模转换模块直接输出?_____。

 A.3 V   B.18 V

 C.5 mA   D.18 mA

32.PLC 的输入/输出接口电路的主要作用之一是_____。

 A.电流转换   B.电平转换

 C.数字转换   D.模拟量转换

33.PLC 输入电路设有光电耦合器隔离和 RC 滤波器的目的是_____。

 A.消除输入触点的抖动和外部噪声干扰   B.消除输入触点的噪声和外部抖动干扰

 C.消除输入触点振动的干扰   D.消除外部输入振动的干扰

34.与指示灯、电磁阀、继电器及接触器等设备相连的 PLC 模块是_____。

 A.数字量输入模块   B.数字量输出模块

 C.模拟量输入模块   D.模拟量输出模块

35.与热电阻及热电偶温度传感器等设备相连的 PLC 模块是_____。

 A.数字量输入模块   B.数字量输出模块

 C.模拟量输入模块   D.模拟量输出模块

36.与各种手动开关、按钮、压力开关和温度开关等设备相连的 PLC 模块是_____。

 A.数字量输入模块   B.数字量输出模块

 C.模拟量输入模块   D.模拟量输出模块

37.可编程序控制器输出接口具有较强的驱动能力,可以直接与_____连接。

 ①继电器;②1 kW 灯泡;③指示灯;④电磁抱刹;⑤1 kW 电机

 A.②③④   B.①③

 C.①②③④   D.③④⑤

38.关于 PLC 的开关量输出接口电路,下列说法正确的是_____。

 A.继电器输出模块承受瞬时过电压和过电流的能力较强

 B.继电器输出模块动作速度较快,适合于较高频率的输出

 C.晶体管输出型模块反应速度快,抗过载能力强

 D.晶体管输出型模块主要用于交流负载

39.可编程序控制器输入/输出模块(I/O 模块)的主要作用是_____。

 A.输入/输出设备的连线的转换   B.输入/输出设备的连线

 C.输出设备的转换   D.信号电平的转换

40.在可编程序控制器中,数字量输出模块将 PLC 内部信号电平转换成过程所要求的外部信号电

平,可直接用于驱动_____。

A.小型电动机　　　　　　　　　　B.放大器

C.大型电动机　　　　　　　　　　D.调节器

41.在可编程序控制器中,数字量输出模块将 PLC 内部信号电平转换成过程所要求的外部信号电平,可直接用于驱动_____。

A.放大器　　　　　　　　　　　　B.变换器

C.电磁阀　　　　　　　　　　　　D.调节器

42.可编程序控制器模拟量输出模块的循环时间是_____。

A.所有活动的模拟量输出通道的转换时间的总和

B.单个通道的转换时间

C.两个通道的转换时间的和

D.八个通道的转换时间的总和

43.不属于 PLC 输出形式的项为_____。

A.继电器型　　　　　　　　　　　B.晶体管型

C.晶闸管型　　　　　　　　　　　D.电流型

44.在 PLC 的各种类型中,输出响应最慢的一种为_____。

A.继电器型　　　　　　　　　　　B.晶体管型

C.晶闸管型　　　　　　　　　　　D.电流型

45.PLC 的输出接口电路的输出形式有_____。

A.互感器输出　　　　　　　　　　B.半导体输出

C.执行器输出　　　　　　　　　　D.晶闸管输出

46.在 PLC 的输出形式中,最常用的是_____,响应最慢的是_____。

A.继电器输出;继电器输出　　　　B.晶体管输出;晶闸管输出

C.晶闸管输出;继电器输出　　　　D.继电器输出;晶闸管输出

47.PLC 的晶体管输出型通过_____。

A.光耦合使晶体管导通以控制外部负载电路

B.光耦合使晶体管处于放大状态以控制内部负载电路

C.光耦合使晶体管截止或饱和以控制内部负载电路

D.光耦合使晶体管截止或饱和以控制外部负载电路

48.PLC 的输入模块一般使用_____来隔离内部电路和外部电路。

A.光电耦合器　　　　　　　　　　B.继电器

C.传感器　　　　　　　　　　　　D.电磁耦合

49.PLC 采用抗干扰措施的目的是_____。

A.防止 PLC 使用的滤波器引起的干扰　　B.防止 PLC 隔离变压器引起的干扰

C.防止 PLC 直接连接被控对象的电子设备　D.防止 PLC 控制系统的误动作

50.PLC 常用的抗干扰措施包括_____。

A.将 PLC 系统与外部屏蔽　　　　　B.分离供电系统

C.稳定供电系统　　　　　　　　　　D.I/O 信号干扰措施

51.下列不属于 PLC 抗干扰措施的是_____。

　　A.失电压保护措施　　　　　　　　　B.PLC 远离高压电源线

　　C.PLC 的接地线尽量短　　　　　　　D.I/O 线与动力线分开布线

52.PLC 采取了屏蔽、输入延时滤波等软、硬件措施,有效地防止了空间电磁干扰,特别对_____干扰具有良好的抑制作用。

　　A.共模电感　　　　　　　　　　　　B.寄生电容

　　C.高频传导　　　　　　　　　　　　D.低频传导

53.光电隔离能有效地隔离_____之间的联系,从而避免了由输入输出通道串入的干扰信号引起的误动作。

　　A.输入电路与输出电路　　　　　　　B.PLC 内部电路与存储器电路

　　C.外部设备与输入输出电路　　　　　D.PLC 内部电路与输入输出电路

54.现代 PLC 具有较强的抗干扰功能,在设计上一般采用_____等抗干扰措施。

　　A.闭锁、滤波、隔离　　　　　　　　B.屏蔽、稳压、隔离

　　C.屏蔽、滤波、隔离　　　　　　　　D.屏蔽、滤波、分解

55.可编程序控制器采取屏蔽、输入延时滤波等软、硬件措施,可有效地防止_____。

　　①高频传导干扰信号;②机械振动干扰信号;③空间电磁干扰信号

　　A.①　　　　　　　　　　　　　　　B.②

　　C.③　　　　　　　　　　　　　　　D.①③

56.能抑制电磁干扰的接地种类是_____。

　　A.信号接地　　　　　　　　　　　　B.屏蔽接地

　　C.保护接地　　　　　　　　　　　　D.交流接地

57.以下不是 PLC 电源抗干扰措施的选项为_____。

　　A.使用隔离变压器　　　　　　　　　B.使用滤波器

　　C.分离供电系统　　　　　　　　　　D.控制系统接地

58.在 PLC 控制系统接地方式中,一般不采用的方式为_____。

　　A.专用接地　　　　　　　　　　　　B.共用接地

　　C.串联接地　　　　　　　　　　　　D.并联接地

59.关于 PLC 控制系统接地的说法不正确的是_____。

　　A.接地线尽量粗　　　　　　　　　　B.接地点与控制器距离任意

　　C.接地线尽量避开强电回路　　　　　D.专用接地方式效果最好

60.可编程序控制器采取抗干扰措施的目的是_____。

　　A.使控制系统的动作及时　　　　　　B.防止控制系统的误动作

　　C.防止控制系统的动作太慢　　　　　D.防止控制系统的动作太快

61.在可编程序控制器抗干扰措施中,如采用隔离变压器,为了改善隔离变压器的抗干扰效果,必须注意做到_____。

　　A.屏蔽层尽量不要接地,二次侧连接线要使用双绞线

　　B.屏蔽层要良好接地,二次侧连接线要使用多股线

　　C.屏蔽层要良好接地,二次侧连接线要使用双绞线

D.屏蔽层尽量不要接地,二次侧连接线要使用屏蔽线

62.在可编程序控制器抗干扰措施中,采用控制系统接地,其原因是良好的接地可以防止_____。

A.由工作电流产生感应电压　　　　　B.由漏电流产生感应电压

C.由漏电压产生感应电流　　　　　　D.由工作电流产生感应电流

63.下列不属于PLC控制系统干扰源的是_____。

A.电源干扰　　　　　　　　　　　　B.外部配线干扰

C.感应电压　　　　　　　　　　　　D.良好的接地

64.可编程序控制器(简称PLC)有_____特点。

①软、硬件功能强;②使用维护方便;③运行稳定可靠;④软件通用性强

A.①②③　　　　　　　　　　　　　B.①②④

C.①③④　　　　　　　　　　　　　D.②③④

65.可编程序控制器(简称PLC)最基本的控制功能是_____。

A.开关量的开环控制　　　　　　　　B.模拟量的闭环控制

C.数字量的智能控制　　　　　　　　D.联网、通信及集散控制

66.可编程序控制器(简称PLC)采用_____工作方式。

A.分段扫描　　　　　　　　　　　　B.定时扫描

C.循环扫描　　　　　　　　　　　　D.召唤扫描

67.可编程序控制器(简称PLC)的输出形式有_____。

①继电器输出;②晶体管输出;③晶闸管输出;④模拟量输出

A.①②③　　　　　　　　　　　　　B.①②④

C.①③④　　　　　　　　　　　　　D.②③④

68.下列不属于PLC硬件系统组成的是_____。

A.用户程序　　　　　　　　　　　　B.输入输出接口

C.中央处理单元　　　　　　　　　　D.通信接口

69.在PLC控制的自动锅炉燃烧控制系统中,日常维护检查的注意事项包括_____。

A.检查气压　　　　　　　　　　　　B.经常测量输出电压

C.经常更换电池　　　　　　　　　　D.环境温度、湿度以及是否积尘

70.可编程序控制器(简称PLC)的_____约占整个控制系统总故障的95%。

A.外部设备故障　　　　　　　　　　B.系统故障

C.硬件故障　　　　　　　　　　　　D.软件故障

71.检查可编程序控制器(简称PLC)本身故障时,CPU处于_____,_____亮,则故障发生在CPU模块、扩展模块上或由于外部通信连接不好所致。

A.STOP方式;红色指示灯　　　　　　B.STOP方式;绿色指示灯

C.RUN方式;红色指示灯　　　　　　 D.RUN方式;绿色指示灯

72.在可编程序控制器(简称PLC)日常维护中,下列说法中_____是错误的。

A.应注意系统的环境温度、湿度以及是否积尘

B.定期检查PLC系统的I/O(输入/输出模块)的接线情况

C.注意输出继电器的寿命,检查控制系统外部电气、继电器触头、滑动接触电器的状况

D.要经常注意电池故障灯状况,一旦灯灭,就应更换电池

73.在 PLC 中,可控硅输出接口电路适用于驱动_____负载。

 A.高速通断的小容量   B.低速通断的小容量

 C.高速通断的大容量   D.交流大容量

74.在 PLC 中,继电器输出接口电路适用于驱动_____负载。

 A.高速通断   B.仅交流供电

 C.仅直流供电   D.交、直流供电

75.在 PLC 中,_____输出接口电路中的响应时间最快。

 A.晶体管   B.可控硅

 C.继电器   D.接触器

76.在 PLC 中,_____输出接口电路中的响应时间最慢。

 A.晶体管   B.可控硅

 C.继电器   D.接触器

77.在 PLC 中,负载为接触器,可以使用下列的_____输出接口电路。

 A.晶体管   B.二极管

 C.继电器   D.接触器

78.在 PLC 中,需要为负载输出 2 000 Hz 的高频脉冲信号,可以使用下列的_____输出接口电路。

 A.晶体管   B.可控硅

 C.继电器   D.接触器

79.在 PLC 系统中,串模干扰产生的主要原因是_____。

 A.接地点之间的电位差

 B.静电感应

 C.空间电磁辐射

 D.外部线路的交变磁场通过分布电容耦合进线路

80.在 PLC 系统中,共模干扰产生的主要原因是_____。

 A.接地点之间的电位差

 B.外部线路的交变磁场通过分布电容耦合进线路

 C.电源交变磁场漏电流的耦合作用

 D.信号输入通路中的接触不良

81.在 PLC 系统中,能够抑制串模干扰的办法是采用_____。

 A.双绞线   B.屏蔽线

 C.电源线   D.高压线

82.在 PLC 系统中,能够抑制共模干扰的办法是采用_____。

 A.双绞线   B.屏蔽线

 C.电源线   D.高压线

第四节　船上计算机网络的组成和使用

1.计算机的三类总线中,不包括_____。
   A.控制总线　　　　　　　　　　　B.地址总线
   C.传输总线　　　　　　　　　　　D.数据总线

2.微型计算机系统中的中央处理器通常是指_____。
   A.内存储器和控制器　　　　　　　B.内存储器和运算器
   C.内存储器、控制器和运算器　　　D.运算器和控制器

3.微型计算机通常是由_____组成的。
   A.运算器、控制器、存储器和输入输出设备
   B.运算器、外部存储器、控制器和输入输出设备
   C.电源、控制器、存储器和输入输出设备
   D.运算器、放大器、存储器和输入输出设备

4.微处理器是微型计算机的核心部件,其组成包括_____。
   A.运算器、I/O 接口　　　　　　　B.运算器、控制器
   C.运算器、存储器　　　　　　　　D.运算器、控制器、存储器

5.工业控制计算机的主要类别有_____。
   ①IPC(PC 总线工业电脑);②PLC(可编程控制系统);③DCS(分散型控制系统);④FCS(现场总线系统);⑤CNC(数控系统)
   A.①②③　　　　　　　　　　　　B.①④⑤
   C.③④⑤　　　　　　　　　　　　D.①②③④⑤

6.典型的现场总线有_____。
   ①Profibus;②LONworks;③CAN;④HART
   A.①③④　　　　　　　　　　　　B.②③④
   C.①②③　　　　　　　　　　　　D.①②③④

7.船舶内部计算机网络属于_____。
   A.全域网　　　　　　　　　　　　B.局域网
   C.城域网　　　　　　　　　　　　D.广域网

8.计算机网络的基本组成主要包括_____。
   ①网络语言;②计算机系统;③通信线路和通信设备;④网络协议;⑤网络软件
   A.①②③④　　　　　　　　　　　B.①③④⑤
   C.①②④⑤　　　　　　　　　　　D.②③④⑤

9.在计算机网络可共享的资源中,_____属于软件资源。
   A.巨型计算机　　　　　　　　　　B.高性能外围设备
   C.应用程序　　　　　　　　　　　D.大容量磁盘

10.在船舶计算机网络系统中,一般都配备不间断电源(UPS),它在系统失电时,为计算机提供_____电源。

A.直流　　　　　　　　　　　　　　B.交流

C.交直流　　　　　　　　　　　　　D.其他

11.若船舶计算机网络系统中的服务器配有不间断电源（UPS），那么当该服务器突然失电时，UPS蓄电池通过_____继续向该服务器供电。

A.整流器　　　　　　　　　　　　　B.逆变器

C.变换器　　　　　　　　　　　　　D.滤波器

12.关于 UPS 的输入/输出，下列正确的是_____。

A.交流输入、交流输出　　　　　　　B.直流输入、交流输出

C.交流输入、直流输出　　　　　　　D.直流输入、直流输出

13.UPS 电源由_____等基本部分组成。

A.整流器、静态开关、逆变器、蓄电池

B.逆变器、防雷模块、整流模块、静态开关

C.整流模块、功率因数补偿模块、蓄电池、静态开关

D.整流模块、功率因数补偿模块、蓄电池、静态开关、逆变器

14.根据_____的输出波形，UPS 可分为方波输出 UPS 和正弦波输出 UPS。

A.整流器　　　　　　　　　　　　　B.充电器

C.交流调压器　　　　　　　　　　　D.逆变器

15._____用于保护 UPS 和负载，并实现主电源旁路供电和逆变器供电的转换。

A.整流器　　　　　　　　　　　　　B.充电器

C.旁路开关　　　　　　　　　　　　D.逆变器

16.当负载过大或 UPS 内的逆变器有故障时，在线式 UPS 的_____停止工作。

A.逆变器、整流器、蓄电池　　　　　B.整流器、蓄电池、旁路开关

C.蓄电池、旁路开关　　　　　　　　D.旁路开关、充电器

17.在线式 UPS 一般为双变换结构，所谓双变换是指 UPS 正常工作时，电能经过了_____两次变换后再供给负载。

A.AC/DC 和 AC/DC　　　　　　　　B.AC/DC 和 DC/AC

C.DC/AC 和 AC/DC　　　　　　　　D.DC/AC 和 DC/AC

18.后备式不间断电源的显著特点是_____。

A.输出的交流电波形为理想的正弦波　　B.主电源和用电设备是隔离的

C.只有在主电源停电了才会介入供电　　D.可供电给电感型负载

19.在线式不间断电源的显著特点是_____。

A.在用电的整个过程是全程介入的　　　B.主电源和用电设备不是隔离的

C.主电源直接供电给用电设备　　　　　D.仅供电给电容型负载

20.一个快速以太网交换机的端口速率为 100 Mbit/s，若该端口可以支持全双工传输数据，那么该端口实际的传输带宽为_____。

A.100 Mbit/s　　　　　　　　　　　B.150 Mbit/s

C.200 Mbit/s　　　　　　　　　　　D.1 000 Mbit/s

21.网络层的互联设备是_____。

A.网桥 　　　　　　　　　　　　　　　B.交换机

C.路由器 　　　　　　　　　　　　　　　D.网关

22.Web 使用_____进行信息传送。

A.HTTP 　　　　　　　　　　　　　　　B.HTML

C.FTP 　　　　　　　　　　　　　　　　D.TELNET

23.计算机网络的主要功能是_____。

A.提高系统冗余度,增强安全性 　　　　　B.数据通信和资源共享

C.过程控制和实时控制 　　　　　　　　　D.并行处理和分布计算

24._____采用一条单根的通信线路作为公共的传输通道,所有的结点都通过相应的接口直接连接到总线上,并通过总线进行数据传输。

A.总线型结构 　　　　　　　　　　　　　B.环型结构

C.星型结构 　　　　　　　　　　　　　　D.树型结构

25.在计算机网络拓扑结构中,可靠性最好的是_____。

A.总线型结构 　　　　　　　　　　　　　B.环型结构

C.星型结构 　　　　　　　　　　　　　　D.树型结构

26.在 Internet 中,按_____进行寻址。

A.邮件地址 　　　　　　　　　　　　　　B.IP 地址

C.MAC 地址 　　　　　　　　　　　　　D.网线接口地址

27.TCP 协议在每次建立连接时,都要在收发双方之间交换_____报文。

A.1 个 　　　　　　　　　　　　　　　　B.2 个

C.3 个 　　　　　　　　　　　　　　　　D.4 个

28.局域网最基本的网络拓扑结构类型主要有_____。

A.总线型 　　　　　　　　　　　　　　　B.总线型、环型、星型

C.总线型、环型 　　　　　　　　　　　　D.总线型、星型、网状型

29.决定局域网特性的主要技术是_____。

①拓扑结构;②传输介质;③介质访问控制方法

A.①② 　　　　　　　　　　　　　　　　B.①③

C.②③ 　　　　　　　　　　　　　　　　D.①②③

30.两台计算机利用电话线传输数据信号时,必需的设备是_____。

A.网卡 　　　　　　　　　　　　　　　　B.调制解调器

C.中继器 　　　　　　　　　　　　　　　D.同轴电缆

31.在常用的传输媒体中,带宽最宽、信号传输衰减最小、抗干扰能力最强的传输媒体是_____。

A.双绞线 　　　　　　　　　　　　　　　B.无线信道

C.同轴电缆 　　　　　　　　　　　　　　D.光纤

32.如果两个不同计算机类型_____,则相互能在 Internet 上通信。

A.符合 OSI/RM

B.都使用 TCP/IP

C.都使用兼容的协议组

D.一个是 WINDOWS,另一个是 UNIX 工作站

33.两个不同计算机类型能够通信,如果_____。

①它们都符合 OSI/RM;②它们都使用 TCP/IP;③它们都使用兼容的协议组;④它们一个是 WINDOWS,另一个是 UNIX 工作站

A.①②③   B.①③④

C.②③④   D.①②④

34.局域网常用的拓扑结构有_____。

①总线型;②星型;③环型;④不规则型

A.①②③   B.①③④

C.②③④   D.①②④

35.在下列电缆类型中,支持最大电缆长度的是_____。

A.无屏蔽双绞线   B.屏蔽双绞线

C.粗同轴电缆   D.细同轴电缆

36.计算机网络的硬件部分除了_____以外,还要有_____。

A.计算机本身;数据通信系统   B.网络协议;通信网络

C.通信线路;通信网络   D.通信线路;通信设备

37.计算机网络通信采用_____作为介质,具有传输速率高和抗干扰性强的优点。

A.网线   B.光纤

C.双绞线   D.同轴电缆

38.在下列交换方法中,最有效地使用网络带宽的是_____。

A.分组交换   B.报文交换

C.线路交换   D.各种方法都一样

39.异步传输模式 ATM 的特点为_____。

①面向连接;②分组交换;③以固定长度为基本传输单位;④能够传输语音、数据等多种业务

A.①②③   B.①③④

C.②③④   D.①②③④

40.在微型计算机中,用汇编语言编写的源程序,需要经过_____的加工和翻译,变成用机器语言表示的目标程序。

A.汇编程序   B.编译程序

C.应用程序   D.管理程序

41.在微型计算机的模拟量输入接口电路中,多路切换开关的作用是_____。

A.将传感器与 I/O 接口电路接通

B.防止外部干扰进入微机

C.使各个测量回路分时接通 A/D 转换器

D.将传感器与微处理器接通

42.下列说法中,不正确的是_____。

A.可以同时双向传输信号的通信方式称为全双工通信方式

38

B.在数字通信信道上,直接传送基带信号的方法称为频带传输

C.TCP/IP 参考模型共分为四层,最底层为网络接口层,最高层是应用层

D.类型不同的网络只要使用 TCP/IP 协议都可以互联成网

43.在电缆中,屏蔽的优点有_____。

①减少信号衰减;②减少电磁干扰辐射和对外界干扰的灵敏度;③减少物理损坏;④减少电磁的阻抗

A.①③④   B.②

C.①②   D.②④

44._____是指传送的信息始终是一个方向,而不进行与此相反方向的传送。

A.单工通信   B.半双工通信

C.全双工通信   D.并行通信

45._____是指信息流可在两个方向上传送,但同一时刻只限于一个方向传输。

A.单工通信   B.半双工通信

C.全双工通信   D.并行通信

46.在串行通信中,采用位同步技术的目的是_____。

A.更快地发送数据   B.更快地接收数据

C.更可靠地传输数据   D.更有效地传输数据

47.微型计算机根据所传送信息的内容与作用不同,总线可分为_____。

A.数据总线、控制总线和地址总线   B.数据总线、控制总线和访问总线

C.数据总线、访问总线和地址总线   D.访问总线、控制总线和地址总线

48.在计算机的数据通信中,把构成数据的各个二进制位依次在一个信道进行传输的方式称为_____传输。

A.并行   B.串行

C.同步   D.异步

49.决定局域网特性的主要技术有_____。

①传输媒体;②拓扑结构;③媒体访问控制技术

A.①②   B.①③

C.②③   D.①②③

50.IPv4 的 IP 地址有_____。

A.64 位   B.48 位

C.32 位   D.24 位

51.IP 地址 190.233.27.13 是_____类地址。

A.A   B.B

C.C   D.D

52._____是将较小地理区域内的计算机或数据终端设备连接在一起的通信网络。

A.局域网   B.城域网

C.广域网   D.全域网

53.在常用的传输介质中,_____的带宽最宽,信号传输衰减最小,抗干扰能力最强。

A.双绞线
B.同轴电缆

C.光纤
D.微波

54.双绞线可以用来作为_____的传输介质。

A.只是模拟信号
B.只是数字信号

C.数字信号和模拟信号
D.只是基带信号

55.下列传输介质中,_____的抗干扰性最好。

A.双绞线
B.光缆

C.同轴电缆
D.无线介质

56.在计算机通信网络采用的通信载体中,最常见的是_____,通信距离最远的是_____。

A.双绞线;同轴电缆
B.同轴电缆;光纤

C.双绞线;网线
D.双绞线;光纤

57._____是最常见的有线传输介质,它由一对相互绝缘的金属导线按一定的密度螺旋状扭绞而成。

A.双绞线
B.同轴电缆

C.网线
D.光纤

58._____由内外两个导体组成,内导体是一根芯线,外导体是以内导体为轴的金属丝圆柱编织面,成为外屏蔽导体,内外导体间用绝缘介质隔离。

A.双绞线
B.同轴电缆

C.网线
D.光纤

59.IEEE 802.3u 标准是指_____。

A.以太网
B.快速以太网

C.令牌环网
D.FDDI 网

60.下列关于千兆以太网的说法,错误的是_____。

A.千兆以太网标准是现行 IEEE 802.3 标准的扩展

B.经过修改的 MAC 子层仍然使用 CSMA/CD 协议

C.支持全双工和半双工通信

D.仅支持单工通信

61.在计算机局域网中,IEEE 802.4 标准的含义是_____。

A.令牌总线访问控制方法和物理层技术规范

B.令牌环介质访问控制方法和物理层技术规范

C.城域网访问控制方法和物理层技术规范

D.逻辑链路控制

62.计算机在局域网络上的硬件地址也可以称为 MAC 地址,这是因为_____。

A.硬件地址是传输数据时,在传输媒介访问控制层用到的地址

B.它是物理地址,MAC 是物理地址的简称

C.它是物理层地址,MAC 是物理层的简称

D.它是链路层地址,MAC 是链路层的简称

63.以下关于 MAC 的说法中,错误的是_____。

A.MAC 地址在每次启动后都会改变

B.MAC 地址一共有 48 bit,它们从出厂时就被固化在网卡中

C.MAC 地址也称作物理地址,或通常所说的计算机的硬件地址

D.MAC 地址每次启动后都不会变化

64.计算机网络拓扑结构是计算机网络结点和_____所组成的几何形状。

　　A.通信链路　　　　　　　　　　　　B.通信线路

　　C.网络协议　　　　　　　　　　　　D.网络软件

65.计算机网络的最常见网络拓扑结构形式一般有_____。

　　A.星型网络、环型网络、三角型网络和树型网络

　　B.星型网络、树型网络、环型网络和总线型网络

　　C.星型网络、环型网络、树型网络和矩型网络

　　D.矩型网络、环型网络、星型网络和总线型网络

66._____网络是采用广播式传输技术的计算机网络拓扑结构。

　　A.网状型　　　　　　　　　　　　　B.总线型

　　C.环型　　　　　　　　　　　　　　D.树型

67.在计算机网络拓扑结构中,_____是由总线型和星型结构演变来的。

　　A.矩型结构　　　　　　　　　　　　B.网状结构

　　C.环型结构　　　　　　　　　　　　D.树型结构

68.以太网是采用_____作为传输介质的总线型基带传输的一种局域网。

　　A.无源电缆　　　　　　　　　　　　B.光纤

　　C.双绞线　　　　　　　　　　　　　D.同轴电缆

69.USS 协议是 SIEMENS 公司驱动产品的通用通信协议,是一种基于_____总线进行数据通信的协议。

　　A.串行　　　　　　　　　　　　　　B.并行

　　C.并联　　　　　　　　　　　　　　D.串联

70.USS 通信电缆采用_____。

　　A.双绞线　　　　　　　　　　　　　B.无源电缆

　　C.光纤　　　　　　　　　　　　　　D.同轴电缆

71._____是通过在环状网上传输令牌的方式来实现对介质的访问控制。

　　A.令牌环访问控制法　　　　　　　　B.令牌总线访问控制法

　　C.载波多路访问/冲突检测　　　　　　D.载波单路访问/冲突检测

72.在局域网的介质访问控制方式中,_____主要用于总线型或树状网络结构。

　　A.令牌环访问控制法　　　　　　　　B.令牌总线访问控制法

　　C.载波多路访问/冲突检测　　　　　　D.载波单路访问/冲突检测

73.在局域网的介质访问控制方式中,_____主要用于基带传输系统。

　　A.令牌环访问控制法　　　　　　　　B.令牌总线访问控制法

　　C.载波多路访问/冲突检测　　　　　　D.载波单路访问/冲突检测

74.CSMA/CD 是 IEEE 802.3 所定义的协议标准,它适用于_____。

A.令牌环网　　　　　　　　　　　　B.令牌总线网

C.网络互连　　　　　　　　　　　　D.以太网

75.下列 LAN 中,_____是应用 CSMA/CD 协议的。

A.令牌环　　　　　　　　　　　　　B.FDDI

C.ETHERNET　　　　　　　　　　　D.NOVELL

76.构成工业以太网的 4 个必不可缺的要素包括_____。

①帧;②介质访问控制协议;③信号部件;④物理介质;⑤硬件电路

A.①②③④　　　　　　　　　　　　B.①③④⑤

C.①②④⑤　　　　　　　　　　　　D.①②③⑤

77.用于连接以太网的网络设备有_____。

①网卡;②网线;③HUB;④交换机;⑤RJ-45

A.①②③④　　　　　　　　　　　　B.①③④⑤

C.①②④⑤　　　　　　　　　　　　D.②③④⑤

78.PLC 与以太网中的计算机或编程器连接的目的是_____。

A.实现高速率数据通信和信息交换　　B.实现高速率数据通信和信息处理

C.实现高速率数据通信和信息控制　　D.实现高速率数据通信和信息检测

79.构成以太网系统的 4 个必不可缺的要素包括_____。

①帧;②介质访问控制协议;③幅;④信号部件;⑤硬件电路;⑥物理介质

A.①③④⑤　　　　　　　　　　　　B.①②④⑥

C.②③⑤⑥　　　　　　　　　　　　D.②④⑤⑥

80.下列关于 PLC 以太网通信的说法不正确的是_____。

①PLC 和上位机的 IP 地址必须在同一个区段;②PLC 和上位机的子网掩码必须相同;③PLC 的 IP 地址只用软件设置就可以

A.①　　　　　　　　　　　　　　　B.②

C.③　　　　　　　　　　　　　　　D.②③

81.下列不属于 PLC 与以太网联网通信要素的是_____。

A.介质访问控制协议　　　　　　　　B.通信物理介质

C.帧　　　　　　　　　　　　　　　D.个人电脑

82.在以太网系统中,由_____实现以太网系统中各计算机之间的信息传输和共享。

A.硬件　　　　　　　　　　　　　　B.软件

C.屏蔽电缆　　　　　　　　　　　　D.硬件和软件二者共同

83.当前以太网上常用的传输媒体是_____,组网的拓扑结构是_____。交换型以太网逐渐替代了共享型以太网,并使用了_____以太网技术。

A.双绞线和光缆;星型;全双工

B.双绞线和同轴电缆;环型;半双工

C.同轴电缆和光缆;环型;全双工

D.双绞线和光缆;星型;半双工

84.局域网常用的拓扑结构有_____,以太网(Ethernet)采用的是_____结构。

①总线型;②星型;③环型

A.①②③;①

B.①②;③

C.①②③;②

D.②③;①

85.工业以太网的通信介质有_____。

①普通双绞线;②工业屏蔽双绞线;③光纤

A.①②

B.①③

C.②③

D.①②③

86.一个典型的工业以太网络环境,包含的网络器件有_____。

①网络部件;②连接部件;③通信介质

A.①②

B.①③

C.②③

D.①②③

87.可用于工业以太网的协议有_____。

①HSE;②ModBus TCP/IP;③ProfiNet;④Ethernet/IP

A.①②③

B.①③④

C.②③④

D.①②③④

88.工业以太网的优势有_____。

①应用广泛;②通信速率高;③资源共享能力强;④可持续发展潜力大

A.①②③

B.①③④

C.②③④

D.①②③④

89.RS-422 有_____根信号线;RS-485 有_____根信号线。

A.4;2

B.2;2

C.2;4

D.4;4

90.下列_____不是单片机串行通信接口标准。

A.RS-232

B.RS-245

C.RS-422

D.RS-485

91.RS-485 是在 RS-422 的基础上改进的,不同之处是在物理接口上 RS-485 采用_____,RS-422 采用_____。

A.1 根 3 芯线;2 根 3 芯线

B.1 根双绞线;2 根双绞线

C.1 根 5 芯线;2 根 5 芯线

D.1 根网线;2 根网线

92.在船舶机舱自动化系统中,_____主要应用于由 PLC 组成的控制系统。

A.ProfiBus-DP

B.ModBus

C.ProfiBus-FMS

D.ProfiBus-PA

93.USS(通用串行接口协议)的优点有_____。

①对硬件设备要求低,减少了设备之间的布线;②无须重新连线就可以改变控制功能;③可通过串行接口设置或改变传动装置的参数;④可实时地监控传动系统

A.①②③

B.①③④

C.②③④

D.①②③④

94.标准的 Modbus 串行网络采用两种错误检测方法,其中的一种检测方法是_____。

A.奇校验   B.偶校验

C.奇偶校验   D.帧幅检测

95.ModBus 数据传输模式有两种,其中一种为_____。

  A.ModBus 方式   B.并行方式

  C.串行方式   D.ASCⅡ方式

96.Modbus 数据传输模式有两种,它们是_____。

  A.ASCⅡ和 RTU(远程终端单元)

  B.ASCⅡ和 LRC(纵向冗余检测)

  C.LRC 和 RTU

  D.LRC 和 CRC(循环冗余检测)

97.通信协议_____是应用于电子控制器上的一种通用协议标准。

  A.ProfiBus   B.ControlNet

  C.ModBus   D.CANBus

98.可编程序控制器的标准 Modbus 口使用与 RS-232C 兼容的串行接口,它定义了连接口的信息,包括_____。

  A.信号位和传输波特率   B.引脚线和电缆线

  C.信息和容量   D.波特频率和信号量

99.可编程序控制器在 Modbus 网络上通信时,每个控制器需要知道它们的_____。

  A.设备地址   B.设备编号

  C.设备型号   D.设备类型

100.传感器的分辨率(力)是指在规定测量范围内和规定条件下传感器所能检测输入量的_____的能力。

  A.最小变化值   B.最大变化值

  C.最小输出值   D.最大输出值

101.在 RS-232C 中,表示逻辑"1"的电平为_____。

  A.+2～+6 V   B.-2～-6 V

  C.+3～+15 V   D.-3～-15 V

102.在 RS-232C 中,表示逻辑"0"的电平为_____。

  A.+2～+6 V   B.-2～-6 V

  C.+3～+15 V   D.-3～-15 V

103.在 RS-422 中,表示逻辑"1"的电平为_____。

  A.+3～+15 V   B.-3～-15 V

  C.+2～+6 V   D.-2～-6 V

104.在 RS-422 中,表示逻辑"0"的电平为_____。

  A.+3～+15 V   B.-3～-15 V

  C.+2～+6 V   D.-2～-6 V

105.在 RS-485 中,表示逻辑"1"的电平为_____。

  A.+3～+15 V   B.-3～-15 V

C.+2～+6 V　　　　　　　　　　　　　D.-2～-6 V

106.在 RS-485 中,表示逻辑"0"的电平为_____。

　　A.+3～+15 V　　　　　　　　　　　B.-3～-15 V

　　C.+2～+6 V　　　　　　　　　　　　D.-2～-6 V

107.在 RS-422 中,总线上可连接的设备数目为_____个。

　　A.1　　　　　　　　　　　　　　　　B.10

　　C.16　　　　　　　　　　　　　　　　D.32

108.在 RS-485 中,总线上可连接的设备数目为_____个。

　　A.1　　　　　　　　　　　　　　　　B.10

　　C.16　　　　　　　　　　　　　　　　D.32

109.ProfiBus-DP 网络的物理层采用的是_____。

　　A.RJ45　　　　　　　　　　　　　　B.CAN

　　C.RS-422　　　　　　　　　　　　　D.RS-485

110.ProfiBus-DP 网络的传输速率最高可达_____。

　　A.1 Mbps　　　　　　　　　　　　　B.5 Mbps

　　C.10 Mbps　　　　　　　　　　　　　D.12 Mbps

111.ProfiBus-DP 网络的理论地址范围是_____。

　　A.0～99　　　　　　　　　　　　　　B.1～99

　　C.0～127　　　　　　　　　　　　　D.1～127

112.在 USS 通信网络中,总线上可连接最多_____个从站。

　　A.9　　　　　　　　　　　　　　　　B.10

　　C.31　　　　　　　　　　　　　　　　D.32

113.在 USS 通信网络中,总线上可连接最多_____个主站。

　　A.1　　　　　　　　　　　　　　　　B.2

　　C.10　　　　　　　　　　　　　　　　D.32

114.ModBus 协议规定的通信方式是_____。

　　A.TCP 协议　　　　　　　　　　　　B.IP 协议

　　C.UDP 协议　　　　　　　　　　　　D.应答方式和广播方式

115.ModBus 协议定义的传输模式是_____。

　　A.TCP 协议　　　　　　　　　　　　B.IP 协议

　　C.UDP 协议　　　　　　　　　　　　D.ASCⅡ模式和 RTU 模式

116.在 S7-200 PLC 中,ModBus 离散输出(线圈)的地址范围是_____。

　　A.00001～09999　　　　　　　　　　B.10001～19999

　　C.30001～39999　　　　　　　　　　D.40001～49999

117.在 S7-200 PLC 中,ModBus 离散输入(触点)的地址范围是_____。

　　A.00001～09999　　　　　　　　　　B.10001～19999

　　C.30001～39999　　　　　　　　　　D.40001～49999

118.在 S7-200 PLC 中,ModBus 输入寄存器(通常是模拟量输入)的地址范围是_____。

A.00001～09999   B.10001～19999

C.30001～39999   D.40001～49999

119.在 S7-200 PLC 中,ModBus 保持寄存器的地址范围是_____。

    A.00001～09999   B.10001～19999

    C.30001～39999   D.40001～49999

120.在 S7-200 PLC 中,正确的 ModBus 地址是_____。

    A.40000   B.44444

    C.90000   D.99999

121.在 S7-200 PLC 中,不正确的 ModBus 地址是_____。

    A.00000   B.10001

    C.30002   D.40003

参考答案

解析

第一节　自动控制基础

1.C	2.D	3.B	4.B	5.C	6.B	7.A	8.C	9.A	10.B
11.B	12.B	13.B	14.B	15.B	16.C	17.D	18.B	19.B	20.D
21.A	22.C	23.A	24.B	25.B	26.A	27.C	28.A	29.B	30.A
31.B	32.B	33.B	34.C	35.D	36.A	37.C	38.B	39.D	40.D
41.D	42.B	43.C	44.D	45.A	46.C	47.B	48.B	49.C	50.C
51.C	52.B	53.A	54.C	55.C	56.A	57.A	58.B	59.A	60.D
61.C	62.C	63.C	64.C	65.A	66.B	67.D	68.C	69.B	70.B
71.A	72.B	73.C	74.A	75.A	76.B	77.B	78.C	79.C	80.A
81.B	82.A	83.B	84.C	85.D	86.D	87.C	88.A	89.C	90.B
91.D	92.D	93.C							

第二节　数据处理技术和 PLC 程序设计

1.A	2.D	3.C	4.B	5.D	6.C	7.D	8.C	9.B	10.D
11.C	12.A	13.C	14.A	15.D	16.A	17.D	18.A	19.B	20.B
21.B	22.D	23.D	24.D	25.B	26.A	27.A	28.C	29.D	30.A
31.C	32.C	33.A	34.C	35.A	36.D	37.D	38.D	39.B	40.A
41.C	42.C	43.D	44.D	45.C	46.A	47.D	48.A	49.D	50.D
51.D	52.D	53.C	54.D	55.A	56.C	57.A	58.D	59.D	60.D
61.D	62.D	63.A	64.B	65.A	66.C	67.B	68.D	69.D	70.A
71.A	72.B	73.A	74.C	75.A	76.A	77.C	78.B	79.D	80.A

电子电气专业

81.B	82.B	83.B	84.A	85.D	86.B	87.C	88.C	89.A	90.C
91.C	92.B	93.D	94.A	95.A	96.C	97.D	98.D	99.B	100.D
101.A	102.B	103.C	104.C	105.B	106.B	107.C	108.C	109.A	110.B
111.A	112.B	113.C	114.D	115.B	116.D	117.A	118.C	119.A	120.B
121.D	122.C	123.D	124.A	125.A	126.A	127.C			

第三节　可编程序控制器原理及应用

1.C	2.D	3.A	4.B	5.D	6.B	7.A	8.B	9.D	10.D
11.A	12.C	13.B	14.B	15.B	16.C	17.D	18.D	19.A	20.B
21.B	22.A	23.C	24.C	25.A	26.D	27.D	28.A	29.D	30.B
31.B	32.B	33.A	34.B	35.C	36.A	37.B	38.D	39.D	40.A
41.C	42.A	43.D	44.A	45.D	46.A	47.D	48.A	49.D	50.B
51.A	52.C	53.D	54.C	55.B	56.B	57.D	58.C	59.B	60.B
61.C	62.B	63.D	64.A	65.A	66.C	67.A	68.A	69.D	70.A
71.A	72.D	73.D	74.D	75.A	76.C	77.C	78.A	79.D	80.A
81.A	82.B								

第四节　船上计算机网络的组成和使用

1.C	2.D	3.A	4.B	5.D	6.D	7.B	8.D	9.C	10.B
11.B	12.A	13.A	14.D	15.C	16.A	17.B	18.C	19.A	20.C
21.C	22.A	23.B	24.A	25.A	26.B	27.C	28.B	29.D	30.B
31.D	32.B	33.A	34.A	35.C	36.A	37.B	38.A	39.D	40.B
41.C	42.B	43.B	44.A	45.B	46.C	47.A	48.B	49.D	50.C
51.B	52.A	53.C	54.C	55.B	56.D	57.A	58.B	59.B	60.D
61.A	62.A	63.A	64.C	65.B	66.B	67.D	68.B	69.A	70.A
71.A	72.B	73.C	74.D	75.C	76.A	77.A	78.A	79.B	80.C
81.D	82.D	83.A	84.A	85.D	86.D	87.D	88.D	89.A	90.B
91.B	92.A	93.D	94.A	95.A	96.A	97.A	98.D	99.A	100.A
101.D	102.C	103.D	104.C	105.D	106.C	107.B	108.D	109.D	110.D
111.C	112.C	113.A	114.D	115.D	116.A	117.B	118.C	119.D	120.B
121.A									

第二章

仪表、警报和监测系统

第一节　传感器

1.传感器的线性度通常用_____表示。

 A.相对误差   B.绝对误差

 C.精密度   D.正确度

2.以下不属于传感器的静态参数性能指标的是_____。

 A.灵敏度   B.线性度

 C.稳定性   D.正确度

3.下列传感器属于按用途分类的是_____。

 ①位置传感器;②液位传感器;③速度传感器;④模拟传感器;⑤数字传感器

 A.①②③   B.①②③④

 C.①④⑤   D.④⑤

4.下列传感器属于按输出信号分类的是_____。

 ①位置传感器;②液位传感器;③速度传感器;④模拟传感器;⑤数字传感器

 A.①②③   B.①②③④

 C.①④⑤   D.④⑤

5.下列传感器属于按工作原理分类的是_____。

 ①电阻式传感器;②电容式传感器;③电感式传感器;④模拟传感器;⑤数字传感器

 A.①②③   B.①②③④

 C.①④⑤   D.④⑤

6.表征传感器静态特性的主要参数有_____。

 ①线性度;②灵敏度;③迟滞;④重复性

 A.①②③   B.②③④

 C.①③④   D.①②③④

7._____是指传感器在稳态工作情况下输出量变化 Δy 对输入量变化 Δx 的比值。

 A.线性度   B.灵敏度

 C.分辨率   D.重复性

8.气动变送器输出的标准气压信号一般为_____。

  A.0~1 MPa   B.0~0.1 MPa

  C.0.2~1 MPa   D.0.02~0.1 MPa

9.下列关于变送器的说法,不正确的是_____。

  A.变送器输出的是标准信号   B.电流互感器是一种变送器

  C.部分变送器有通信功能   D.变送器不能输出开关信号

10.当模拟信号需要传输较远的距离时,一般采用电流信号而不是电压信号的原因是_____。

  A.电流信号稳定,信号线电阻不会导致信号损失

  B.电流信号抗干扰能力强,但信号线电阻会导致信号损失

  C.电流信号抗干扰能力强,信号线电阻不会导致信号损失

  D.电流信号抗温度能力强,信号线电阻将会导致信号损失

11.当模拟电信号需要传输较远的距离时,一般采用的信号是_____。

  A.直流 0~5 V   B.直流 4~20 mA

  C.直流 4~20 V   D.直流 0~10 V

12.在单杠杆气动差压变送器中,若变送器没有输入而输出却大于 0.02 MPa,可能的原因是_____。

  A.恒节流孔脏堵   B.反馈波纹管刚度太大

  C.喷嘴脏堵   D.气源漏气

13.关于差压变送器的放大系数和量程的关系,以下说法正确的是_____。

  A.放大系数增减,量程不变   B.放大系数增大,量程增大

  C.放大系数减小,量程减小   D.放大系数增大,量程减小

14._____是传感器中能直接感受(或响应)被测量的部分,将压力转换成弹性膜片变形的元件。

  A.敏感元件   B.转换元件

  C.转换电路   D.放大电路

15.传感器是指能感受规定的被测量并按照一定的规律转换成可用输出信号的器件或装置,通常由_____组成。

  A.敏感元件和转换元件   B.敏感元件和放大电路

  C.放大电路和转换元件   D.弹性元件和放大电路

16.采用热电阻温度传感器检测某一系统温度值时,常需要温度补偿,其作用是_____。

  A.克服外部干扰信号的影响

  B.克服环境温度变化对检测精度的影响

  C.使热电阻值随温度变化,特性稳定

  D.保证传感器输出与温度呈线性关系

17.通常在船上检测较低温度的场合采用_____传感器,检测高温的场合一般用_____传感器。

  A.热敏电阻;热电阻或热电偶   B.热电阻或热敏电阻;热电偶

  C.热电偶或热敏电阻;热电阻   D.热电阻;热电偶或热敏电阻

18.热电阻式温度传感器,是利用_____的效应实现温度测量的。

A.电阻丝的阻值随温度的升高而增大　　　B.电阻丝的阻值随温度的升高而减小

C.金属热电势随温度的升高而增大　　　D.金属热电势随温度的升高而减小

19.用热电偶检测温度的基本原理是当冷端温度保持恒定时,热端与冷端之间_____。

　　A.热电势随热端温度的升高而增大　　　B.热电势随热端温度的升高而减小

　　C.电阻值随热端温度的升高而增大　　　D.电阻值随热端温度的升高而减小

20.若温度传感器按被测物理量来分类,船舶机舱最常见的传感器有_____。

　　A.电阻式　　　　　　　　　　　　　B.PN 结

　　C.热电式　　　　　　　　　　　　　D.辐射式

21.在温度传感器中,船上常采用的热敏电阻有 PTC 和 NTC 两种,当检测温度升高时,它们的阻值将分别_____。

　　A.增大、增大　　　　　　　　　　　B.减小、减小

　　C.增大、减小　　　　　　　　　　　D.减小、增大

22.对于热电阻式温度传感器,常采用_____来实现对环境温度变化的补偿。

　　A.二线制接法　　　　　　　　　　　B.三线制接法

　　C.四线制接法　　　　　　　　　　　D.五线制接法

23.Pt100 热电阻的材料是_____。

　　A.铜　　　　　　　　　　　　　　　B.铂

　　C.镍　　　　　　　　　　　　　　　D.康铜

24.Pt100 是船舶机舱常用的_____。

　　A.铜热电阻　　　　　　　　　　　　B.铂热电阻

　　C.热敏电阻　　　　　　　　　　　　D.光敏电阻

25.Pt100 是船舶机舱常用的铂热电阻,当测量温度为 0 ℃时,电阻值为_____。

　　A.0 Ω　　　　　　　　　　　　　　B.10 Ω

　　C.50 Ω　　　　　　　　　　　　　D.100 Ω

26.在热电阻测量电路的连接方式中,可以消除接线电阻受环境温度的影响,在工业上应用最广的是_____。

　　A.二线制接法　　　　　　　　　　　B.三线制接法

　　C.四线制接法　　　　　　　　　　　D.单线绝缘制接法

27.下列关于热电阻采用三线连接法的说法,正确的是_____。

　　A.三线连接有利于保护热电阻,延长使用寿命

　　B.三线连接有利于提高热电阻的测量精度

　　C.采用三线连接是为了使热电阻的信号可靠地传到测量端

　　D.采用三线连接法是为了实现冷端温度自动补偿

28.在用热电阻温度传感器检测某监视点温度的电路中,所谓三线制是指_____。

　　A.测温电桥有三根输出线

　　B.电源增加一根接地线

　　C.将热电阻两根相同导线接在同一个桥臂上

　　D.将热电阻两根相同导线分别接在两个相邻桥臂上

29.在如图所示的热电阻温度传感器测温电路中,可变电阻 R_0 的作用是调节_____。

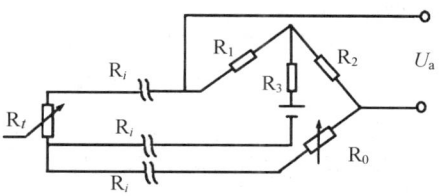

    A.灵敏度   B.不灵敏区

    C.零点   D.量程

30.PTC 型半导体温度传感器的特性是_____。

    A.阻值随着温度的上升而增大   B.阻值随着温度的上升而减小

    C.灵敏度比金属热电阻小   D.电阻温度系数小

31.半导体温度传感器的特点是_____。

    A.电阻温度系数大,灵敏度高   B.电阻温度系数大,灵敏度低

    C.电阻温度系数小,灵敏度高   D.电阻温度系数小,灵敏度低

32.可分为正温度系数(PTC)、负温度系数(NTC)和临界温度系数(CTR)三种类型的温度传感器是_____。

    A.热电阻   B.热电偶

    C.热敏电阻   D.光敏电阻

33.下列选项中,_____不是半导体热敏电阻所拥有的特点。

    A.线性度好   B.温度系数大

    C.电阻率大   D.结构简单

34.正温度系数的热敏电阻是_____。

    A.PTC   B.NTC

    C.CTR   D.PTC+CTR

35.半导体热敏电阻不可用在_____中。

    A.电子温度继电器   B.测量主机排烟温度

    C.电子线路热补偿电路   D.发电机过热保护

36.在机舱温度自动控制系统中,热电阻式温度传感器采用_____工作原理。

    A.热电阻材料的电阻率随温度的增加而增大

    B.热电阻材料的电阻率随温度的增加而减小

    C.热电阻材料的电阻率随热辐射的增加而增大

    D.热电阻材料的电阻率随热辐射的增加而减小

37.在一定的范围内,热电偶输出的热电势与_____近似成正比。

    A.冷端温度   B.热端温度

    C.冷热两端温度之差   D.冷热两端温度之和

38.输出电势信号的感温元件是_____。

    A.Pt100   B.热电偶

C.Cu100   D.光电温度计

39.船舶检测主机排烟温度的传感器一般采用_____式。

  A.热电偶   B.热敏电阻

  C.热电阻   D.光敏电阻

40.热电偶式温度传感器的基本原理是_____。

  A.当冷端温度保持不变时,热端与冷端之间热电势随温度的升高而升高

  B.当冷端温度保持不变时,热端与冷端之间热电势随温度的升高而降低

  C.当冷端温度保持不变时,热端与冷端之间电阻值随温度的升高而升高

  D.当冷端温度保持不变时,热端与冷端之间电阻值随温度的升高而降低

41.在所有热电偶中,_____的精确度等级最高,通常用作标准热电偶。

  A.T 分度号热电偶   B.R 分度号热电偶

  C.K 分度号热电偶   D.S 分度号热电偶

42.关于热电偶测温,不正确的说法为_____。

  A.热电偶的输出一般为毫伏级

  B.热电偶测量的是温差而不是绝对温度

  C.热电偶测温时采用补偿导线是为了对冷端进行温度补偿

  D.补偿导线应与热电偶型号一致

43.热电偶式温度传感器在使用中,常采用_____来降低测量误差。

  A.冷端温度自动补偿电路   B.冷端温度定值控制

  C.三线制接法   D.二线制接法

44.在热电偶温度传感器中,设置补偿电路的作用是_____。

  A.提高稳定性   B.提高测量精度

  C.提高线性范围   D.便于调零和调量程

45.热电偶可以用于检测_____信号,使用中须采用_____电路。

  A.温度;三线制   B.温度;温度补偿

  C.温差;三线制   D.温差;温度补偿

46.在如下图所示的热电偶式温度传感器冷端温度补偿电路中,假定热端温度不变而冷端温度降低,则_____。

A.热电势 e 减小,U_{ba} 减小,U_o 基本不变   B.热电势 e 增大,U_{ba} 增大,U_o 基本不变

C.热电势 e 减小,U_{ba} 减小,U_o 减小   D.热电势 e 增大,U_{ba} 减小,U_o 增大

47.在采用冷端补偿电桥的热电偶检测温度的传感器中,下列说法错误的是_____。

①热电偶是由两根电子密度不同的金属焊接而成的；②冷端温度不变,热电偶产生的热电势与热端温度呈线性关系；③热电偶与冷端补偿电桥电路并联；④冷端补偿电桥中有三个桥臂用铜丝绕制的电阻,另一桥臂用锰铜丝绕制的电阻；⑤热端温度不变、冷端温度升高时,热电势减小,传感器输出的电压值基本不变

A.①②③ B.②③④

C.③④ D.③④⑤

48.在机舱中,热电偶式温度传感器常用于测量_____。

A.主机的主轴承温度 B.主机的缸套水温度

C.主机的滑油温度 D.主机的排气温度

49.在使用热电偶过程中,下列做法错误的是_____。

A.热电偶的分度号必须与所采用温度测控仪表所要求的热电偶一致

B.安装热电偶的位置应尽可能远离强电磁场,避开大功率电源线

C.合理选择热电偶外套管的材质、外径大小,确保有足够的强度,并且要适应被测环境气氛

D.热电偶可以长时间在最高允许温度下工作

50.在使用热电偶过程中,下列做法错误的是_____。

A.应经常检查电极和外套管是否完好

B.在插入或取出热电偶时,应避免急冷急热,以防外套管断裂

C.热电偶测量精度高,无须定期校验

D.经常检查保护管与热电偶之间的密封

51.引起热电偶在使用中产生误差的原因有_____。

①因安装不当而引入的误差；②因绝缘变差而引入的误差；③热惯性引入的误差；④热阻误差

A.①②③ B.②③④

C.①④ D.①②③④

52.关于热电偶的使用,下列说法错误的是_____。

A.热电偶的分度号必须与所采用温度测控仪表所要求的热电偶一致

B.安装热电偶的位置应尽可能远离强电磁场,避开大功率电源线

C.合理选择热电偶外套管的材质、外径大小

D.热电偶应设计得较长,以确保接线端为热端,不受被测高温影响

53.压阻式压力传感器中的输出信号是_____值。

A.电压 B.电流

C.电阻 D.电容

54.压阻式压力传感器的核心部件可以是_____。

A.热电阻 B.热电偶

C.热敏电阻 D.单晶硅膜片及扩散电阻

55.扩散硅压力传感器如下图所示,当膜片两端存在压差时,膜片产生应力和形变,从而使扩散阻值发生变化,电桥不平衡,产生不平衡电压输出,不平衡电压与_____。

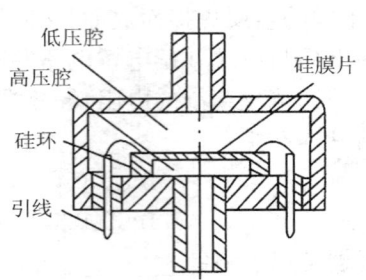

A.膜片两边的压力差成反比　　　　　　B.膜片两边的压力差成正比
C.膜片两边的压力成反比　　　　　　　D.膜片两边的压力成正比

56.扩散硅压力传感器如下图所示,其核心部分是_____。

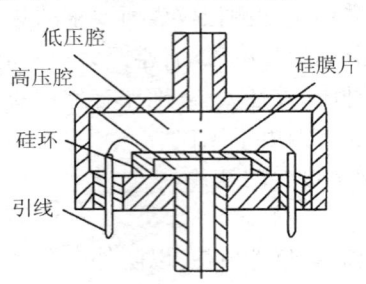

A.单晶硅环　　　　　　　　　　　　　B.引线
C.单晶硅膜片　　　　　　　　　　　　D.高、低压腔

57.在硅压力传感器中,由于压敏电阻的压阻效应,测量电桥产生一个与压力成正比的线性电压信号,但是该压力传感器不具有的特点是_____。

　　A.体积小,结构简单

　　B.工作可靠,准确度高,重复性好

　　C.灵敏度高

　　D.耐温范围宽,可用于柴油机气缸爆压测量

58.压电式压力传感器的特点中,不包括_____。

　　A.结构简单,体积小,重量小　　　　　B.动态响应频带宽

　　C.可测缓慢变化的压力　　　　　　　　D.是有源传感器

59.压电效应是指压电材料在一定方向受到压力的作用时,在其表面上会产生_____。

　　A.电流　　　　　　　　　　　　　　　B.电荷

　　C.电压　　　　　　　　　　　　　　　D.电动势

60.下列不属于压电式传感器中压电元件的是_____。

　　A.石英晶体　　　　　　　　　　　　　B.霍尔元件

　　C.压电陶瓷　　　　　　　　　　　　　D.高分子压电材料

61.某些晶体受到外力作用而发生机械变形时,在晶体的不同表面会产生符号相反的电荷,这种现象被称为_____。

　　A.压阻效应　　　　　　　　　　　　　B.压电效应

　　C.霍尔效应　　　　　　　　　　　　　D.磁阻效应

62. 下列关于压电效应的说法,不正确的是_____。
   A.压电效应是因外力作用引起的
   B.压电效应可分为正压电效应和逆压电效应
   C.压电陶瓷能将机械能和电能互换
   D.任何介质受外力作用都可以引起压电效应

63. 某些电介质在沿一定方向上受到外力的作用而变形时,其内部会产生极化现象,同时在它的两个相对表面上出现正负相反的电荷。当外力去掉后,它又会恢复到不带电的状态,这种现象称为_____。
   A.负阻电效应   B.正阻电效应
   C.负压电效应   D.正压电效应

64. 金属应变效应中引起电阻变化的主要原因是_____。
   A.金属应变片在压力的作用下几何尺寸发生了变化
   B.金属在压力的作用下电阻率发生了变化
   C.金属在温度的作用下电阻率发生了变化
   D.金属在温度的作用下几何尺寸发生了变化

65. 下列关于电阻应变效应,不正确的是_____。
   A.电阻应变效应是电阻受外力作用变形引起的
   B.电阻受外力作用拉伸,阻值增大
   C.电阻应变效应和电阻的材料无关
   D.电阻应变效应和对电阻施加的电压无关

66. 导体或半导体材料在外界力的作用下,会产生机械变形,其电阻值也将随着发生变化,这种现象称为_____。
   A.机械效应   B.压阻效应
   C.变形效应   D.应变效应

67. 应变效应通常是由于受力后材料的_____发生了改变。
   A.几何长度和电阻率   B.几何尺寸和电阻率
   C.几何宽度和电阻值   D.几何形状和电阻值

68. 对于半导体而言,电阻的改变主要是由材料的电阻率随应变所引起的变化,称之为_____。
   A.压阻效应   B.压电效应
   C.电阻效应   D.机械效应

69. 应变片式压力传感器的测量电路通常采用全桥电路,桥臂的四个电阻中_____。

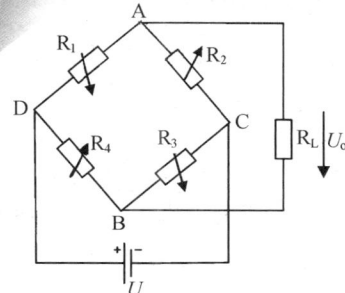

A.一个是应变电阻　　　　　　　　B.两个是应变电阻

C.三个是应变电阻　　　　　　　　D.四个都是应变电阻

70.下列关于霍尔电势的说法,不正确的是_____。

A.电势大小是霍尔元件灵敏度、施加磁场、流过电流大小的乘积

B.电势方向与磁场方向无关

C.霍尔电势可以是直流的,也可以是交流的,取决于具体应用

D.霍尔电势受温度影响较大

71.霍尔元件主要是_____材料。

A.金属　　　　　　　　　　　　　B.半导体

C.绝缘体　　　　　　　　　　　　D.任意物体

72.霍尔式传感器的基本原理是金属或半导体薄片置于磁场中,当有电流流过时,在垂直于电流和磁场的方向上将产生_____。

A.电荷　　　　　　　　　　　　　B.电感

C.电动势　　　　　　　　　　　　D.感应电流

73.关于霍尔效应描述中,正确的是_____。

A.霍尔系数的大小反映了霍尔效应的强弱,其由材料的物理性质决定

B.霍尔系数越大,霍尔电势越小

C.霍尔元件的厚度越大,霍尔电势越大

D.磁场的磁感应强度越大,霍尔电势越小

74.将通电半导体放在均匀磁场中,在垂直于电场和磁场的方向产生横向电场,这种现象称为_____。

A.压电效应　　　　　　　　　　　B.压阻效应

C.霍尔效应　　　　　　　　　　　D.多普勒效应

75.当控制电流不变时,使传感器处于磁场中,霍尔式传感器输出与磁感应强度成正比的电压。这方面的应用主要有_____。

A.磁场测量　　　　　　　　　　　B.电压测量

C.速度测量　　　　　　　　　　　D.位移速度

76.霍尔元件的霍尔系数是由_____决定的。

A.控制电流　　　　　　　　　　　B.磁场

C.霍尔元件的厚度　　　　　　　　D.霍尔元件本身的性质

77.电感传感器输出端接成差动形式的目的是_____。

A.提高灵敏度和线性度

B.消除零点残余电压

C.减少温度变化的影响

D.将交流信号变成直流信号

78.螺线管式差动变压器的结构如下图所示,它是_____在实际中的应用。

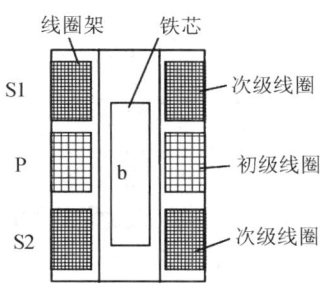

A.自感式电感传感器　　　　　　　　　　B.涡流式电感传感器

C.互感式电感传感器　　　　　　　　　　D.电容式传感器

79.差动变压器的结构形式很多,应用得最多的是_____。

　　A.螺线管式　　　　　　　　　　　　　B.变截面积式

　　C.变间隙式　　　　　　　　　　　　　D.差分式

80.电感螺线管式压力传感器,当铁芯处于螺线管中间时,两次级绕组互感相同,1M＝2M,因而由初级线圈激励的感应电动势相同。这时输出电动势_____。

　　A.为零　　　　　　　　　　　　　　　B.最小

　　C.最大　　　　　　　　　　　　　　　D.与所测压力成正比

81.差动变压器的输出是交流信号,幅值大小与铁芯位移成正比,相位与_____。

　　A.位移方向相关　　　　　　　　　　　B.位移方向无关

　　C.位移成正比　　　　　　　　　　　　D.位移成反比

82.在差动变压器式压力传感器中,变压器的初级与次级之间的互感系数_____。

　　A.是一个常数　　　　　　　　　　　　B.相等

　　C.随铁芯的位置改变而变化　　　　　　D.与检测的压力呈积分关系

83.在差动变压器传感器使用中,衔铁移动的方向与输出的电压相位相关,所以采用_____来区分移动方向。

　　A.示波器　　　　　　　　　　　　　　B.相敏整流

　　C.桥式整流　　　　　　　　　　　　　D.频率表

84.差动变压器传感器的激磁频率一般为 10～50 kHz,频率太低则_____,频率太高则_____。

　　A.灵敏度降低;铁损增加　　　　　　　B.损耗增加;误差增加

　　C.精度降低;灵敏度降低　　　　　　　D.误差增加;精度降低

85.电容式压力传感器的测量原理是将弹性元件的位移转换为_____变化。

　　A.电阻值　　　　　　　　　　　　　　B.电容量

　　C.电压　　　　　　　　　　　　　　　D.电流

86.电容式压力传感器是将被测压力变化转换为_____变化的一种压力传感器。

　　A.电阻值　　　　　　　　　　　　　　B.电感值

　　C.电容量　　　　　　　　　　　　　　D.磁感应强度

87.电容式传感器电容极板间一般放置云母片,其主要作用是_____极板间距离,提

高_____。

    A.增大；灵敏度   B.减小；灵敏度

    C.增大；线性度   D.减小；线性度

88.变极距电容传感器中弹性膜片变形越大,则_____越大。

    A.电容值   B.电容值变化量

    C.极距   D.温度影响

89.涡流式压力传感器的基本原理是金属导体置于变化着的磁场中,导体内就会产生_____。

    A.涡流   B.感应电压

    C.电动势   D.电荷

90.成块的金属在变化的磁场中或在磁场中运动时会产生涡流,涡流的大小与金属的电阻率、磁导率、厚度及_____、_____等参数有关。固定其中若干参数就可以测量另外的参数。

    A.金属与线圈的距离；霍尔效应系数

    B.金属与线圈的距离；线圈的激磁电流频率

    C.金属与线圈的体积；霍尔效应系数

    D.金属与线圈的体积；线圈的激磁电流频率

91.涡流传感器的最大特点是可进行_____,_____,因而在工业中应用广泛。

    A.非接触式测量；精度高   B.非接触式测量；灵敏度高

    C.运动中测量；快速性好   D.运动中测量；可靠性好

92.成块的金属在变化的磁场中或在磁场中运动时会产生_____。

    A.电阻率变化   B.磁导率变化

    C.涡流   D.磁感应强度变化

93.高频反射涡流传感器主要部件是_____。

    A.差动变压器   B.差动电容

    C.霍尔元件   D.扁平线圈

94.当涡流式压力传感器与被测导体靠近时,传感器的_____将发生变化。

    A.等效电阻   B.电动势

    C.差动电容   D.霍尔电势

95.某压力仪表量程为 0~2 MPa,其最大绝对误差是 0.04 MPa,则其精度为_____。

    A.1 级   B.2 级

    C.3 级   D.4 级

96.吹气式液位传感器的量程范围调整是通过节流阀实现的,要求是_____。

    A.最低液位时,平衡室有微量气泡冒出

    B.最低液位时,平衡室有大量气泡冒出

    C.最高液位时,平衡室有微量气泡冒出

    D.最高液位时,平衡室有大量气泡冒出

97.变浮力液位传感器是由_____组成的。

    A.浮筒和分压器   B.浮筒和测量电桥

    C.浮筒和调压阀   D.浮筒和差动变压器

98.船上常用的液位测量方法有_____。

①磁脉冲装置;②浮子式;③电极式;④静压吹气式;⑤电磁式;⑥参考水位罐式

A.①③④⑤ B.②③④⑤

C.①②⑤⑥ D.②③④⑥

99.容积式流量传感器的测量原理是_____。

A.被测介质流量越大,输出的电脉冲频率越高

B.被测介质流量越大,输出的电脉冲频率越低

C.被测介质流量越大,输出的电压越高

D.被测介质流量越大,输出的电压越低

100.在容积式流量传感器中,反映流量大小的输出信号是_____。

A.直流电压信号的强弱 B.直流电流信号的强弱

C.气压信号的强弱 D.脉冲信号频率的高低

101.容积式流量计不能用来检测的流量是_____。

A.辅锅炉的蒸汽流量 B.辅锅炉的燃用油流量

C.主机燃用油流量 D.造水机造水流量

102.在容积式流量传感器中,进口流体压力为 P_1,出口流体压力为 P_2,则传感器输出量将与_____。

A.P_1 的平方成正比 B.$P_1 - P_2$ 压差成正比

C.P_1 的大小成正比 D.P_1 的大小成反比

103.液位传感器用于保护控制时,模拟测试中通常不需要注意的是_____。

A.实际液位的变化

B.防止过高或过低信号引起设备的保护动作

C.输出不能短路或开路

D.传感器内部转换电路

104.液位传感器有采用吹气式加差压变送器来实现的,零点可通过_____来调节,量程可通过_____调节。

A.变送器;吹气管路节流阀 B.变送器;变送器

C.吹气管路节流阀;变送器 D.传感器;变送器

105.液位传感器检测油舱液位时常采用雷达测深,液位最高时,雷达测到的距离_____,应该调整雷达测深的_____。

A.最小;零点 B.最小;零点和量程

C.最大;量程 D.最大;零点和量程

106.下列物理变化量中,可以用于测量机械输出轴扭矩的是_____。

A.频率 B.频率差

C.相位 D.相位差

107.在相位差式扭矩传感器中,当扭矩从 0° 逐渐增大时,两个磁头所感应的脉冲相位差的变化为_____。

A.从 0° 逐渐增大 B.从 90° 逐渐增大

    C.从 90°逐渐减小　　　　　　　　　　D.从 180°逐渐减小

108.下列不属于常用标准直流电压信号的是_____。

    A.0~5 V　　　　　　　　　　　　　　B.0~10 V

    C.1~5 V　　　　　　　　　　　　　　D.5~10 V

109.Cu50 热电阻使用的材料是_____。

    A.铜　　　　　　　　　　　　　　　　B.铂

    C.镍　　　　　　　　　　　　　　　　D.铁

110.Cu50 热电阻表示的含义是_____。

    A.温度为 0 ℃时,阻值为 50.00 Ω　　　B.温度为 25 ℃时,阻值为 50.00 Ω

    C.温度为 20 ℃时,阻值为 50.00 Ω　　D.温度为 50 ℃时,阻值为 50.00 Ω

111.热电偶是利用热电效应原理测量温度的,热电效应是由_____引起的。

    A.帕尔帖效应和压电效应　　　　　　B.压电效应和接触效应

    C.接触效应和汤姆逊效应　　　　　　D.应变效应和汤姆逊效应

112.热电偶测量的是冷热两端的_____,因此只有_____温度固定,热电势才与温度呈单值函数关系。

    A.温度;冷端　　　　　　　　　　　　B.温差;冷端

    C.温度;热端　　　　　　　　　　　　D.温差;热端

113.判断热电偶电极的极性可采用_____,即加热热端,两冷端接入表的两端,如果表的读数增加,则接仪表正极的一端为正极,另一端为负极。

    A.电阻表　　　　　　　　　　　　　　B.电流表

    C.毫伏表　　　　　　　　　　　　　　D.毫安表

114._____热敏电阻常用作小功率的加热元件,例如可应用于日常生活中电热毯、电蚊香加热盘等的制造。

    A.PTC　　　　　　　　　　　　　　　B.NTC

    C.CTR　　　　　　　　　　　　　　　D.RTC

115.以下不属于传感器静态参数的是_____。

    A.准确度　　　　　　　　　　　　　　B.正确度

    C.精密度　　　　　　　　　　　　　　D.稳定性

116.以下常用仪表的精度等级最高的是_____。

    A.0.005　　　　　　　　　　　　　　B.0.02

    C.0.1　　　　　　　　　　　　　　　D.1.5

117.表征传感器静态特性的主要参数有_____。

    ①线性度;②分辨率;③重复性;④稳定性

    A.①②　　　　　　　　　　　　　　　B.③④

    C.①②③　　　　　　　　　　　　　　D.①②③④

118.如果热电偶两电极材料_____,两接点处温度_____,回路就会产生热电势。

    A.相同;相同　　　　　　　　　　　　B.不同;不同

    C.相同;不同　　　　　　　　　　　　D.不同;相同

119.以下属于压力表示方式的是_____。

①绝对压力;②表压力;③真空度

A.①② B.①③

C.②③ D.①②③

120.用电容做压力传感器,具有很多优点,以下不属于其优点的是_____。

A.需要的能量低、测量范围大 B.动态响应快、灵敏度高

C.测量精度高、抗震性好 D.输出特性线性度高

121.下列属于接触式液位传感器的是_____。

A.静压式、电容式 B.超声波式、雷达式

C.静压式、超声波式 D.电容式、雷达式

122.超声波液位传感器发射探头是利用_____将高频电振动转换成机械振动产生超声波的。

A.正压电效应 B.逆压电效应

C.压阻效应 D.光电效应

123.超声波液位传感器接收探头是利用_____将超声波机械振动转换成电信号的。

A.正压电效应 B.逆压电效应

C.压阻效应 D.光电效应

124.光电导效应是在光照作用下,物体的_____发生改变的现象。

A.透光性 B.电压

C.电流 D.电阻率

125.以下属于黏度测定方法的是_____。

①运动黏度;②动力黏度;③条件黏度

A.①② B.①③

C.②③ D.①②③

126.以下属于速度式流量传感器的是_____。

①压差式;②电磁式;③超声波

A.①② B.①③

C.②③ D.①②③

127.变磁通式磁电转速传感器产生的感应电动势变化的频率取决于_____。

A.测量齿轮的个数、转速 B.霍尔系数、磁场强度

C.测量齿轮的个数、磁场强度 D.转速、霍尔系数

第二节 船舶监视报警系统

1.当机舱出现失职报警时,值班轮机员应该在_____进行应答操作。

A.驾驶台延伸报警箱 B.集控室控制台

C.房间延伸报警箱 D.餐厅延伸报警箱

2._____不属于机舱集中监视与报警系统的功能。

A.故障报警打印 B.报警参数上下限自整定

C.系统本身故障自检测　　　　　　　　　　　　D.闭锁功能

3.根据需要可以随时打印机舱内的工况参数,这是属于_____。

    A.召唤打印记录　　　　　　　　　　　　　　B.定时制表打印记录

    C.故障打印记录　　　　　　　　　　　　　　D.数字打印记录

4.在_____情况下,机舱集中监视与报警系统会发出失职报警。

    A.未能及时在集控室消声　　　　　　　　　　B.未能及时排除故障

    C.未能及时在延伸报警箱应答　　　　　　　　D.未能及时在驾驶台消声

5.在故障报警装置中,延时环节可以实现_____。

    A.报警时红灯先闪亮,蜂鸣器后响

    B.延时接通报警线路,防止误报警

    C.延时断开报警线路,保持报警状态

    D.按确认按钮后,延时消声

6.根据计算机监控系统结构特点,船舶机舱监视与报警系统可分为以下系统,其中不正确的是_____。

    A.集中型系统　　　　　　　　　　　　　　　B.半集中型系统

    C.集散型系统　　　　　　　　　　　　　　　D.全分布式系统

7.一个完善的机舱监视与报警系统由_____三大部分组成。

    ①分布在机舱各监视点的传感器;②安装在集中控制室内的控制柜和监视仪表或监视屏;③安装在驾驶台、公共场所、轮机长和轮机员居室的延伸报警箱;④安装在机旁的控制台

    A.①②③　　　　　　　　　　　　　　　　　B.①②④

    C.①③④　　　　　　　　　　　　　　　　　D.②③④

8._____是机舱监视报警系统最基本的功能。

    A.声、光报警　　　　　　　　　　　　　　　B.打印记录

    C.报警闭锁　　　　　　　　　　　　　　　　D.失职报警

9.主机滑油低压报警和缸套水高温报警分别属于_____报警和_____报警。

    A.开关量;模拟量　　　　　　　　　　　　　B.开关量;开关量

    C.模拟量;模拟量　　　　　　　　　　　　　D.模拟量;开关量

10.模拟量报警控制单元较开关量报警控制单元,需要多设置_____环节。

    A.延时　　　　　　　　　　　　　　　　　　B.逻辑判断

    C.测量和比较　　　　　　　　　　　　　　　D.延时环节和逻辑判断

11.以下_____采用连续监视方式报警。

    A.微机型监视系统　　　　　　　　　　　　　B.计算机网络监控系统

    C.巡回检测系统　　　　　　　　　　　　　　D.单元组合式监视系统

12.关于机舱集中监视与报警系统,以下说法正确的是_____。

    A.在微机型报警系统中,对所有的监视点参数实行连续监视

    B.在单元组合式报警系统中,对各个监视点参数实行分时处理

    C.在微机型报警系统中,所有的监视点只需要一个中央处理单元

    D.在单元组合式报警系统中,所有的监视点只需要一个报警控制电路

13.在机舱单元组合式自动报警系统中,设置延时报警的原因是_____。

A.考虑到多个报警信号同时来,分时响应的需要

B.考虑到虚假报警及暂时故障的可能

C.系统信号传输有时间滞后

D.考虑到传感器故障

14.机舱报警系统应具有的功能是_____。

①故障报警;②报警参数自整定;③延时报警;④故障自动消除;⑤延伸报警;⑥3 min 失职报警

A.①②③④   B.②④⑤⑥

C.③④⑤⑥   D.①③⑤⑥

15.在集中报警与监视系统中,不包括的功能有_____。

A.故障自动修复   B.3 min 失职报警

C.延时报警   D.闭锁报警

16.在集中监视与报警系统中,不包括的功能有_____。

A.故障报警打印记录   B.参数报警上下限值自动调整

C.召唤打印记录参数   D.值班报警

17.在具有集中监视与报警系统的机舱中,一旦运行设备出现故障,不仅可在机舱、集中控制室发出声、光报警,该报警信号还能延伸到_____。

A.货舱   B.艏尖舱

C.舵机舱   D.驾驶台

18.在集中监视与报警系统中,连续监视式报警系统的特点是_____。

A.同一时间只能监视一个点,每个监视点都需有一个报警控制单元

B.同一时间可监视所有的监视点,每个监视点都要有一个报警控制单元

C.同一时间只能监视一个点,所有监视点共用一个报警控制单元

D.同一时间可监视所有监视点,所有监视点共用一个报警控制单元

19.集中监视与报警系统应具有的功能是_____。

①运行参数的自动显示;②参数越限自动报警;③故障自动修复;④参数越限报警值的自动调整;⑤可定时对运行参数打印制表;⑥故障信号的延伸报警

A.①②④⑥   B.①②④⑤

C.①③④⑥   D.①②⑤⑥

20.当故障出现后,机舱报警指示灯先"快闪",然后变为"慢闪",这种报警属于_____。

A.长时故障报警   B.短时故障报警

C.延时报警   D.延伸报警

21.在报警系统中,短时故障是指_____。

A.报警的故障不能自行消除   B.报警的故障能自行消除

C.模拟量故障报警   D.开关量故障报警

22.在报警系统中,通常故障或长时故障是指_____。

A.报警的故障不能自行消除   B.报警的故障能自行消除

中华人民共和国海船船员培训大纲熟悉训练资源

C.模拟量故障报警　　　　　　　　　　　　D.开关量故障报警

23.在报警系统中,有报警信号且按下确认按钮后,报警指示灯和蜂鸣器状态是_____。
　　A.报警灯灭,蜂鸣器消声　　　　　　　　　B.报警灯平光,蜂鸣器响
　　C.报警灯灭,蜂鸣器响　　　　　　　　　　D.报警灯平光,蜂鸣器消声

24.在短时故障报警情况下,红色指示灯的亮灭规律是_____。
　　A.无故障常亮,有故障快闪,故障消失慢闪,按确认按钮常亮
　　B.无故障灭,有故障快闪,按确认按钮慢闪,故障消除灭
　　C.无故障灭,有故障慢闪,按确认按钮快闪,故障消除灭
　　D.无故障灭,有故障快闪,故障消失慢闪,按确认按钮灭

25.在故障报警系统中,当某一报警指示灯慢闪时,表明_____。
　　A.被监视参数越限,未确认就自动恢复正常
　　B.被监视参数越限并在被确认以后恢复正常
　　C.被监视参数越限并已被确认
　　D.参数运行正常,是在进行报警功能测试

26.在报警系统中,短时报警是指_____的报警。
　　A.报警后不能自行消失
　　B.报警后报警指示灯能自动由快闪变为慢闪
　　C.对于无快、慢闪之分的报警系统,报警后报警指示灯自行消失
　　D.开关量故障

27.在故障报警装置中,为防止某些压力系统由于压力的波动而使报警开关抖动产生误报警,应采用_____。
　　A.短延时报警　　　　　　　　　　　　　　B.长延时报警
　　C.增大压力开关动作的回差　　　　　　　　D.增大报警的极限压力值

28.故障报警系统中,如果已经发了3 min失职报警,消除该报警的方法是_____。
　　A.在住舱内按确认按钮　　　　　　　　　　B.在驾驶台按确认按钮
　　C.在集中控制室按确认按钮　　　　　　　　D.故障修复后自动消除

29.网络型监视与报警系统的特点是_____。
　　A.采用单微机进行集中监视　　　　　　　　B.采用多微机进行集中监视
　　C.采用多微机进行分布式监视　　　　　　　D.采用单微机进行分布式监视

30.在K-Chief 500监视与报警系统特点中,错误的说法是_____。
　　A.K-Chief 500对被监视对象具有控制功能
　　B.K-Chief 500没有对设备的故障自动修复功能
　　C.K-Chief 500不能进行船岸通信
　　D.K-Chief 500一般不用于船舶主机遥控

31.K-Chief 500监视与报警系统的特点是_____。
　　A.只具有监视与报警功能
　　B.不仅具有监视与报警功能,还具有对设备的自动控制功能
　　C.不仅具有监视与报警功能,还具有对设备的故障自动修复功能

D.不仅具有监视与报警功能,还具有对设备的自动控制和故障自动修复功能

32.K-Chief 500 网络型监视与报警系统的特点是_____。

    A.系统由多台计算机组成,彼此采用并行通信方式

    B.系统由多台计算机组成,彼此采用串行通信方式

    C.系统由多台计算机组成,彼此采用局域网络通信方式

    D.由一台上位机和多台下位机组成

33.网络型监视与报警系统的特点表现为_____。

    ①单台微机出现故障容易引起系统整体功能的丧失;②系统布线简单;③网络结构可以采用局域网与现场总线相结合;④易于实现数据共享

    A.①②③   B.①④

    C.③④   D.②③④

34.与采用单台计算机作为上位机的集中监视型系统相比较,网络型监视与报警系统的突出特点是_____。

    A.易于实现数据共享   B.具有延伸报警

    C.能够实现无人机舱   D.易于分组显示设备参数

35.一个完善的监视与报警系统由以下三部分组成,其中不包括的是_____。

    A.摄像机

    B.延伸报警箱

    C.集中控制室内的控制柜和监视仪表

    D.监视点的传感器

36.在船舶机舱监视报警系统中,可靠性较差且易受计算机故障影响而瘫痪的是_____。

    A.全分布式网络型系统

    B.集中型监视报警系统

    C.分散型监视报警系统

    D.集散型监视报警系统

37.K-Chief 500 监视与报警系统的硬件组成包括_____。

    A.网段控制器   B.主机数字调速器

    C.安全保护系统   D.视频监视系统

38.K-Chief 500 网络型监视与报警系统的网络结构为_____。

    A.全部采用局域网结构

    B.全部采用 CAN 总线结构

    C.上层网络为 CAN 总线结构,下层网络为局域网结构

    D.上层网络为局域网结构,下层网络为 CAN 总线结构

39.K-Chief 500 监视与报警系统采用的网络形式为_____。

    A.局域网   B.现场总线

    C.RS232 通信网络   D.局域网与现场总线相结合

40.在网络型监视与报警系统中,遥控操作站的组成包括_____。

    ①以太网;②显示器;③操作控制板;④计算机;⑤分布式处理单元;⑥打印机

A.①③④⑤   B.②④⑤⑥

C.②③④⑥   D.①③⑤⑥

41.K-Chief 500 DPU 的 CAN 接口如下图所示,若模块为网络中的最后一个模块,则必须在 X82 和 X84 之间接入一个_____的终端电阻。

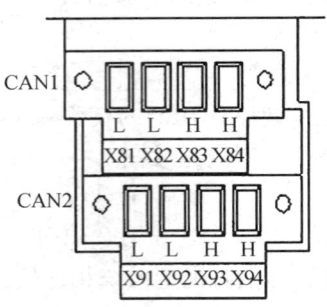

A.80 Ω   B.100 Ω

C.120 Ω   D.200 Ω

42.K-Chief 500 DPU 的 CAN 接口如下图所示,若模块为网络中的一个中间模块,其连接的方法是_____。

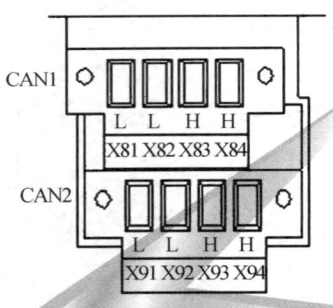

A.X81 和 X83 连接网络中相邻的上一个模块,X82 和 X84 连接网络中相邻的下一个模块

B.X81 和 X83 连接网络中相邻的下一个模块,X82 和 X84 连接网络中相邻的上一个模块

C.X81 和 X82 连接网络中相邻的下一个模块,X83 和 X84 连接网络中相邻的上一个模块

D.X81 和 X82 连接网络中相邻的上一个模块,X83 和 X84 连接网络中相邻的下一个模块

43.K-Chief 500 用 DPU RDi-32 模块与外部设备连接时,可提供 32 个开关量输入通道,每个通道对应 2 个接线端子。端子编号为 3 位数,所代表的正确含义是_____。

A.如 011 和 012 为第 0 通道的 11 号和 12 号端子

B.如 011 和 012 为第 011 通道的 1 号和 2 号端子

C.如 011 和 012 为第 012 通道的 1 号和 2 号端子

D.如 011 和 012 为第 1 通道的 1 号和 2 号端子

44.如下图所示,K-Chief 500 用 DPU RAo-8 模块与外部设备连接时,可提供 8 个模拟量输出通道,通道 1、通道 7 和通道 8 分别接为_____、_____、_____。

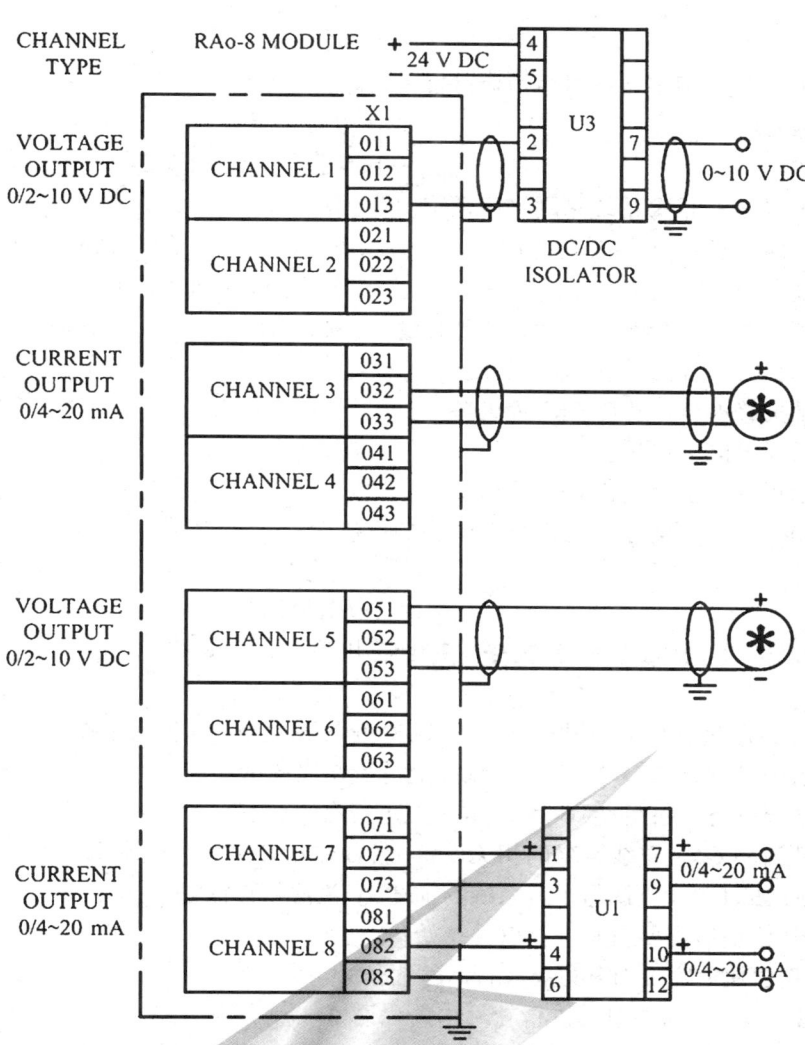

A.电流输出通道;电压输出通道;电流输出通道

B.电流输出通道;电压输出通道;电压输出通道

C.电压输出通道;电流输出通道;电流输出通道

D.电流输出通道;电流输出通道;电压输出通道

45.为确保网络型监视与报警系统的安全可靠,往往采用_____。

　A.两套报警监视系统,互为备用　　　　　B.两套传感器,互为备用

　C.两套网络总线,互为备用　　　　　　　D.一套网络型,一套微机控制型

46.K-Chief 500 监视与报警系统不具备的功能是_____。

　A.故障报警　　　　　　　　　　　　　　B.参数显示

　C.自动控制　　　　　　　　　　　　　　D.故障设备的自动修复

47.在 K-Chief 500 的监视与报警系统中,下列模块中_____是模拟量输入模块。

A.RAi-16   B.RDI-32

C.RAO-8   D.SGW

48.K-Chief 500 监视与报警系统对模拟信号报警检测,不包括_____。

A.仪器故障检测   B.报警延时

C.死区返回   D.仪器故障自动修复

49.K-Chief 500 监视与报警系统是网络型系统,其网络结构为_____。

A.单个以太网和双冗余 CAN 总线网   B.单个以太网和单个 CAN 总线网

C.双冗余以太网和双冗余 CAN 总线网   D.双冗余以太网和单个 CAN 总线网

50.K-Chief 500 监视与报警系统在发生故障报警时,浏览器应_____,可通过_____来应答。

A.自动显示报警内容;按轨迹球

B.自动显示报警内容;按"FACK"按钮

C.自动显示报警提示;按轨迹球

D.自动显示报警提示;按"FACK"按钮

51.K-Chief 500 监视与报警系统可以具有的功能不包括_____。

A.监视与报警   B.电力管理

C.主机遥控   D.辅助设备控制

52.在 K-Chief 500 监视与报警系统中,在更换机旁/现场操作站（LOS）之后的正确做法是_____。

A.不需要对 LOS 进行任何调试,LOS 将自动检测网络并且自动投入工作

B.对整个系统进行重新启动,然后在 LOS 上进行在线调试

C.对整个系统进行重新启动,然后在 ROS 上进行在线调试

D.只需重新启动 CAN 总线网络的相关设备,然后对 LOS 进行在线调试

53.下列关于 K-Chief 500 监视与报警系统的描述中,说法错误的是_____。

A.更换 DPU 模块后需要对其进行软件初始化设置

B.更换 DPU 模块后需要对其进行硬件跳线设置

C.更换 WBU 模块后需要对其进行软件初始化设置

D.DPU 模块个别通道出现故障,可以更换到同一模块的空闲通道

54.船舶上火灾自动报警系统中央控制单元的主要作用是_____。

A.接收火灾信号,给出声、光火警报警信号,并发出停止火灾区域运转设备的命令

B.接收火灾信号,经过处理后给出声、光火警报警信号,并发出主机降速的命令

C.接收火灾信号,经过处理后给出声、光火警报警信号,并显示出火警的部位

D.接收人工按钮报警信号,给出声、光火警报警信号,并显示出火警的部位

55.船舶上火灾自动报警系统的基本功能包括_____。

①对火警探测器进行控制;②对报警指示设备的输入输出线路进行监控;③火警与故障信号有记忆功能;④满足船用环境条件试验要求;⑤对误报警的自动取消;⑥火警发生时给出声、光报警信号,并指示出火警发生的部位

A.①②④⑤   B.②③④⑥

C.①③⑤⑥   D.②③④⑤

56.火灾报警系统主要由_____两大部分组成。

　　A.火灾报警喇叭和指示灯　　　　　　　　B.火灾报警喇叭和火灾探测器

　　C.火灾报警中央装置和报警指示灯　　　　D.火灾报警中央装置和火灾探测器

57.船舶火灾报警控制器接到火警信号后,_____。

　　A.进行声、光报警,显示报警区域或位置,发出联动控制信号

　　B.进行声、光报警,发出联动控制信号

　　C.进行声、光报警

　　D.进行声、光报警,显示报警区域或位置

58.火灾报警系统中,_____能将火灾初期燃烧产生的烟雾、热量和光辐射等物理量变换成电信号。

　　A.火灾探测器　　　　　　　　　　　　　B.监控摄像头

　　C.火灾报警控制器　　　　　　　　　　　D.火灾警报装置

59.火灾报警系统能将火灾初期燃烧产生的烟雾、热量和光辐射等物理量通过_____变换成_____信号,传输到火灾报警控制器,发出声、光报警信号并指示火警位置。

　　A.火灾探测器;电　　　　　　　　　　　B.火灾探测器;光电

　　C.火灾报警器;电　　　　　　　　　　　D.火灾报警器;光电

60.在火灾探测回路中,在终端探头处通常有一个终端设备,可以是电阻或者齐纳二极管,当火警发生时,相应探测器动作,则_____。

　　A.回路电压急剧降低　　　　　　　　　　B.回路电流急剧降低

　　C.回路电流急剧增大　　　　　　　　　　D.回路电阻急剧增大

61.机舱比较完整的舱室火灾自动报警系统主要由几部分组成,其中不包括_____。

　　A.联动控制器　　　　　　　　　　　　　B.区域报警屏

　　C.防火卷帘　　　　　　　　　　　　　　D.通信广播设备

62.探测器是自动探火及报警系统中的输入/输出控制设备,在分路式火警自动报警系统中所有同一分路上的探测器一般是_____。

　　A.数个不同型号的火警探测器串联　　　　B.数个不同型号的火警探测器并联

　　C.一个火警探测器　　　　　　　　　　　D.数个同型号的火警探测器并联

63.探测器是自动探火及报警系统中的输入/输出控制设备,在分路式火灾自动报警系统中,每一路输入一般由_____组成。

　　A.多个探测器和一个终端电阻　　　　　　B.仅多个功能完全一致的探测器

　　C.一个探测器　　　　　　　　　　　　　D.一个终端电阻

64.船舶火警系统报警后,火警灯应_____并接通电铃;按下消声按钮后,火警灯_____。

　　A.闪亮;熄灭　　　　　　　　　　　　　B.常亮;熄灭

　　C.闪亮;常亮　　　　　　　　　　　　　D.常亮;闪亮

65.船舶火警报警系统的中央单元(消防报警监视装置)一般设在_____。

　　A.机舱　　　　　　　　　　　　　　　　B.船长室

　　C.轮机长室　　　　　　　　　　　　　　D.驾驶室

66.在船舶上_____火警探测器使用较多。

①感光式;②定温式;③温升式;④压电晶体式;⑤离子感烟式;⑥热磁式

A.①②⑥   B.①②③⑤

C.②④⑥   D.①④⑤

67.火灾报警系统主要由_____两大部分组成。

  A.火灾报警喇叭和指示灯

  B.火灾报警喇叭和火灾探测器

  C.火灾报警中央装置和报警指示灯

  D.火灾报警中央装置和火灾探测器

68.总线型火警监控系统的智能型火警探测器的核心部件是_____。

  A.开关量传感器   B.模拟量传感器

  C.微处理器   D.输出电路

69.船上固定式的可燃气体探测器,应放置在有集聚可燃气体危险处所的_____空间,可使_____的可燃气体扩散进入探头。

  A.顶部;雾化   B.中部;对流

  C.顶部;扩散   D.底部;较重

70.感烟管式火警探测器的工作原理是利用_____来测定烟雾浓度。

  A.烟雾遮光性   B.烟雾吸附性

  C.烟雾散射性   D.烟雾电离性

71.总线型火警监控系统的智能型火灾探测器具有多种特点,下列_____不是其特点。

  A.能够按预报警、火灾发信、联动警报三个阶段传送信号

  B.具有通信功能

  C.具有地址编码功能

  D.具有防爆功能

72.船用机舱离子式火警探测器如常发生火警误报警,应采用_____措施。

  A.更换线路   B.更换探测器

  C.清洁探测器   D.安装在较低温度处

73.双源感烟式火灾探测器的基本工作原理是_____。

  A.烟雾浓度不同,透光程度不同

  B.烟雾浓度不同,烟雾颗粒吸收射线数量不同

  C.烟雾浓度不同,被加热的温度不同

  D.烟雾浓度不同,烟雾颗粒吸收被电离的空气离子数量不同

74.离子感烟式火警探测器,其基本工作原理是烟雾浓度不同,_____。

  A.透光程度不同

  B.被加热的温度不同

  C.烟雾颗粒吸收 α 射线数量不同

  D.烟雾颗粒吸收被电离的空气离子数量不同

75.属于烟雾探测式火警探测器的是_____。

  ①恒温式火警探测器;②温升式火警探测器;③感烟管式火警探测器;④离子感烟式火警探

测器

A.①②   B.③④

C.①②③   D.②③④

76.属于热探测式火警探测器的是_____。

①定温式火警探测器;②温升式火警探测器;③感烟管式火警探测器;④离子感烟式火警探测器

A.①②   B.③④

C.①②③   D.②③④

77.根据火灾前产生的烟雾浓度差异决定透光程度进行检测的火灾报警器称为_____火警探测器。

A.定温式   B.温升式

C.光电感烟式   D.离子感烟式

78.对于火灾发展迅速、能产生大量热的场合,应选用_____火灾探测器。

A.感温式   B.感烟式

C.感光式   D.可燃气体

79.一般对于火灾初期有阴燃、易产生大量烟和少量热、很少或没有火焰的场所,应选用_____火灾探测器。

A.感温式   B.感烟式

C.感光式   D.可燃气体

80.差温式(或温升式)火警探测器,在_____超过限定值时发出火警信号。

A.温差   B.温度

C.温升率   D.温升

81.以下火警探测器中,机理上属于光电效应式探测法的是_____火警探测器。

A.定温式   B.差温式

C.感烟式   D.离子式

82.以下火警探测器中,机理上采用波纹片(膜、板)感受由温度变化造成环境气压变化的是_____火警探测器。

A.定温式   B.差温式

C.感烟式   D.离子式

83.一种火警探测器利用火灾前兆的热效应,当温度超过限定值时发出火警信号,称为_____火警探测器。

A.感烟式   B.差温式

C.定温式   D.差定温式

84.船舶干货舱自动探火和报警系统多采用烟气管道_____火警探测器。

A.感光式   B.感烟管式

C.离子感烟式   D.感温式

85._____火警探测器仅根据温度升高的变化率来检测火情。

A.定温式   B.温升式

C.感温式   D.差定温式

86.感烟式火警探测器有两种,一种基于_____原理,另一种基于_____原理。

A.烟雾浓度不同透光程度不同;烟雾颗粒能吸收空气中被电离的离子

B.烟雾导电随浓度变化;烟雾颗粒在磁场中磁化

C.烟雾透光性;烟雾吸收 α 射线

D.烟雾顺磁性;烟雾逆磁性

87.如下图所示,在感烟管式火警探测器中,4 和 5 两个光电池所产生的电压差值随气样中烟雾浓度_____。

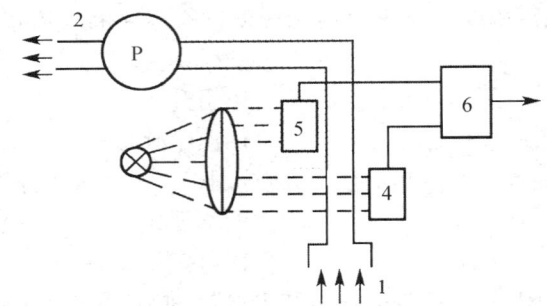

1—集烟管；2—抽风机；3—光源；4—测量光电池；
5—基准光电池；6—检测电路

A.增大而减小   B.增大而增大

C.没有对应关系   D.呈指数对应关系

88.差定温式火灾探测器将_____和_____两种探测器组合在一起,提高了火灾监测的可靠性,在船舶中应用较多。

A.定温式;差温式   B.感温式;感烟式

C.差动式;定值式   D.差温式;感烟式

89.抽烟式自动探火及报警系统是船舶常用的大舱火灾报警系统,其两套抽风机安装在_____。

A.大舱   B.机舱

C.驾驶台   D.集控室

90.以下火警探测器中,运用光电效应探测火情的是_____火警探测器。

A.离子式   B.差温式

C.定温式   D.感烟管式

91.感温式、感烟式和气敏半导体式火灾探测器都是_____探测器。

A.接触式   B.非接触式

C.感应式   D.机械式或电子式

92.火灾探测器是船舶火灾自动报警系统中的重要设备,在分路式火灾自动报警系统中,其每一路输入一般由_____组成。

A.多个探测器和一个终端电阻   B.仅多个功能完全一致的探测器

C.一个探测器   D.一个终端电阻

93.在火灾探测回路中,在终端探头处通常有一个终端设备,可以是电阻或者齐纳二极管,系统在

正常监视状态下,则_____。

A.回路电流等于 0　　　　　　　B.回路电流很小

C.回路电压很小　　　　　　　　D.回路电阻很小

94.在实际系统中,若干个火灾探测器的信号线按照一定的关系_____。

A.串联连接　　　　　　　　　　B.并联连接

C.可以串联,也可以并联　　　　D.彼此独立,没有关联

95.关于火灾报警系统的状态与电流的关系,下列说法正确的是_____。

A.系统正常时电流很小,火灾报警时电流很大,线路断线时电流为零

B.系统正常时电流很大,火灾报警时电流为零,线路断线时电流很小

C.系统正常时电流很小,火灾报警时电流为零,线路断线时电流很大

D.系统正常时电流很大,火灾报警时电流很小,线路断线时电流为零

96.总线型火警监控系统的探测器报警形式为_____,灵敏度由系统_____决定。

A.开关量;硬件　　　　　　　　B.模拟量;软件

C.开关量;软件　　　　　　　　D.模拟量;硬件

97.报警器是火警监控报警系统中的输入/输出控制设备,其每一路的输入一般是_____。

A.一个终端探测器　　　　　　　B.一个中间探测器

C.多个功能完全一致的探测器　　D.多个中间探测器和一个终端探测器

98.总线型火灾自动监控系统中探测环路接口板的作用是保持_____。

A.中央单元与探测环路中的探测器的通信

B.中央单元与探测环路的通信

C.控制单元与探测环路的通信

D.控制单元与探测环路的传输数据

99.在总线型火警监控系统的中央单元中,报警处理板的内部串行口的作用是_____。

A.与控制单元通信

B.与外部计算机、打印机通信

C.驱动外部报警、控制设备

D.接收来自探测环路接口板的信息

100.总线型火警监控系统拥有智能型火警探测器,这种探测器内的核心部件是_____。

A.开关量传感器　　　　　　　　B.数字量传感器

C.微处理器　　　　　　　　　　D.接口电路

101.在总线型火灾自动监控系统中受报警处理板控制,驱动外部报警、控制设备的是_____。

A.探测环路接口板　　　　　　　B.继电器板

C.通信接口板　　　　　　　　　D.开关量输出板

102.由微处理器组成的集中监视与报警系统属于_____。

A.巡回监视式,速度快,检测精度高

B.巡回监视式,速度适中,检测精度高

C.连续监视式,速度快,监视点多

D.连续监视式,速度快,检测精度高

103.下列关于感温式火警探测器的描述,错误的是_____。

　　A.感温式火警探测器主要用于外室、走廊和大舱的火情探测

　　B.感温式火警探测器分为定温式和温升式两种

　　C.定温式火警探测器是根据监测点的温度是否达到警戒值发出报警的

　　D.温升式火警探测器是根据监测点的温度升高变化率是否达到警戒值发出报警的

104.在DC C20/K-Chief 500监视与报警系统的维护管理过程中,按照说明书规定的步骤更换DPU模块,更换完毕后,需要对新模块进行_____。

　　A.通电试验　　　　　　　　　　　B.初始化设置

　　C.与系统联调　　　　　　　　　　D.与系统通信试验

105.关于监视与报警系统的操作面板,K-Chief 500与DC C20相比,其主要改进有_____。

　　A.省去了值班功能和minic图形功能按钮

　　B.省去了报警控制功能按钮

　　C.省去了分组报警功能按钮

　　D.省去了分组报警功能、值班功能和minic图形功能按钮

106.DC C20监视与报警系统是采用_____来保证系统工作可靠性的。

　　A.冗余的现场DPU

　　B.双冗余的CAN总线结构与冗余的现场DPU相结合的形式

　　C.双冗余的上层以太网和CAN总线结构

　　D.双冗余的上层以太网结构

107.在Graviner Mark 6型曲轴箱油雾浓度监视与报警系统中,用户级别不能进行_____。

　　A.报警设定　　　　　　　　　　　B.系统设定

　　C.报警设定及系统设定　　　　　　D.参数修改

108.在Graviner Mark 6型曲轴箱油雾浓度监视与报警系统中,控制单元电源指示灯不亮,显示器无显示。这种现象通常是_____。

　　A.探头故障　　　　　　　　　　　B.电源故障

　　C.探头地址码设置错误　　　　　　D.内部风机故障

109.在Graviner Mark 6型曲轴箱油雾浓度监视与报警系统中,显示器显示"COMMS FAULT"。其可能的原因是_____。

　　A.导光管损坏及探头故障

　　B.油芯没有处于阴燃状态

　　C.探头地址码设置错误

　　D.内部风机故障

110.在Graviner Mark 6型曲轴箱油雾浓度监视与报警系统中,显示器显示"DETECTOR FAULT"。造成这种现象的原因通常是_____。

　　A.探头透光孔堵了或导光管损坏

　　B.探头油雾循环腔需要清洗

　　C.探头地址码设置错误

　　D.电源故障

111.在 Graviner Mark 6 型曲轴箱油雾浓度监视与报警系统中,探头电源指示灯不亮。通常造成这种现象的原因是_____。
A.探头油雾循环腔需要清洗
B.接线箱保险丝损坏或探头故障
C.探头地址码设置错误
D.烟气探测孔堵塞

112.Graviner Mark 6 型曲轴箱油雾浓度监视与报警系统中操作面板的显示器显示"FAN FAULT",表示_____。
A.内部风机故障
B.探头油雾循环腔需要清洗或 LED 有故障
C.探头透光孔堵了、LED 导光管损坏及探头故障
D.探头 LED 地址码设置错误

113.在 Graviner Mark 6 型曲轴箱油雾浓度监视与报警系统中,每个传感器有_____根 CAN 总线通信线。
A.2　　　　　　　　　　　　　B.3
C.4　　　　　　　　　　　　　D.1

114.在 Graviner Mark 6 型曲轴箱油雾浓度监视与报警系统中,如果探头的地址码设置错误,则显示器显示"_____"。
A.COMMS FAULT　　　　　　　B.FAN FAULT
C.DETECTOR FAULT　　　　　　D.LED FAULT

115.在 Graviner Mark 6 型曲轴箱油雾浓度监视与报警系统中,在进行探头的报警测试时,如果探头正常,其状态指示灯的变化应该_____。
A.保持灭　　　　　　　　　　B.保持绿色
C.保持红色　　　　　　　　　D.由绿色变成红色

116.在 Graviner Mark 6 型曲轴箱油雾浓度监视与报警系统中,如果内部风机故障,则显示器显示"_____"。
A.COMMS FAULT　　　　　　　B.FAN FAULT
C.DETECTOR FAULT　　　　　　D.LED FAULT

117.在 Graviner Mark 6 型曲轴箱油雾浓度监视与报警系统中,如果导光管损坏,则显示器显示"_____"。
A.COMMS FAULT　　　　　　　B.FAN FAULT
C.DETECTOR FAULT　　　　　　D.LED FAULT

118.在对 Graviner Mark 6 型油雾浓度探测器系统的维护保养中,不正确的做法是_____。
A.在柴油机运转过程中不要拆卸探头,以免热油从安装孔喷射出来
B.正在使用中的探头不管什么原因,只要拆卸下来,就必须对光学组件进行清洗
C.点燃试烟器中的油芯,用明火进行试烟报警试验
D.探头使用 5 年后要返回授权代理处进行全面检修,包括更换密封件

119.如下图所示,在 Graviner Mark 6 型油雾浓度探测器系统中,控制单元中_____故障停车信

75

号，NC 为常闭触点，NO 为常开触点，C 为公共触点。

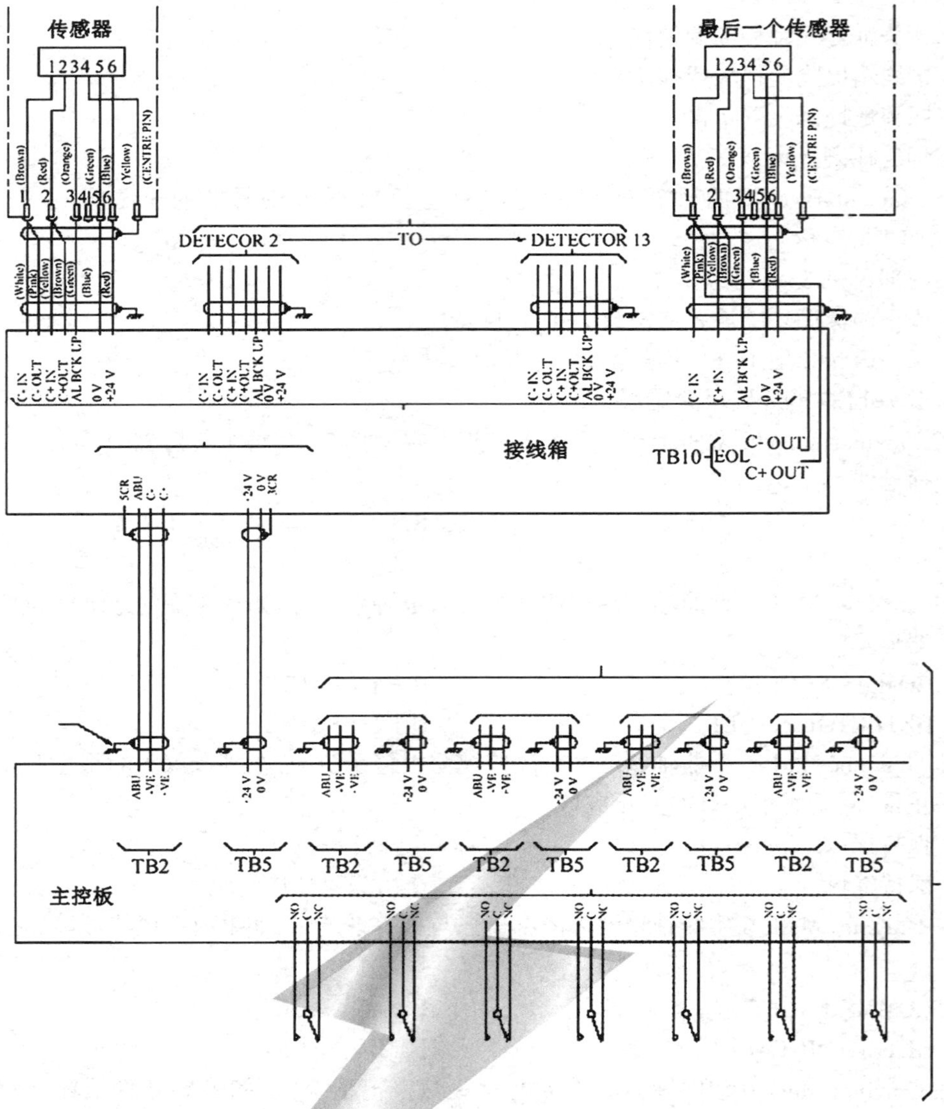

A.几台机器共用一个继电器   B.几台机器对应一个磁脉冲

C.每台机器对应一个继电器   D.每台机器对应一个磁脉冲

120.Graviner Mark 6 型曲轴箱油雾浓度监视与报警系统采用的主要技术手段是_____。

     A.检测透光度技术   B.机械旋转部件技术

     C.光学测量、数字传输技术   D.分立元件技术

121.Graviner Mark 6 型曲轴箱油雾浓度监视与报警系统不同于 Graviner Mark 5 型系统的特点是_____。

     A.每缸(每个监测点)用一个油雾浓度传感器

     B.每相邻的三缸用一个油雾浓度传感器

C.每台柴油机用一个油雾浓度传感器

D.每相邻的两缸用一个油雾浓度传感器

122.Graviner Mark 5 型油雾浓度探测器在正常运行中,单片机定时使清洗空气电磁阀通一次电,防止_____被油雾污染而影响测量精度。

    A.测量室   B.采样管路

    C.光源和光电池   D.电光源

123.Graviner Mark 6 型曲轴箱油雾浓度监视与报警系统采用的是_____。

    A.检测透光度技术   B.机械旋转部件技术

    C.光学测量、数字传输技术   D.分立元件技术

124.下列关于 Graviner Mark 6 型曲轴箱油雾浓度监视与报警系统的描述,正确的是_____。

    A.检测点用采样管路设备   B.检测点用传感器设备

    C.检测点用抽风机设备   D.检测点用电磁阀设备

125.下列关于 Graviner Mark 6 型曲轴箱油雾浓度监视与报警系统的描述,正确的是_____。

    A.每个传感器只有一个+24 V 电源线

    B.传感器之间通过 CAN 总线连在一起

    C.C+和 C−为两根故障信号线,连接到所有传感器

    D.任何一个传感器的工作都不是独立的,一个传感器出现故障将影响其他传感器的工作

126.在 Graviner Mark 6 型曲轴箱油雾浓度监视与报警系统中,探头与探头之间及探头与控制单元之间是采用_____连接的,从而可实现彼此之间的信息交互。

    A.以太(Ethernet)局域网   B.CAN 总线

    C.RS-485 总线   D.RS-422 总线

127.在 Graviner Mark 6 型曲轴箱油雾浓度监视与报警系统中,用户级别能够进行的操作是_____。

    A.查询功能   B.报警设定功能

    C.系统设定功能   D.对历史记录的复位功能

128.相比于 Graviner Mark 5 型,Graviner Mark 6 型油雾浓度探测器最主要的改进设计是取消了_____,每个检测点用一个传感器进行检测,并通过通信总线连接起来,大大降低了扫描时间,提高了检测速度。

    A.测量电路   B.采样管路

    C.触发管路   D.报警电路

129.主机曲轴箱油雾浓度检测装置 MK6 对油分浓度检测的方法是_____。

    A.检测气样油分的透光性

    B.检测气样油分的比重

    C.计算气样油分中的油粒数

    D.抽取样品到实验室测量

130.主机曲轴箱油雾浓度检测装置 MK6 根据透光性,对油分浓度进行检测,具体的方法是检测其_____。

    A.红外线的直射光   B.红外线的散射光

C.可见光的直射光和散射光　　　　　　　D.紫外线的直射光和散射光

131.主机曲轴箱油雾浓度检测装置 MK6 中,每个曲轴箱上装配一个_____。
    A.气样采集管　　　　　　　　　　　　　B.微型抽风机
    C.带风机的探头　　　　　　　　　　　　D.带风机的报警装置

132.主机曲轴箱油雾浓度检测装置 MK6 对油分浓度检测的原理是浓度信号_____。
    A.与油雾的透光性成正比
    B.与油雾的散射光成正比
    C.与油雾的透光性成正比,与油雾的散射光成反比
    D.与油雾的透光性成反比,与油雾的散射光成正比

133.以下_____可能会导致气体探测器故障。
    ①直接受蒸汽、油烟影响;②给气口、换气扇、房门等风量流动大;③水汽、水滴多(相对湿度
    大于90%);④环境温度过高或过低
    A.①②③　　　　　　　　　　　　　　　B.②③④
    C.①④　　　　　　　　　　　　　　　　D.①②③④

134.下列关于气体探测器的说法,不正确的是_____。
    A.接线要采用高度屏蔽线以防止电信号被干扰
    B.气体探测器一般采用三线制传输
    C.接线完毕,给探测器供电,启动后应立即读数
    D.应根据气体的比重选择传感器安装的最有效的高度

135.便携式气体检测仪的特点有_____。
    ①操作方便;②体积小、重量小;③测量位置灵活;④响应快
    A.①②③　　　　　　　　　　　　　　　B.①②④
    C.②③④　　　　　　　　　　　　　　　D.①②③④

136.船舶可燃气体报警装置需要定期检测其功能,_____。
    A.原则上要采用经计量认证与被检测气体相匹配的标准样气
    B.使用试验按钮即可
    C.检查检测器有无意外进水
    D.可用可燃气直冲探头

137.船舶可燃气体报警装置中,气敏传感器常需要通过_____电路实现信号转换,再送到微机
    AD 采样后处理。
    A.电流/电压转换　　　　　　　　　　　B.电桥
    C.直接放大　　　　　　　　　　　　　　D.频率/电压转换

138.以下哪个场所通常只能采用感温式火灾探测器进行火警监测?_____。
    A.厨房　　　　　　　　　　　　　　　　B.机舱
    C.生活区　　　　　　　　　　　　　　　D.大舱

139.以下哪个场所通常不能采用感烟式火灾探测器进行火警监测?_____。
    A.烘干间　　　　　　　　　　　　　　　B.机舱
    C.生活区　　　　　　　　　　　　　　　D.大舱

140.船舶上能够探测 70％以上火灾的探测器是_____。
　　A.感温式火灾探测器　　　　　　　　B.感烟式火灾探测器
　　C.感光式火灾探测器　　　　　　　　D.可燃气体探测器

141.总线型易燃气体探测报警系统监控中心与控制器之间通过_____进行信息交互,控制器
　　与探测器之间通过_____进行数字量传输通信。
　　A.CAN 总线;CAN 总线
　　B.RS-485 总线;RS-485 总线
　　C.CAN 总线;RS-485 总线
　　D.RS-485 总线;CAN 总线

142.易燃气体探测报警系统显示单元在监测状态下可以实时动态显示泄漏气体的_____。
　　A.密度　　　　　　　　　　　　　　B.比重
　　C.个数　　　　　　　　　　　　　　D.浓度

143.船上所采用的曲轴箱油雾浓度监测装置大多采用光学测量技术进行检测,其中 Grariner
　　Mark 5 型采用_____,Grariner Mark 6 型采用_____。
　　A.透射光检测;散射光检测　　　　　　B.散射光检测;透射光检测
　　C.透射光检测;透射光检测　　　　　　D.散射光检测;散射光检测

144.Grariner Mark 6 型曲轴箱油雾浓度监视与报警系统主要由_____部分组成。
　　A.2　　　　　　　　　　　　　　　　B.3
　　C.4　　　　　　　　　　　　　　　　D.5

145.Grariner Mark 6 型曲轴箱油雾浓度监视与报警系统中工程师级别不可以进行_____操作。
　　A.查询功能　　　　　　　　　　　　B.报警设定
　　C.系统设定　　　　　　　　　　　　D.复位历史记录

146.油分浓度监视报警器可采用_____原理制造。
　　①浊度法;②红外线吸收法;③光散射法
　　A.①②　　　　　　　　　　　　　　B.①③
　　C.②③　　　　　　　　　　　　　　D.①②③

147.以下不属于巡回监测式机舱监视报警系统优点的是_____。
　　A.采样速度快　　　　　　　　　　　B.检测精度高
　　C.数据处理功能强大　　　　　　　　D.所需硬件较多

148.机舱监视报警系统开关量报警控制单元相比于模拟量报警控制单元不需要_____。
　　A.输入回路　　　　　　　　　　　　B.比较环节
　　C.延时环节　　　　　　　　　　　　D.逻辑判断环节

149.机舱监视报警系统模拟量报警控制单元相比于开关量报警控制单元还需要_____。
　　A.输入回路　　　　　　　　　　　　B.比较环节
　　C.延时环节　　　　　　　　　　　　D.逻辑判断环节

150.在 K-Chief 500 监视与报警系统中,下列模块中_____是开关量输出模块。
　　A.RDi-32　　　　　　　　　　　　　B.RDo-16
　　C.RAi-16　　　　　　　　　　　　　D.RAo-8

151.K-Chief 500 用 DPU 模块与外部设备相连时，每个端子上均有端子号。端子的编号共有 3 位数，则 161-163 表示的含义是_____。

A.第 1 通道的 61~63 号端子　　　　B.第 16 通道的 1~3 号端子

C.第 161~163 号通道　　　　　　　D.第 161~163 号端子

 参考答案

 解析

第一节　传感器

1.A	2.C	3.A	4.D	5.A	6.D	7.B	8.D	9.B	10.C
11.B	12.C	13.D	14.A	15.A	16.B	17.B	18.A	19.A	20.A
21.C	22.B	23.B	24.B	25.D	26.B	27.B	28.D	29.C	30.A
31.A	32.C	33.A	34.A	35.B	36.A	37.C	38.B	39.A	40.A
41.D	42.C	43.A	44.B	45.B	46.B	47.C	48.A	49.D	50.C
51.D	52.D	53.A	54.D	55.B	56.C	57.D	58.C	59.B	60.B
61.B	62.D	63.D	64.C	65.C	66.D	67.D	68.A	69.D	70.B
71.B	72.C	73.A	74.C	75.A	76.D	77.A	78.C	79.D	80.A
81.A	82.C	83.B	84.A	85.B	86.A	87.B	88.B	89.A	90.B
91.B	92.C	93.D	94.A	95.B	96.C	97.D	98.D	99.A	100.D
101.A	102.B	103.D	104.B	105.B	106.D	107.A	108.D	109.A	110.A
111.C	112.B	113.C	114.A	115.D	116.A	117.C	118.B	119.D	120.D
121.A	122.B	123.A	124.D	125.D	126.D	127.A			

第二节　船舶监视报警系统

1.B	2.B	3.A	4.A	5.B	6.B	7.A	8.A	9.C	10.C
11.D	12.C	13.B	14.D	15.A	16.B	17.D	18.B	19.D	20.B
21.B	22.A	23.D	24.D	25.A	26.B	27.A	28.C	29.C	30.C
31.B	32.C	33.D	34.A	35.B	36.B	37.A	38.D	39.A	40.C
41.C	42.A	43.D	44.C	45.C	46.D	47.A	48.D	49.C	50.B
51.C	52.A	53.B	54.C	55.B	56.B	57.A	58.A	59.A	60.C
61.C	62.D	63.A	64.C	65.B	66.B	67.D	68.A	69.D	70.A
71.D	72.B	73.D	74.D	75.B	76.A	77.C	78.A	79.B	80.C
81.C	82.B	83.C	84.B	85.B	86.A	87.B	88.C	89.C	90.D
91.A	92.A	93.B	94.B	95.A	96.B	97.D	98.A	99.D	100.C
101.B	102.A	103.A	104.B	105.B	106.A	107.C	108.B	109.C	110.A
111.B	112.A	113.A	114.A	115.D	116.B	117.C	118.C	119.C	120.C

121.A　122.C　123.C　124.B　125.B　126.B　127.A　128.B　129.A　130.C

131.C　132.D　133.D　134.C　135.D　136.A　137.B　138.A　139.A　140.B

141.C　142.D　143.A　144.B　145.D　146.D　147.D　148.B　149.B　150.B

151.B

第三章

电液和电气自动控制系统

1. 电磁溢流阀由_____组成。

  A.电磁换向阀和直动型溢流阀   B.电磁换向阀和先导型溢流阀

  C.比例电磁线圈和直动型溢流阀   D.比例电磁线圈和先导型溢流阀

2. 下图所示图形符号（GB/T 786.1—1993）表示_____。

  A.单向定量液压泵   B.单向变量液压泵

  C.定量液压马达   D.变量液压马达

3. 液压系统图中符号只表示_____。

  A.元件的具体结构   B.元件的参数

  C.元件在机器中的实际安装位置   D.元件的职能和连接系统的通路

4. 液压传动系统基本组成部件包括_____。

  ①动力元件；②执行元件；③控制元件；④辅助元件

  A.①②③   B.①②④

  C.②③④   D.①②③④

5. 液压马达在液压系统中的功用是将_____能转变为_____能。

  A.电；液压   B.液压；机械

  C.机械；液压   D.电；机械

6. 液压马达与电动机相比,所具有的优点包括_____。

  A.对环境温度适应性强   B.便于带负荷启动

  C.可实现精确的传动比   D.维护更方便

7. 按照工作原理的不同,电磁阀常分为_____三种。

  A.直动式、阀控式和步进式   B.先导式、阀控式和泵控式

  C.直动式、先导式和分步直动式   D.分步直动式、阀控式和泵控式

8. 隔膜式控制阀的作用是_____。

  A.将被控对象输出的气动控制信号转化为阀门开度

  B.将测量单元输出的气动控制信号转化为隔膜阀开度

  C.将调节器输出的气动控制信号转化为阀门开度

D.将执行机构输出的气动控制信号转化为隔膜阀开度

9.电动执行机构中的伺服放大器,包括_____。

  A.减速器   B.位置发送器

  C.前置磁放大器   D.前置硅放大器

10.电动执行机构中的伺服放大器,包括_____。

  A.伺服电机   B.位置发送器

  C.触发器   D.调速器

11.下图所示图形符号(GB/T 786.1—1993)表示双向_____。

A.定量液压泵   B.变量液压泵

C.定量液压马达   D.变量液压马达

12.船舶液压起货机系统的液压马达属于_____。

  A.动力元件   B.执行元件

  C.控制元件   D.辅助元件

13.目前最常见的主机遥控有_____类型。

  ①机械式主机遥控系统;②液压式主机遥控系统;③气动式主机遥控系统;④现场总线型主机

  遥控系统;⑤电-气式主机遥控系统;⑥微机控制的主机遥控系统

  A.①②③④   B.①②③④⑤

  C.②③④⑤⑥   D.③④⑤⑥

14.液压与气压传动中的执行元件是将流体的压力能转化为机械能的元件,其中做直线往复运动的元件是_____。

  A.液压马达   B.液压泵

  C.液压缸   D.气动二位三通阀

15._____元件向液压系统提供压力油,将电机输出的机械能转换为油液的压力能。

  A.辅助   B.控制

  C.动力   D.执行

16.常用的电磁换向阀用于控制油液的_____。

  A.压力   B.转矩

  C.流量   D.方向

17.对压力继电器的叙述,不正确的是_____。

  A.压力继电器实质上是一个液压控制开关

  B.压力继电器改变弹簧的压缩量可以调节流量

  C.压力继电器是靠液压力和弹簧力的平衡来工作的

  D.压力继电器是将压力信号转换成电信号的电液控制元件

18.在遥控系统中,三位四通阀常作为双凸轮主机的换向阀,其图形符号中方格数目是_____个。

A.3   B.4

C.2   D.5

19.分级延时阀调节螺栓改变节流孔的开度，可以调整_____。

A.压力   B.转矩

C.方向   D.延时时间

解析

 参考答案

1.B	2.A	3.D	4.D	5.B	6.B	7.C	8.C	9.C	10.C
11.C	12.B	13.D	14.C	15.C	16.D	17.B	18.A	19.D	

第四章

船舶机械控制系统

第一节　主推进装置控制系统

1.主机遥控系统的功能不包括_____。
　　A.安全保护　　　　　　　　　　　　B.应急操纵
　　C.模拟试验　　　　　　　　　　　　D.冷却水温度自动控制

2.主机遥控系统的功能应包括_____。
　　A.主机冷却水温度的自动控制　　　　B.主机滑油压力的自动控制
　　C.主机转速的自动控制　　　　　　　D.燃油滤器的自动清洗

3.主机遥控系统的应急操纵功能不包括_____。
　　A.故障自动停车　　　　　　　　　　B.越控
　　C.取消增压空气压力限制　　　　　　D.取消负荷程序

4.主机遥控系统的安全保护功能主要包括_____。
　　A.手动应急停车　　　　　　　　　　B.取消负荷程序和最大转速限制
　　C.故障自动停车和故障自动减速　　　D.取消增压空气压力限制和转矩限制

5.主机遥控系统依据所用元部件类型,主要分类为_____。
　　①气动式主机遥控系统;②转矩限制式主机遥控系统;③电/气式主机遥控系统;④微机控制式主机遥控系统;⑤电动式主机遥控系统;⑥自动组合式主机遥控系统
　　A.①②④⑤　　　　　　　　　　　　B.①③④⑤
　　C.②③⑤⑥　　　　　　　　　　　　D.②③④⑤

6.主机遥控系统的负荷限制功能包括_____。
　　①螺旋桨特性限制;②转矩限制;③最低稳定转速限制;④最大油量限制;⑤增压空气压力限制;⑥临界转速自动回避
　　A.①②④⑤　　　　　　　　　　　　B.①③④⑤
　　C.②③④⑤　　　　　　　　　　　　D.①③④⑥

7.全气动主机遥控系统的缺点是_____。
　　A.易受振动影响　　　　　　　　　　B.管理复杂
　　C.易受温度影响　　　　　　　　　　D.可能产生滞后现象

8.下列关于电动主机遥控系统,错误的说法是_____。

A.信号传递有延迟　　　　　　　　　　　　B.容易组成各种逻辑控制回路

C.执行机构输出力或力矩较小　　　　　　　D.管理要求较高

9.主机遥控系统安全保护及紧急操纵功能一般不包括_____。

A.应急运行　　　　　　　　　　　　　　　B.越控

C.主机故障自动减速及停车控制　　　　　　D.最大油量限制

10.主机遥控系统的功能主要包括_____。

①安全保护与紧急操作;②主机冷却水温度的自动调节;③逻辑程序控制;④模拟试验;⑤转速与负荷控制及各种限制;⑥主机滑油压力的监视与报警

A.②③④⑤　　　　　　　　　　　　　　　B.①②③④

C.③④⑤⑥　　　　　　　　　　　　　　　D.①③④⑤

11.主机遥控系统的转速限制功能包括_____。

①最大转速限制;②启动油量的设置;③最低稳定转速限制;④轮机长手动设定最大转速限制;⑤增压空气压力限制;⑥临界转速自动避让

A.①②④⑤　　　　　　　　　　　　　　　B.①③④⑤

C.①③④⑥　　　　　　　　　　　　　　　D.①③⑤⑥

12.在主机遥控的车钟系统中,有主车钟与辅车钟之分,其中辅车钟的功能为_____。

A.控制主机转速　　　　　　　　　　　　　B.实现主机停车控制

C.传送与主机操纵有关的联络信息　　　　　D.发送停车、前进、后退各挡车令

13.在气动主机遥控系统中,气动遥控车钟或手柄下面的逻辑元件有_____。

A.正、倒车控制阀

B.正、倒车控制阀和停车阀

C.正、倒车控制阀和设定转速精密调压阀

D.正、倒车控制阀和停车阀、设定转速精密调压阀

14.如下图所示的电/气转换器,在减速过程中,转速设定值 U_S 与压力传感器输出的信号 U_R 差值较大时,运算放大器 A_2 的输出情况为_____。

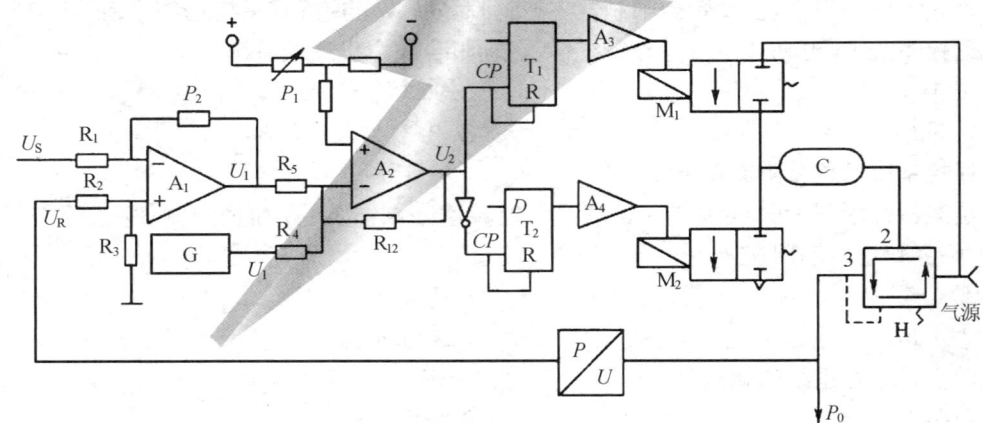

A.幅值较小的正极性电压　　　　　　　　　B.幅值较大的正极性电压

C.幅值较小的负极性电压　　　　　　　　　D.幅值较大的负极性电压

15.如下图所示,气动主机遥控系统的气源选择阀的Ⅰ号位,通常在_____的情况下使用。

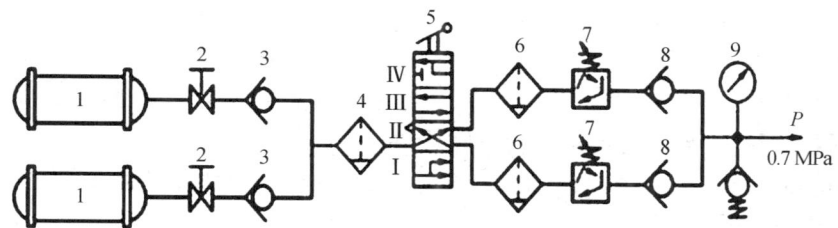

A.维护、检修 　　　　　　　　　　　B.出现故障

C.正常运行 　　　　　　　　　　　　D.进、出港口

16.在主机自动遥控系统中,在哪个操纵部位操作时自动化程度最低?_____。

A.机旁 　　　　　　　　　　　　　　B.集控室

C.驾驶室 　　　　　　　　　　　　　D.自动控制台

17.在主机遥控系统中,驾驶台与集控室操纵部位联锁机构起作用,不能进行转换的原因是_____。

A.两处手柄方向不一致 　　　　　　　B.两处手柄都在正车位

C.两处手柄都在倒车位 　　　　　　　D.两处手柄都在停车位

18.在主机遥控系统中,现要在驾驶台操纵主机,则相应操纵部位转换阀的位置应该是_____。

A.机旁转换阀应扳到应急位,集中控制转换阀应扳到机控位

B.机旁转换阀应扳到应急位,集中控制转换阀应扳到驾控位

C.机旁转换阀应扳到遥控位,集中控制转换阀应扳到驾控位

D.机旁转换阀应扳到遥控位,集中控制转换阀应扳到机控位

19.在驾驶台遥控主机时,轮机员发现有故障,需转至集中控制室操纵,在转换操纵部位之前需保证_____。

A.主机要停车 　　　　　　　　　　　B.主机转速要降到最低稳定转速

C.要按停车复位按钮 　　　　　　　　D.把集中控制室手柄扳到与车令一致方向

20.在_____时,集控室与驾驶台之间的操作部位转换才能做到无扰动切换。

A.主机转速不变 　　　　　　　　　　B.主机负荷不变

C.主机转速小于半速 　　　　　　　　D.两处车令转速相等

21.对于自动主机遥控系统,在驾驶台不能单独进行的操作是_____。

A.主机启动 　　　　　　　　　　　　B.主机换向

C.应急操作 　　　　　　　　　　　　D.操作部位切换

22.在主机遥控系统中,驾驶台与集中控制室操纵部位转换时做到无扰动切换的条件是_____。

A.两处手柄都在停车位置 　　　　　　B.两处手柄在同一方向即可

C.两处手柄在同一方向,且设定转速相等 　D.两处手柄并未在同一方向,但设定转速相等

23.在主机遥控系统中,满足启动准备的逻辑条件是_____。

A.盘车机已合上 　　　　　　　　　　B.盘车机已脱开

C.故障停车没复位 　　　　　　　　　D.车令与凸轮轴位置不一致

24.在主机遥控系统中,用Y_{SC}表示启动的准备逻辑条件,用Y_{SL}表示启动的鉴别逻辑,在启动过程中,出现一次启动时间过长报警,则_____。

A.$Y_{SC}=0,Y_{SL}=0$

B.$Y_{SC}=0,Y_{SL}=1$

C.$Y_{SC}=1,Y_{SL}=0$

D.$Y_{SC}=1,Y_{SL}=1$

25.在主机遥控系统中,启动的鉴别逻辑条件是_____。

A.车令与转向一致

B.车令与凸轮轴位置一致

C.转速低于发火转速

D.停油

26.在主机遥控系统进行操纵部位切换的过程中,发现驾驶台与集中控制室操纵部位不能进行切换,原因可能是_____。

A.两处手柄都在正车位

B.两处手柄都在倒车位

C.两处手柄都在停车位

D.两处手柄方向不一致

27.在有三次重复启动的主机遥控系统中,若三次启动均失败,排除故障后要重新启动,必须_____。

A.把车钟手柄扳到停车位置再启动

B.把车钟手柄扳到启动位置再进行重启动

C.把车钟手柄扳到倒车位置进行重启动

D.把车钟手柄扳到停车位置进行重启动

28.在主机遥控系统中,若触发主机启动失败报警,则排除故障后能够重新启动的前提是_____。

A.把车钟手柄扳到停车位置再启动

B.把车钟手柄扳到启动位置再进行重启动

C.把车钟手柄扳到倒车位置进行重启动

D.把车钟手柄扳到正车位置进行重启动

29.主机慢转启动指令形成的主要条件是主机_____。

A.负荷太重

B.滑油压力过低

C.启动空气压力过低

D.停车时间过长

30.在采用主、辅启动阀的慢转启动方案中,若不满足慢转启动逻辑条件,并且也没有启动指令,则主、辅启动阀开度为_____。

A.主、辅启动阀全开

B.主启动阀开,辅启动阀关

C.主启动阀关,辅启动阀开

D.主、辅启动阀都关闭

31.在主机遥控系统中,实现重启动的方法是_____。

A.增大启动供油量或提高发火转速

B.提高启动空气压力或延长启动时间

C.提前开启主启动阀或延时关闭主启动阀

D.取消增压空气压力限制或转矩限制

32.下列选项中,不属于重启动的实现方法的是_____。

A.提高启动空气压力

B.增大启动油量

C.提高发火切换转速

D.既增大启动油量,又提高发火切换转速

33.主机遥控系统一般启动逻辑回路中,第一次启动失败,下一次启动应是_____。

A.慢转启动

B.正常启动

C.重启动

D.时间启动

34.在主机遥控系统的逻辑控制中,触发重启动所需满足的逻辑条件不包括_____。

A.有应急启动指令

B.满足启动逻辑条件

C.有倒车启动指令

D.主机转速高于重启动发火转速

35.强制制动与能耗制动相异的逻辑条件是_____。

　　A.换向已经完成　　　　　　　　　B.车令与转向不一致

　　C.已经停油　　　　　　　　　　　D.主机转速高于发火转速

36.在主机遥控系统中,_____不是能耗制动的逻辑条件。

　　A.车令与凸轮轴位置不一致　　　　B.换向完成

　　C.主机转速高于发火转速　　　　　D.停油

37.在主机遥控系统中,_____不是强制制动逻辑条件。

　　A.车令与凸轮轴位置不一致　　　　B.车令与转向不一致

　　C.主机转速低于发火转速　　　　　D.换向已经完成

38.主机在从正车向倒车的换向操作过程结束后,如发现凸轮轴倒车位置指示灯仍在闪烁,说明_____。

　　A.至少有一个缸的换向未成功　　　B.至少有两个缸的换向未成功

　　C.至少有三个缸的换向未成功　　　D.至少有四个缸的换向未成功

39.在 MAN B&W MC 气动操纵系统中,集控室车钟除了具有传令功能外,还具有_____功能。

　　A.启动　　　　　　　　　　　　　B.停车

　　C.换向　　　　　　　　　　　　　D.调速

40.在 MAN B&W S MC/MCE 主机操纵系统中,在集控室操车且运行过程中换向启动的情况下,轮机值班人员操作集控室车钟换向手柄 A 予以回令后的动作是_____。

　　A.主机立即开始换向动作

　　B.只是使车钟的声、光信号得以应答

　　C.延时后主机开始换向动作

　　D.只是使车钟的声信号得以应答而光信号要等延时后得以应答

41.电动车令发送器常采用_____,当手柄在停车位置时其输出为_____。

　　A.放大器;0 mA 电流

　　B.精密电位器;0 mA 电流

　　C.精密电位器;4 V 电压

　　D.精密电位器和放大器;0 V 电压或 4 mA 电流

42.气动车令发送器常采用_____,当手柄在停车位置时其输出为_____。

　　A.比例阀;0 MPa 气压　　　　　　　　B.比例阀;0.05 MPa 气压

　　C.精密调压阀;0.05 MPa 气压　　　　D.精密调速阀;0 MPa 气压

43.在现代商用船舶主机遥控系统中,最常用的转速指令发送器是_____。

　　A.气动式　　　　　　　　　　　　B.继电器式

　　C.自整角机式　　　　　　　　　　D.电位器式

44.在主机遥控系统中,无论采用哪一种形式的车钟,遥控主车钟都应包括_____组成部分。

　　A.转向车令发讯　　　　　　　　　B.交流遥控发讯

　　C.直流遥控发讯　　　　　　　　　D.电子遥控发讯

45.主机遥控系统中,辅车钟的作用为_____。

　　A.发送正车、停车　　　　　　　　　　B.发送前进、后退

C.发送停车、前进、后退各挡车令　　　　D.发送备车、完车、海上航行等指令

46.在船舶上,通常设有主、副车钟,副车钟的作用是_____。

　　A.当主车钟出现故障时代替主车钟

　　B.与主车钟轮换使用

　　C.仅用于驾驶室与机旁之间的备车、完车和定速航行三个车令的联系

　　D.用于传送与主机操纵有关的联络信息,如备车、完车和海上定速等

47.在 MAN B&W MC 气动操纵系统中,在集控室遥控主机时,驾驶室与集控室的遥控主车钟作用是_____。

　　A.驾驶室主车钟用于主机的操纵控制

　　B.驾驶室主车钟既作为传令车钟,又用于主机的操纵控制

　　C.集控室主车钟仅用作传令车钟

　　D.集控室主车钟不仅用作传令车钟,而且还用于正、倒车操纵控制

48.在 AUTO CHIEF-Ⅳ 型主机遥控系统中,驾驶台遥控车钟中用作转向车令发讯和转速车令发讯元件的分别是_____。

　　A.电子开关和精密转速设定电位器　　　　B.微动开关和精密转速设定电位器

　　C.电子开关和精密转速调节器　　　　　　D.微动开关和精密转速控制器

49.电动遥控车钟的转速车令发讯器信号不包括_____。

　　A.0~5 kΩ 电阻值　　　　　　　　　　　B.4~20 mA 电流信号

　　C.0~10 mA 电流信号　　　　　　　　　D.0~10 V 电压信号

50.在主机转速控制系统中,把车钟手柄从港内全速扳到海上全速时,该转速控制属于_____。

　　A.定值控制　　　　　　　　　　　　　　B.逻辑控制

　　C.随动控制　　　　　　　　　　　　　　D.程序控制

51.主机转速控制系统的组成环节不包括_____。

　　A.转速限制环节　　　　　　　　　　　　B.负荷限制环节

　　C.调速环节　　　　　　　　　　　　　　D.重复启动环节

52.主机转速控制系统的组成不包括_____。

　　A.测速装置　　　　　　　　　　　　　　B.车令发送器

　　C.调速器　　　　　　　　　　　　　　　D.安全保护装置

53.在正常海况下,主机遥控的转速控制回路是一个_____。

　　A.反馈控制系统　　　　　　　　　　　　B.逻辑控制系统

　　C.开环系统　　　　　　　　　　　　　　D.程序控制系统

54.在船舶柴油主机的转速控制系统中,其高负荷区的慢加速过程属于_____。

　　A.定值控制　　　　　　　　　　　　　　B.程序控制

　　C.随动控制　　　　　　　　　　　　　　D.函数控制

55.在电气结合的主机遥控系统中,若采用 PGA 型液压调速器,为使主机达到车令所要求的运行状态,必须设有_____。

　　A.电/液伺服器　　　　　　　　　　　　B.电/气转换器

　　C.气/电转换器　　　　　　　　　　　　D.位移伺服器

56.在主机转速控制系统中的调速器的输入信号是_____。

A.实际转速值 　　　　　　　　　　B.设定转速值

C.供油量 　　　　　　　　　　　　D.设定转速值与实际转速值的偏差

57.在主机自动遥控系统中,为了用交流测速发电机测量主机的转速和转向,则系统中通常设有_____。

A.相敏互感器 　　　　　　　　　　B.相敏整流器

C.相敏放大器 　　　　　　　　　　D.相敏振荡器

58.磁脉冲式转速传感器如下图所示,其结构不包括_____。

A.永久磁铁 　　　　　　　　　　　B.软磁芯

C.线圈 　　　　　　　　　　　　　D.电刷

59.在磁脉冲测速装置中,为了检测船舶主机的转向,需要装有_____磁脉冲传感器和_____D触发器。

A.1个;1个 　　　　　　　　　　　B.2个;2个

C.1个;2个 　　　　　　　　　　　D.2个;1个

60.在磁脉冲测速装置中,为了检测船舶主机的转向,需要装有2个磁脉冲传感器,且它们之间在相位上要相差_____个周期。

A.1/2 　　　　　　　　　　　　　B.1/3

C.1/4 　　　　　　　　　　　　　D.1/5

61.交流测速发电机设置相敏整流的目的是_____。

A.判断电流方向 　　　　　　　　　B.判断主机转向

C.测量主机转速 　　　　　　　　　D.测量主机曲轴角速度

62.用两个磁脉冲传感器检测主机转速与转向时,若将两个磁头相距1/4周期改为3/4周期,则检测结果为_____。

A.转速相同,转向相同 　　　　　　B.转速相同,转向相反

C.转速不同,转向相同 　　　　　　D.转速不同,转向相反

63.下列关于直流测速发电机和交流测速发电机的比较,错误的是_____。

A.直流测速发电机因其输出信号不需要整流,故其在主机遥控系统中应用很多

B.直流测速发电机存在电刷等部件,测量信号的极性随着柴油机转向的改变而改变

C.交流测速发电机输出的是交变电压,需要经过整流才能达到判断柴油机转向的目的

D.为保证馈送到电子调速器的信号均为负反馈信号,直流测速发电机和交流测速发电机都需要整流

64.关于磁脉冲式测速装置,下列说法错误的是_____。

A.磁脉冲式测速装置是一种非接触式测速装置

B.磁脉冲式测速装置可以用来检测柴油机的转速和转向

C.磁脉冲式测速装置和测速发电机一样,输出信号都要经过整流才能保证馈送到电子调速器的信号是负反馈信号

D.磁脉冲式测速装置需要同安装在飞轮上的测速齿轮配合才能完成转速的测量

65.磁脉冲式测速装置的工作原理是_____。

A.主机转速越快,在磁脉冲式测速装置上产生的感应电动势越大

B.主机飞轮上测速齿轮的齿顶和齿槽分别通过测速装置,在其上感应出一系列的脉冲电势,由此来测量转速

C.在主机飞轮上测速齿轮的附近安装2个位置不同的脉冲测速装置,根据这2个装置的相互配合来检测主机转速

D.主机转速越慢,在磁脉冲式测速装置上产生的感应电流越大

66.磁脉冲式测速装置检测柴油机转向是通过_____。

A.对磁脉冲测速装置的输出进行相敏整流来得到柴油机转向的

B.安装2个不同位置的磁脉冲测速装置,通过两者的配合达到检测转向的目的

C.根据磁脉冲测速装置输出的电动势的方向来检测转向的

D.磁脉冲式测速装置无法检测柴油机的转向,需通过其他附加的装置来完成

67.下列需要采用相敏整流电路的测速装置是_____。

A.直流测速发电机　　　　　　　　B.交流测速发电机

C.磁脉冲测速传感器　　　　　　　D.交流测速发电机和磁脉冲测速传感器

68.使用磁脉冲传感器测主机转向,如是正车转向,则D触发器的D端的正脉冲比CP端_____。

A.滞后1/4周期　　　　　　　　　B.超前1/4周期

C.滞后1/2周期　　　　　　　　　D.超前1/2周期

69.使用磁脉冲式转速传感器检测主机转速时,若将2个传感器的位置颠倒,则_____。

A.转速表数值指示偏低,转向与实际相反

B.转速表数值指示与实际转速数值相同,转向与实际相反

C.转速表数值指示偏高,转向与实际相同

D.转速表数值指示与实际转速数值相同,转向与实际相同

70.在MAN B&W MC/MCE主机气动操纵系统中,主机在约50%负荷以上区域运行时,喷油定时自动调节机构对主机的喷油定时_____。

A.提前,爆压增长要比原先快　　　B.提前,爆压增长要比原先慢

C.延后,爆压增长要比原先快　　　D.延后,爆压增长要比原先慢

71.电动临界转速回避回路如下图所示,令U_o为车令设定转速,U_{P2}为临界转速下限值,U_{P1}为临界转速上限值,回路输出为U_o,若回路输出等于车令设定转速,表示_____。

电子电气专业

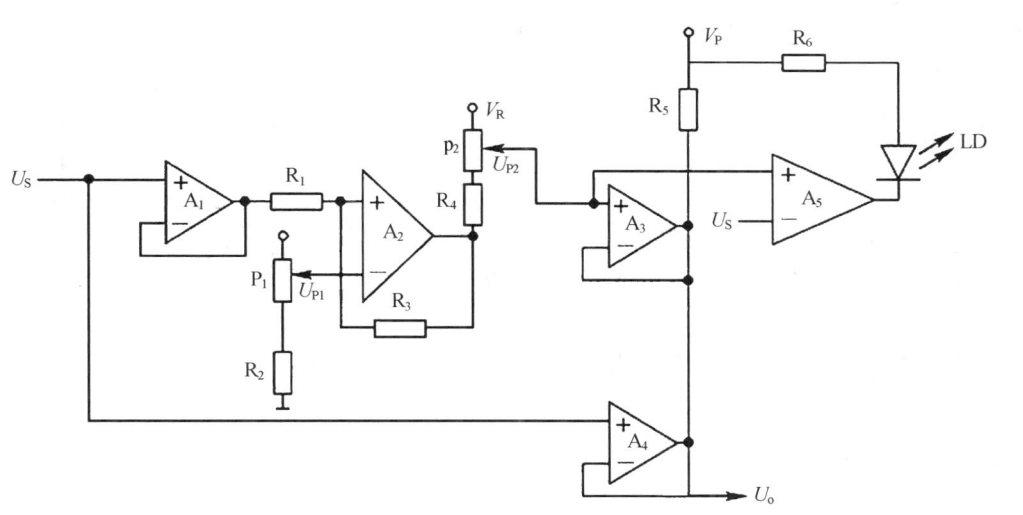

A.车令设定转速大于临界转速下限值

B.车令设定转速小于临界转速上限值

C.车令设定转速处于临界转速区

D.车令设定转速小于临界转速下限值或大于临界转速上限值

72.电动临界转速自动回避回路如下图所示,令 U_S 为车令设定转速,U_{P2} 为临界转速下限值,U_{P1} 为临界转速上限值,回路输出为 U_o,若车令设定转速处于临界转速区,则_____。

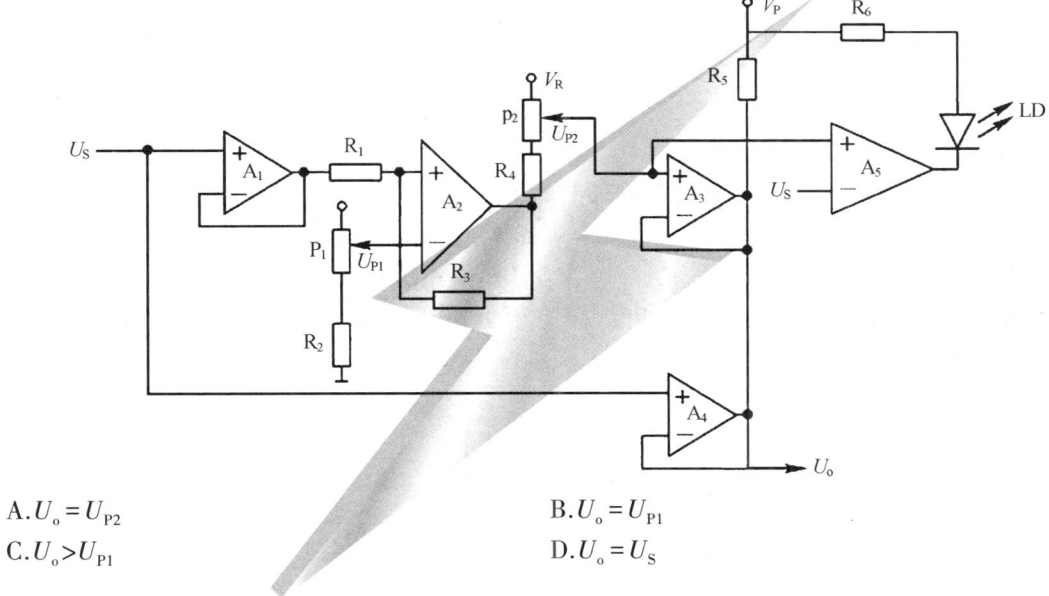

A.$U_o = U_{P2}$

B.$U_o = U_{P1}$

C.$U_o > U_{P1}$

D.$U_o = U_S$

73.电动临界转速自动回避回路如下图所示,该回路主要是由_____组成的。

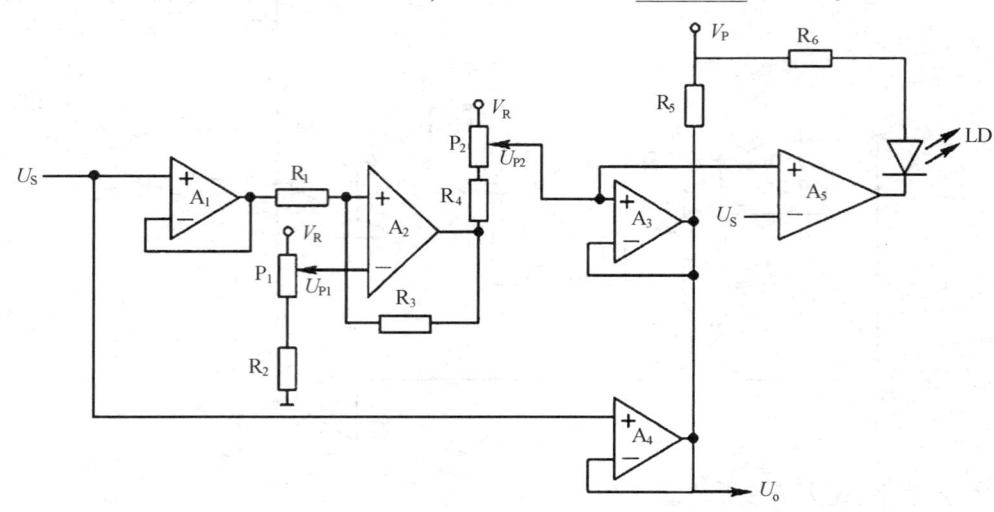

A.跟随器和选大器　　　　　　　　　B.跟随器和选小器

C.比较器和选大器　　　　　　　　　D.比较器和选小器

74.在避下限的临界转速限制回路中,当车钟转速设定值处于临界转速区时,临界转速限制回路的输出为_____。

A.上限值　　　　　　　　　　　　　B.下限值

C.减速值　　　　　　　　　　　　　D.车钟设定值

75.在避上限的临界转速限制回路中,当车钟转速设定值处于临界转速区时,临界转速限制回路的输出为_____。

A.上限值　　　　　　　　　　　　　B.下限值

C.减速值　　　　　　　　　　　　　D.车钟设定值

76.在主机遥控系统中,设置临界转速限制环节的主要目的是_____。

A.防止主机超速　　　　　　　　　　B.防止主机超机械负荷

C.防止主机超热负荷　　　　　　　　D.防止主机轴系共振

77.在气动临界转速回避环节(避上限)中,设 P_S 为转速设定值,P_a 为临界转速下限值,P_b 为临界转速上限值,输出为 P_o,若 $P_S<P_a$,则_____。

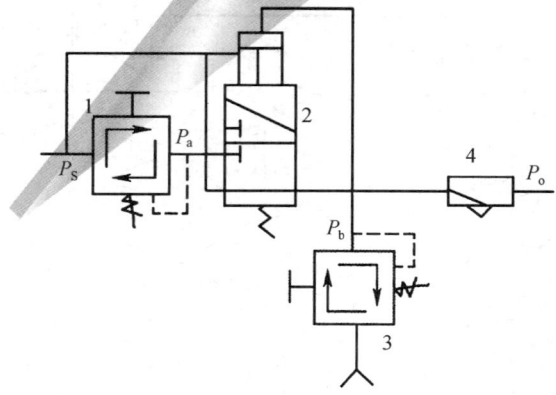

A.$P_o = P_S$ B.$P_o = P_b$

C.$P_o = P_a$ D.$P_o = P_S + P_b$

78.电动临界转速自动回避回路如下图所示，A_1 和 A_2 的功能分别是_____。

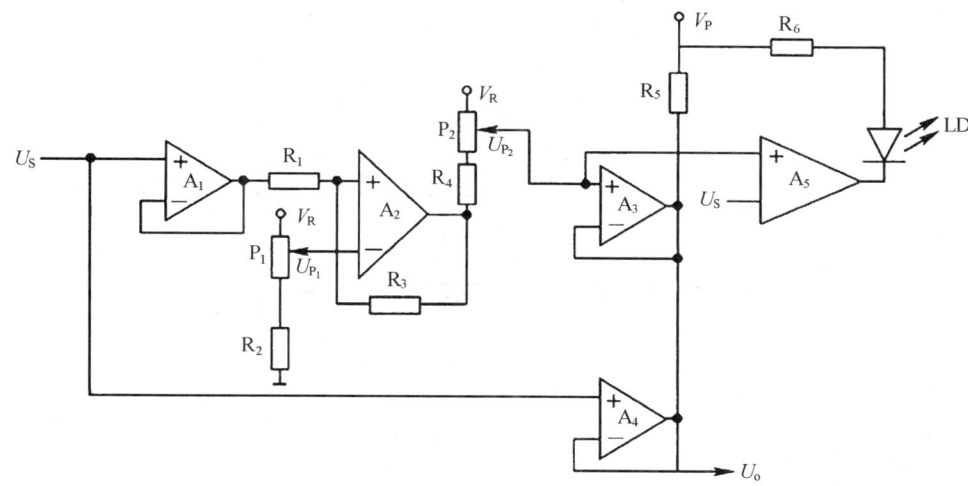

A.电压比较器、电压跟随器   B.电压比较器、电压比较器

C.电压跟随器、电压跟随器   D.电压跟随器、电压比较器

79.如下图所示，设 P_s 为设定转速，P_a、P_b 分别为临界转速的下、上限值，P_o 为该回路的输出，当 $P_a < P_s < P_b$ 时，_____。

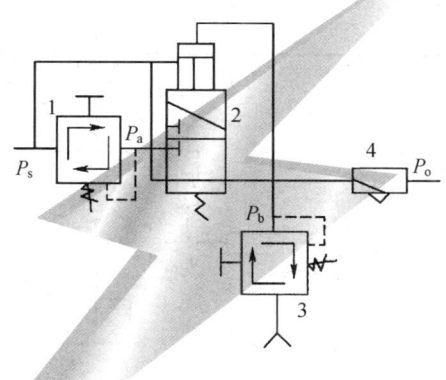

A.$P_o = P_a$ B.$P_o = P_s$

C.$P_o = P_b$ D.P_s 上升过程，$P_o = P_a$；P_s 下降过程，$P_o = P_b$

80.轮机长最大转速限制回路如下图所示，令 U_s 为车令设定转速，U_m 为轮机长最大允许转速值，U_o 为限制回路输出值，若 $U_s>U_m$，则_____。

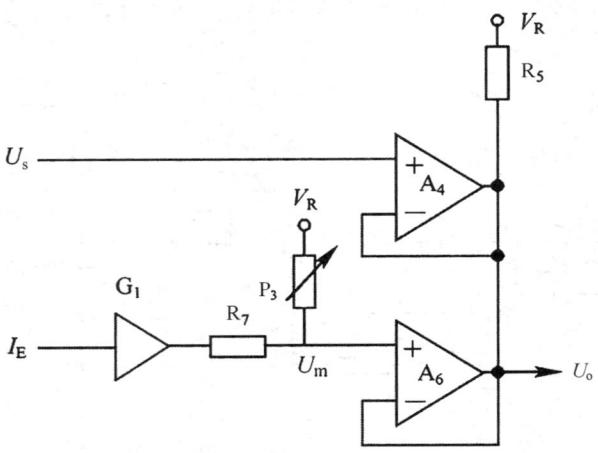

A.$U_o=U_m$ 　　　　　　B.$U_o=U_s$

C.$U_o<U_s$ 　　　　　　D.$U_o>U_m$

81.轮机长最大转速限制回路如下图所示，令 U_s 为车令设定转速，U_m 为轮机长最大允许转速值，U_o 为限制回路输出值，若 $U_s<U_m$，则_____。

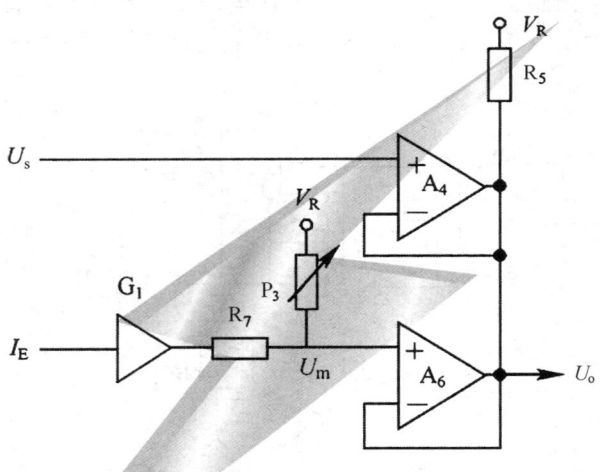

A.$U_o=U_m$ 　　　　　　B.$U_o=U_s$

C.$U_o<U_s$ 　　　　　　D.$U_o>U_m$

82.主机遥控系统的最大转速限制起作用的条件是_____。

A.主机实测转速大于最大限制转速　　B.主机实测转速小于最大限制转速

C.车钟设定转速大于最大限制转速　　D.车钟设定转速小于最大限制转速

83.在主机遥控系统中，轮机长最大转速限制的电位器设在_____。

A.机旁的操纵台上　　　　　　B.驾驶室的操纵台上

C.集中控制室的操纵台上　　　　D.遥控装置上

电子电气专业

84.在主机遥控系统中,当主机运行时按应急操纵按钮后,不能取消的限制是_____。

　　A.程序负荷限制　　　　　　　　　　B.最低稳定转速限制

　　C.轮机长最大转速限制　　　　　　　D.扫气压力限制

85.在主机转速控制系统中,设置倒车最大转速限制功能的目的是_____。

　　A.防止主机超负荷　　　　　　　　　B.防止螺旋桨超负荷

　　C.防止倒车时加速到最大转速过程太快　D.防止倒车船速太快

86.在主机遥控系统中,若出现车钟从"SLOW"位置减小到"D.S."位置时主机无法实现减速,则可能的原因是_____。

　　A.最低稳定转速的限制值偏大

　　B.增压空气压力限制环节的起始油量偏大

　　C.临界转速的下限值偏大

　　D.主机减速速率太小

87.在主机遥控系统中,程序负荷是指_____。

　　A.主机从启动成功到30%额定转速的加速过程

　　B.主机从启动成功到70%额定转速的加速过程

　　C.主机从70%到100%额定转速的加速过程

　　D.主机从30%到70%额定转速的加速过程

88.在主机遥控系统中,在高负荷区加速缓慢的原因是_____。

　　A.加速速率限制起作用　　　　　　　B.程序负荷限制起作用

　　C.主机负荷太重,不能快加速　　　　D.滑油压力太低,不能快加速

89.在主机遥控系统中,若要取消程序负荷限制,需要_____。

　　A.增加油门　　　　　　　　　　　　B.把车钟扳到全速挡

　　C.按应急停车按钮　　　　　　　　　D.按应急运行按钮

90.在主机转速控制系统执行程序负荷功能时,主机转速控制属于_____。

　　A.定值控制　　　　　　　　　　　　B.程序控制

　　C.随动控制　　　　　　　　　　　　D.时序控制

91.在主机遥控系统中,其转速控制回路增设负荷限制环节的目的是_____。

　　A.限制主机的最大转速　　　　　　　B.提高主机运行的经济性

　　C.可对主机进行负荷控制　　　　　　D.防止主机超负荷

92.在主机遥控系统中,程序负荷是指_____。

　　A.额定转速30%以下较慢的加速过程

　　B.额定转速70%以下较慢的加速过程

　　C.额定转速70%以上较慢的加速过程

　　D.额定转速100%以下均为慢加速过程

93.电动加速速率限制回路如下图所示,在主机加速过程中,加速速率由_____决定。

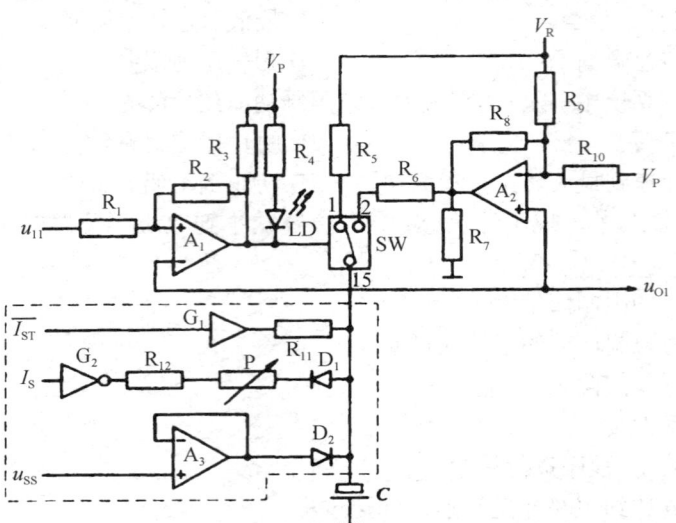

  A.车钟手柄的推移速度   B.电容充电速度

  C.电容放电速度   D.电子开关闭合速度

94.在主机遥控系统中,加速速率限制是指_____。

  A.主机从启动成功到30%额定转速的加速过程

  B.主机从启动成功到70%额定转速的加速过程

  C.主机从70%到100%额定转速的加速过程

  D.主机从30%到70%额定转速的加速过程

95.对于电动加速速率限制环节,在主机减速过程中,减速速率由_____决定。

  A.车令手柄的推移速度   B.电容放电速度

  C.电容充电速度   D.车令手柄的位置

96.电动加速速率限制回路如下图所示,其中运算放大器 A_1 的功能是_____。

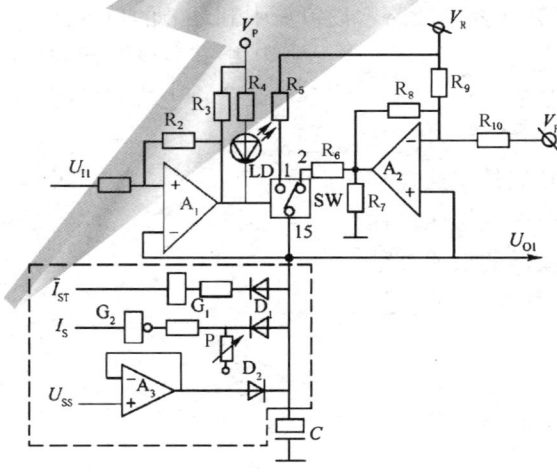

A.电压比较器　　　　　　　　　　B.电压跟随器

C.差动输入比例运算器　　　　　　D.同相输入比例运算器

97.电动加速速率限制回路如下图所示,A₂为差动输入比例运算器,它的作用是_____。

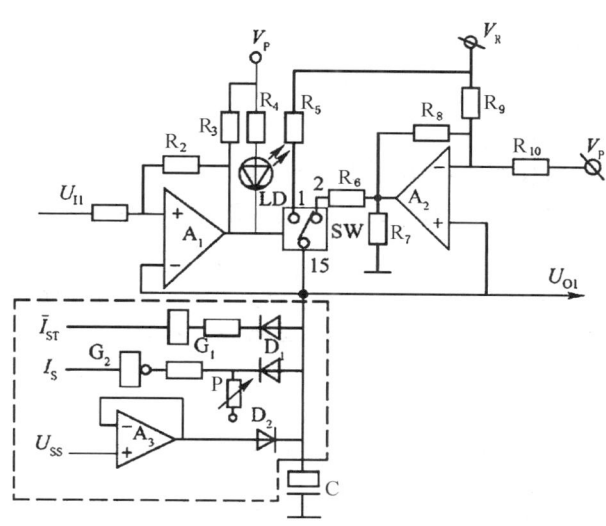

A.使加速速率随转速减小而增大　　B.使加速速率随转速减小而减小

C.使减速速率随转速减小而增大　　D.使减速速率随转速减小而减小

98.电动加速速率限制回路如下图所示,其中运算放大器 A₃ 的功能是用作_____。

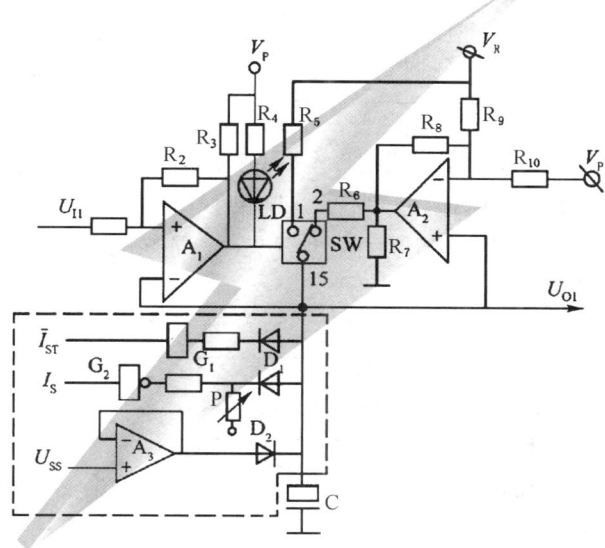

A.同相输入比例运算器　　　　　　B.差动输入比例运算器

C.电压比较器　　　　　　　　　　D.电压跟随器

99.下列关于主机增压空气压力限制的描述中,正确的是_____。

A.主机扫气压力越大,主机的加油量越大

B.主机扫气压力越大,允许的主机最大加油量越大

C.主机的加油量越大,允许的主机最大扫气压力越大

D.主机扫气压力为0,允许的主机最大加油量为0

100.主机遥控系统的增压空气压力限制的实质是_____。

 A.限制主机的最高转速

 B.限制主机的最大喷油量

 C.限制启动期间的喷油量

 D.限制在一定增压空气压力下的主机最大允许喷油量

101.在增压空气压力限油环节中,增压空气压力限制不起作用的条件是_____。

 A.在启动期间   B.在正常运行中

 C.在加速期间   D.在程序负荷限制期间

102.电动增压空气压力限油环节如下图所示,如要使增压空气限制特性变平坦、最大启动油量限制值增大,则应_____。

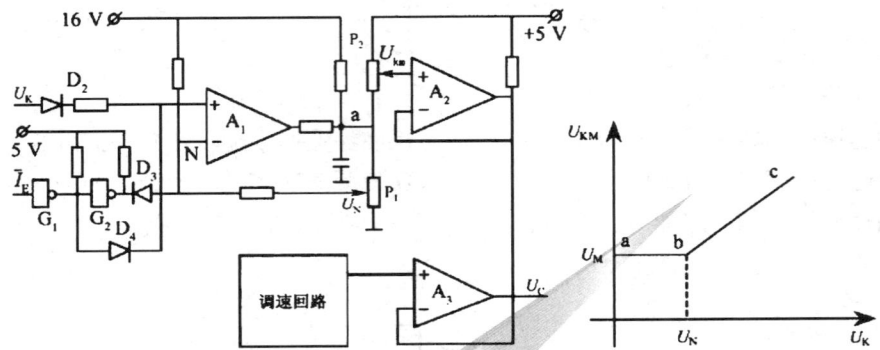

 A.增大 P_1 的对地电阻值,减小 P_2 电阻值   B.减小 P_1、P_2 的对地电阻值

 C.调整 P_1、P_2 使其对地电阻值增大   D.减小 P_1 的对地电阻值,增大 P_2 电阻值

103.在如下图所示的电动增压空气压力限油环节中,调整电位器 P_1 使其对地电阻值增大,则_____。

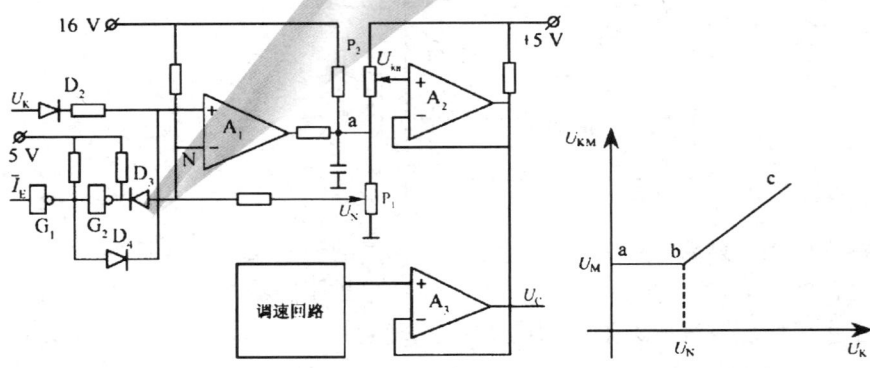

A.对应某一增压空气压力,最大供油量减小

B.对应某一增压空气压力,最大供油量增大

C.可增大启动供油量

D.可减小启动供油量

104.在主机遥控系统中,主机转矩限制是指_____。

    A.每个主机设定转速下对应一个允许的主机最大加油量,设定转速越大,允许的最大加油量越大

    B.每个主机设定转速下对应一个允许的主机最大加油量,设定转速越大,允许的最大加油量越小

    C.每个主机加油量下对应一个允许的最大转矩,加油量越大,允许的最大转矩越大

    D.每个主机加油量下对应一个允许的最大转矩,加油量越大,允许的最大转矩越小

105.在主机遥控系统中,转矩限制是指_____。

    A.限制在设定转速下的最大允许供油量

    B.限制主机的最大喷油量

    C.实现慢加速程序负荷

    D.限制主机的最大转速

106.在主机遥控系统的负荷限制回路中,各种限制环节决定了主机的油门开度。在某一时刻,最终的油门开度由_____决定。

    A.各限制环节中输出的最大信号

    B.各限制环节中输出的信号平均值

    C.各限制环节中输出的最小信号

    D.各限制环节中输出的最大信号与最小信号的差值

107.在主机遥控系统中,采用给定转速限制转矩时,其供油限制量_____。

    A.由给定转速与实际转速变化共同确定

    B.随主机实际转速增大,逐渐增大供油量

    C.由转速的偏差值确定

    D.由设定转速确定,与实际转速无关

108.在主机转速控制系统中,设置转矩限制功能的主要目的是_____。

    A.防止主机加速到最大转速过程太快

    B.防止船速太快

    C.防止主机超负荷

    D.防止螺旋桨超负荷

109.在主机遥控系统中,采用转矩限制环节是限制主机的最大供油量,是为了防止主机_____。

    A.超热负荷和机械负荷   B.超热负荷

    C.超机械负荷   D.超速

110.电动转矩限制回路如下图所示,如需要起始限油值不变且转矩限制作用减弱、特性变陡,则下列调节正确的是_____。

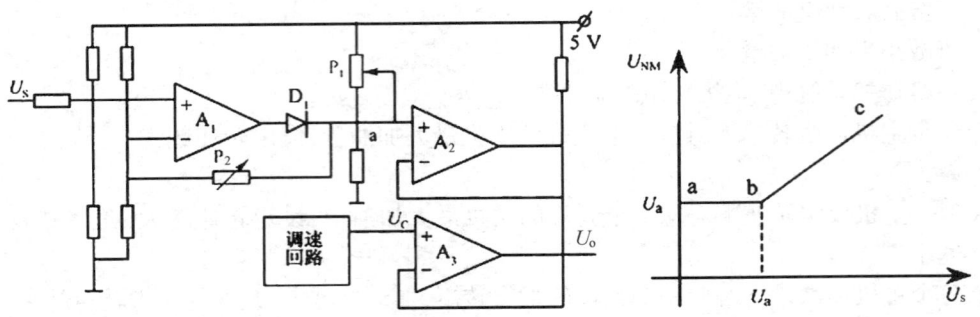

A.固定 P_1,调整 P_2 使其电阻值增大

B.固定 P_1,调整 P_2 使其电阻值减小

C.固定 P_2,调整 P_1 使其对地电阻值增大

D.固定 P_2,调整 P_1 使其对地电阻值减小

111.在电动主机遥控系统中,最大油量限制回路如下图所示,这个回路起作用的时刻是_____。

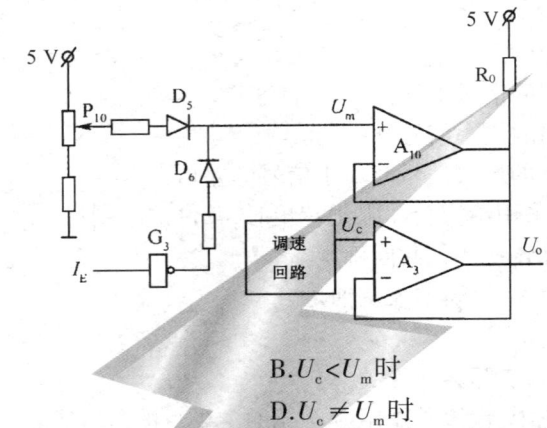

A. $U_c > U_m$ 时　　　　　　　　　　B. $U_c < U_m$ 时

C. $U_c = U_m$ 时　　　　　　　　　　D. $U_c \neq U_m$ 时

112.在电动主机遥控系统中,最大油量限制回路如下图所示,电位器 P_{10} 的作用是_____。

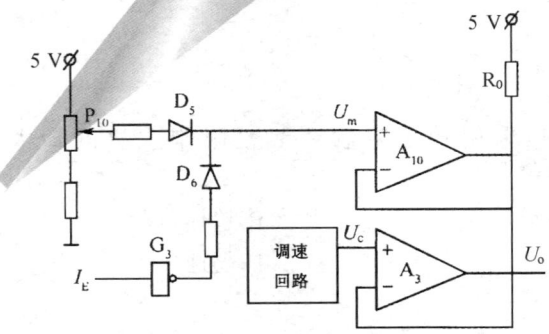

A.调整最大油量起始值　　　　　　　　B.调整最大油量终止值

C.调整最大油量限制值　　　　　　　　D.调整最大油量稳定值

113.在主机遥控系统中,负荷限制包括_____。

A.最大油量限制　　　　　　　　　　　B.最低稳定转速限制

C.轮机长设定的最大转速限制　　　　　D.临界转速自动回避

114.在主机遥控系统中,最大油量限制范围一般为额定油量的_____。

A.30%~80%　　　　　　　　　　　　B.40%~90%

C.50%~100%　　　　　　　　　　　　D.60%~100%

115.在如下图所示的最大油量限制电路中,按下应急运行按钮后,电路的输出值 U_o 为_____。

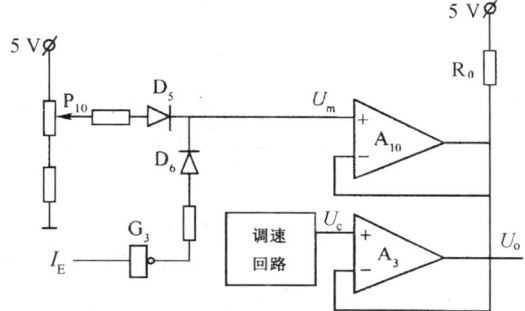

A.P_{10} 所设定的电压　　　　　　　　B.非门 G_3 的输出电压

C.电源电压(5 V)　　　　　　　　　　D.调速回路的输出电压

116.船舶主机最大油量限制起作用的条件是_____。

A.车钟设定值大于最大油量设定值

B.车钟设定值小于最大油量设定值

C.调速器输出值大于最大油量设定值

D.调速器输出值小于最大油量设定值

117.在主机遥控系统中,负荷限制包括_____。

①程序负荷;②轮机长最大转速限制;③手动最大供油量限制;④增压空气压力限制;⑤转矩限制;⑥自动回避临界转速

A.①③⑤　　　　　　　　　　　　　　B.②④⑥

C.③④⑤　　　　　　　　　　　　　　D.④⑤⑥

118.在主机转速自动控制系统中,若出现主机转速无法调到车令设定转速,而稳定在某一转速值,其原因可能是_____。

①车令设定转速已大于轮机长设定的最高转速限制值;②车令设定转速已小于轮机长设定的最低稳定转速;③车钟扳得快,加速速率限制起作用;④主机在高负荷下加速,程序负荷起作用;⑤车令转速设置在主机临界转速区域

A.①②④　　　　　　　　　　　　　　B.①④⑤

C.①②⑤　　　　　　　　　　　　　　D.①③⑤

119. 在主机遥控系统的最大油量限制回路中，令 U_c 为调速回路输出，U_m 为最大油量限制值，U_o 为限制回路输出值，当 $U_c > U_m$ 时，_____。

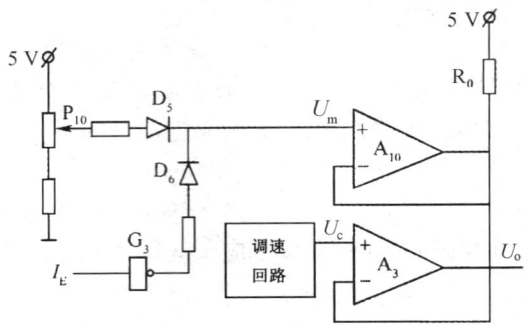

A. $U_o = U_m$ B. $U_o > U_m$

C. $U_o = U_c$ D. $U_o > U_c$

120. 在主机遥控系统中，如果临界转速自动回避采用的是避下限方案，则当转速设定在临界转速区时，主机实际转速只能是_____。

    A. 临界转速的上限值   B. 临界转速的下限值

    C. 高于临界转速上限值   D. 低于临界转速下限值

121. 在 DGS8800e 数字调速系统中，来自外部过程的各种信号被转换成标准的数字量信号，其中数据通道的 2 个车令速度输入信号范围分别是_____。

    A. 4~20 mA 电流或 0~10 mA 电流   B. 4~20 mA 电流或 0~10 V DC 电压

    C. 0~20 mA 电流或 0~10 V DC 电压   D. 0~10 mA 电流或 0~10 V DC 电压

122. 在 DGS8800e 数字调速系统中，调节器（Regulator）的恒定供油量控制模式，是一种当主机转速维持在预设的转速死区限制范围内时燃油供油量维持恒定不变的控制模式，应该说死区值越小，_____，工作_____。

    A. 调速器灵敏度越稳定；越不稳定   B. 调速器灵敏度越低；越不稳定

    C. 调速器灵敏度越高；越稳定   D. 调速器灵敏度越高；越不稳定

123. DGS8800e 数字式电子调速器是由两个闭环控制回路构成的，其中包括_____。

    A. 转速 PD 反馈控制回路   B. 转速 PID 反馈控制回路

    C. 油门 PD 反馈控制回路   D. 油门 PID 反馈控制回路

124. 在 DGS8800e 数字调速系统中，若要进行参数修改，则_____。

    A. 只需要打开实物锁   B. 只需要输入数字密码

    C. 既要打开实物锁，又要输入数字密码   D. 可直接进行修改

125. DGS8800e 数字调速系统的电动执行器包括_____。

    A. 伺服驱动器   B. 数字执行器

    C. 直流电机   D. 伺服电机

126. DGS8800e 数字式电子调速器在调速控制方面实现了数字_____。

    A. 比例-积分-微分开环转速调节   B. 比例-积分-微分闭环转速调节

    C. 比例-积分固定燃油量转速调节   D. 比例-微分固定燃油量转速调节

127. DGS8800e 数字调速系统具有多种运行模式,如将车钟手柄从正车前进三扳回到"STOP"位置,则系统自动进入_____模式。

　　A.空闲　　　　　　　　　　　　　　B.正常

　　C.设定值　　　　　　　　　　　　　D.准备

128. DGS8800e 数字调速系统由 5 个基本单元组成,其中不包括_____。

　　A.数字调速单元　　　　　　　　　　B.电源

　　C.扫气压力调节器　　　　　　　　　D.转速检测装置

129. DGS8800e 数字调速系统中有 2 个闭环控制系统,分别是_____和_____。

　　A.转速 PID 反馈控制系统;油门 PI 反馈定位系统

　　B.转速 PI 反馈控制系统;油门 PID 反馈定位系统

　　C.转速 PI 反馈控制系统;转速 PI 反馈定位系统

　　D.转速 PID 反馈控制系统;转速 PI 反馈定位系统

130. 在 DGS8800e 数字调速系统的电动执行机构控制系统中,往往会布置刹车电路,其目的是当发生故障时,_____。

　　A.使执行机构保持燃油齿条在零油门位置上

　　B.使执行机构保持燃油齿条在当前位置上

　　C.使执行机构保持燃油齿条在倒车位置上

　　D.使执行机构保持燃油齿条在倒车最大油门位置上

131. 在主机遥控的安全保护系统中,对故障自动减速信号进行操作实现的装置是_____。

　　A.调速装置　　　　　　　　　　　　B.逻辑控制单元

　　C.安全保护系统　　　　　　　　　　D.监视与报警系统

132. 在 SSU8810 安全保护系统中,驾驶台和集控室中故障自动减速取消按钮的布置情况是_____。

　　A.驾驶台只有一个取消按钮,集控室每个减速信号对应一个取消按钮

　　B.集控室只有一个取消按钮,驾驶台每个减速信号对应一个取消按钮

　　C.驾驶台和集控室都只有一个取消按钮

　　D.驾驶台和集控室都是每个减速信号对应一个取消按钮

133. 在主机遥控的安全保护系统中,故障自动减速和故障自动停车的保护对象是_____。

　　A.船员　　　　　　　　　　　　　　B.调速器

　　C.船舶　　　　　　　　　　　　　　D.柴油机

134. 在 MAN B&W S MC/MCE 主机操纵系统中,安保断油不包括的条件是_____。

　　A.启动空气压力低　　　　　　　　　B.有应急停车指令

　　C.凸轮轴滑油低压　　　　　　　　　D.超速

135. 下列不属于 SSU8810 安全保护系统故障减速保护项目的是_____。

　　A.曲柄箱油雾高　　　　　　　　　　B.扫气空气高温(扫气箱失火)

　　C.透平增压器进口滑油压力低　　　　D.排气出口高温

136. 在主机遥控的安全保护系统中,不可能取消的故障自动停车保护项目是_____。

　　A.主机排烟温度高　　　　　　　　　B.气缸冷却水压力低

C.曲柄箱油雾浓度高   D.主机超速

137.在主机遥控的安全保护系统中,不可能取消的故障自动停车保护项目是_____。

    A.主机滑油低压   B.气缸冷却水压力低

    C.曲柄箱油雾浓度高   D.锅炉蒸汽压力高

138.船舶在航行中出现SSU8810主机安全保护故障减速后,能够恢复正常控制状态的条件和方法是_____。

    A.先按故障确认按钮,再按集控室或驾驶台上的复位按钮(RESET),待故障现象解除后即可恢复正常控制状态

    B.待故障现象解除后,先按故障确认按钮,再按集控室或驾驶台上的复位按钮(RESET)

    C.待故障现象解除后,按集控室或驾驶台上的复位按钮(RESET)

    D.先按故障确认按钮,待故障现象解除后,再按集控室或驾驶台上的复位按钮(RESET)

139.SSU8810安全保护系统可实现的故障停机保护项目包括_____。

    A.扫气空气高温(扫气箱失火)   B.主机滑油低压保护

    C.缸套冷却水进口低压   D.排气出口高温

140.在SSU8810安全保护系统中,可能引起故障停车的现象是_____。

    A.缸套冷却水出口温度高   B.曲拐箱油雾高温

    C.主机滑油低压   D.滑油进机温度高

141.在SSU8810安全保护系统中,属于系统硬件故障指示WARNING的是_____。

    A.故障停机   B.故障减速

    C.转速检测装置故障   D.系统通信故障

142.在MAN B&W MC/MCE主机气动操纵系统中,能够触发安保断油动作的条件不包括_____。

    A.主轴承滑油低压   B.推力轴承高温

    C.凸轮轴滑油低压   D.气缸冷却水低压

143.电/气转换器如下图所示,触发器T_1和T_2均输出低电平时,电磁阀_____。

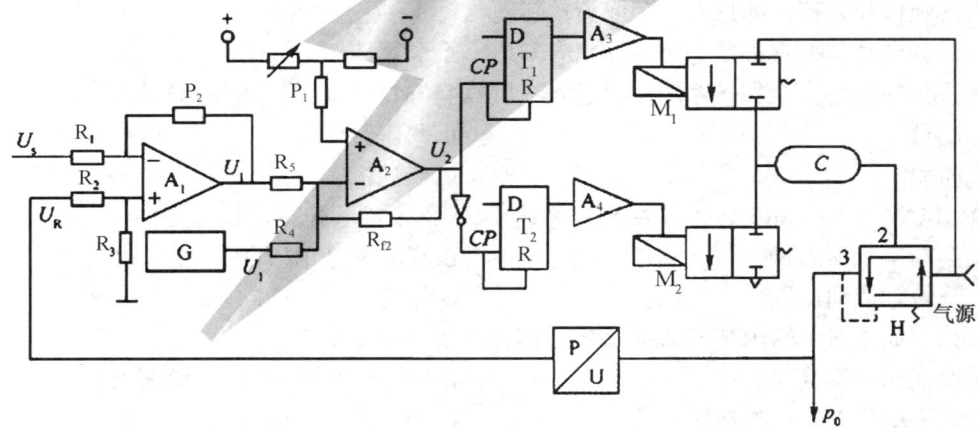

    A.M_1和M_2均断电右位通   B.M_1和M_2均通电右位通

    C.M_1和M_2均通电左位通   D.M_1和M_2均断电左位通

144.电/气转换器如下图所示,脉冲信号发生器 G 起作用的时间为_____。

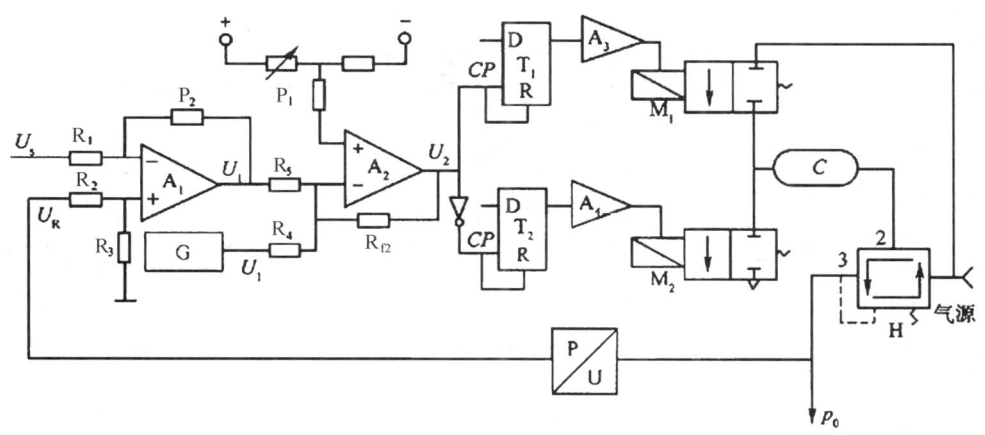

A.在整个加、减速控制过程中都起作用

B.在整个控制过程中都起作用

C.转速设定值 U_S 与压力传感器 P/U 输出的电压信号 U_R 差值不大时

D.转速设定值 U_S 与压力传感器 P/U 输出的电压信号 U_R 差值较大时

145.在电/气转换器中,运算放大器 A_1、A_2 的功能是分别用作_____。

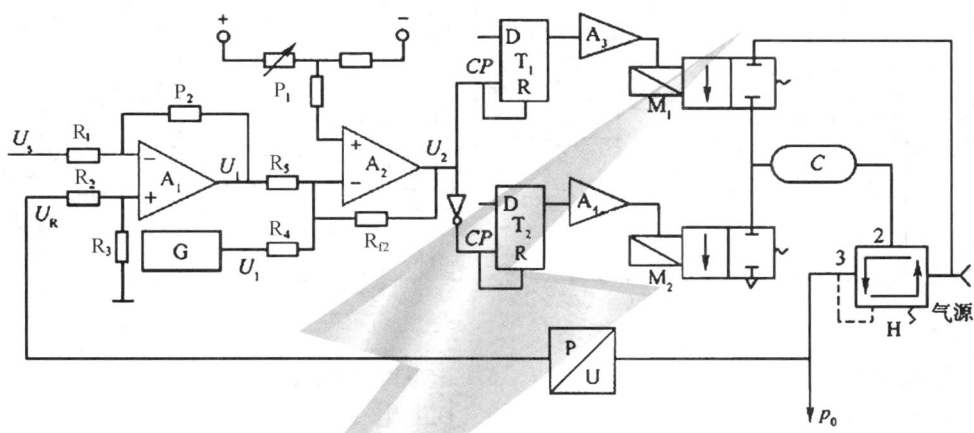

A.差动输入比例运算器、加法器

B.电压比较器、加法器

C.电压跟随器、电压比较器

D.差动输入比例运算器、电压跟随器

146.电/气转换器如下图所示,脉冲信号发生器 G 的作用是连续不断地产生_____。

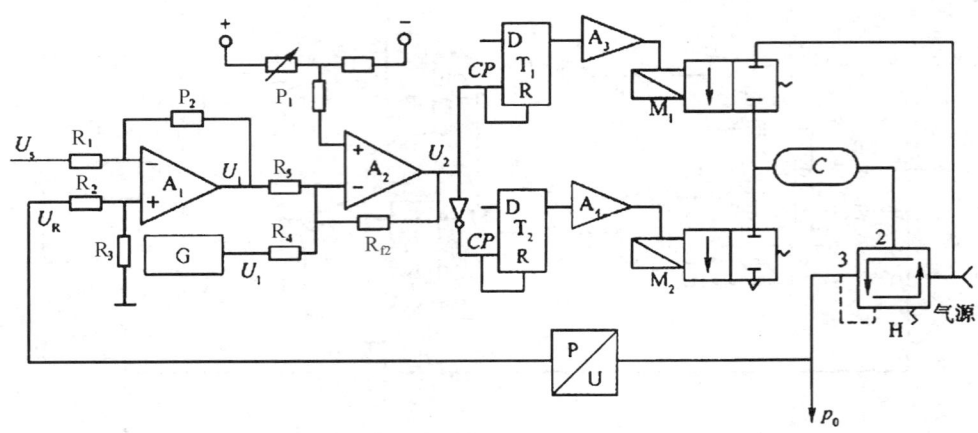

   A.正脉冲信号   B.负脉冲信号

   C.正、负脉冲信号   D.正弦波信号

147.在如下图所示的电/气转换器中,当转速给定电压信号所转换成的气压信号 P_0 与该 P_0 经 P/U 转换器转换成的电压信号比相等时,电磁阀 M_1 和 M_2 的状态分别是_____。

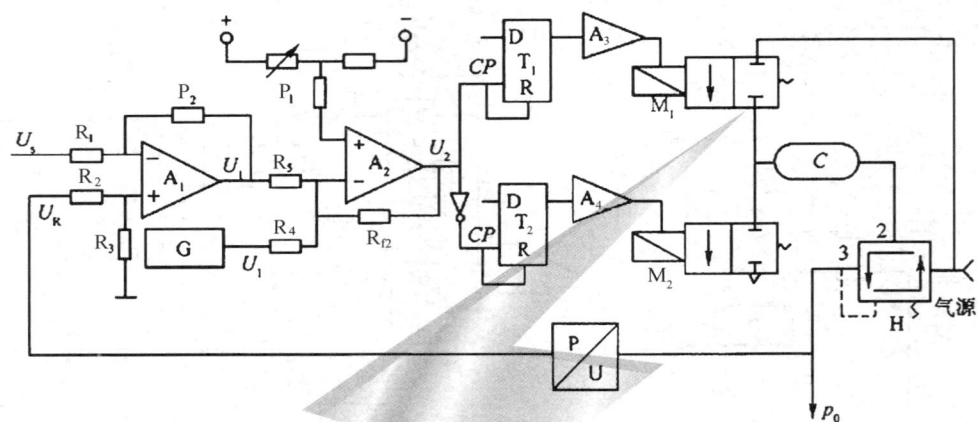

   A.得电、断电   B.得电、得电

   C.断电、得电   D.断电、断电

148.Hagenuk 电/液伺服器在主机转速闭环控制系统中充当_____。

   A.测量仪表   B.调节器

   C.执行机构   D.控制对象

149.Hagenuk 电/液伺服器在柴油机主机遥控系统中作为_____。

   A.换向控制执行器   B.油量调节的执行机构

   C.启动控制执行器   D.换向启动连锁机构

150.在 Hagenuk 电/液伺服器中,线圈的工作电流为 4~20 mA,当输入电流为 4 mA 时,油门处于零开度,当输入电流为 20 mA 时,油门达不到全速开度,则应_____。

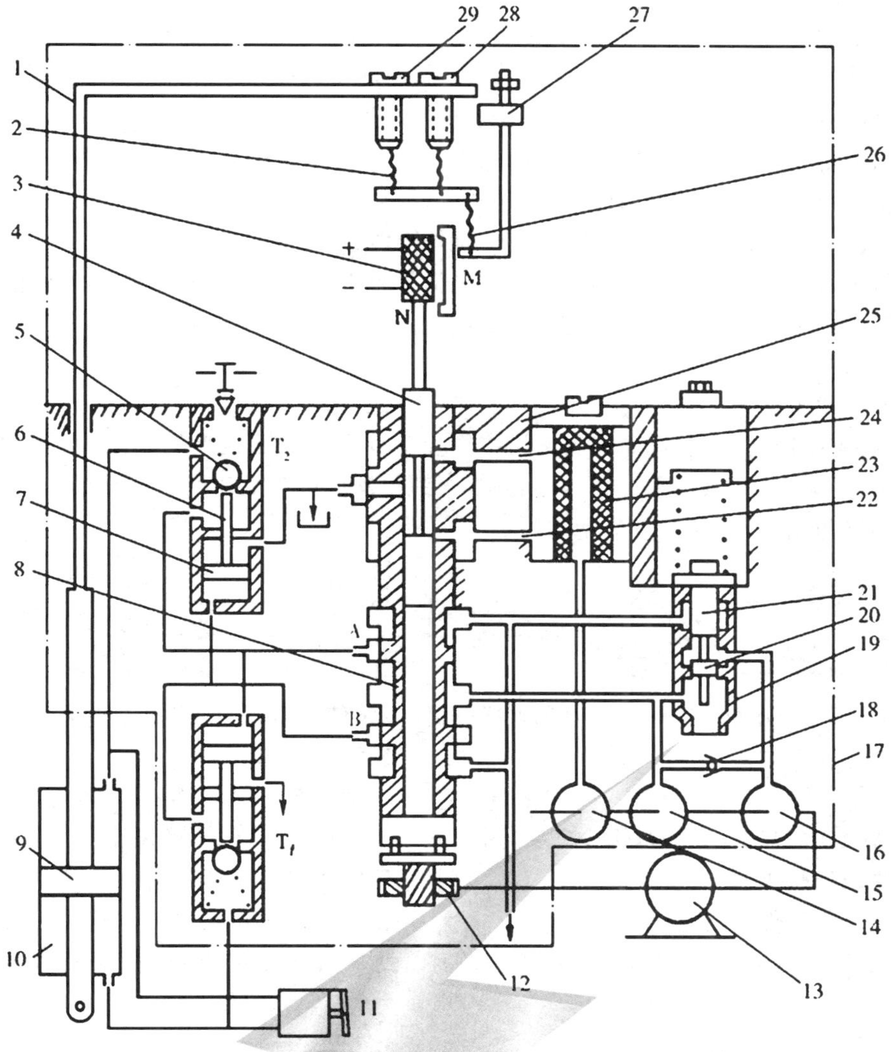

1—反馈杆；2—反馈弹簧；3—线圈；4—先导阀；5、18—单向阀；6—顶杆；7、20—活塞；8—主阀；9—伺服活塞；10—伺服油缸；11—旁通阀；12—传动齿轮；13—马达；14—先导泵；15—主泵；16—平衡泵；17—伺服器壳体；19—油压控制阀；21—滑阀；22—主阀下路油口；23—滤器；24—主阀上路油口；25—阀体；26—调零弹簧；27—调零螺钉；28、29—反馈弹簧调节螺钉

A.调节调零弹簧,使其弹力减小　　　　　　B.增大反馈弹簧刚度

C.减小反馈弹簧刚度　　　　　　　　　　　D.增大主泵排出油压力

151.AUTO CHIEF-Ⅳ型主机遥控系统的硬件结构不包括_____。

A.驾驶台和集控室控制单元　　　　　　　　B.曲轴箱油雾浓度监视与报警装置

C.数字式电子调速器　　　　　　　　　　　D.安全保护装置

152.AUTO CHIEF-Ⅳ型主机遥控系统的硬件结构包括_____。

①车钟单元;②驾驶台和集控室控制单元;③数字式电子调速器;④安全保护装置;⑤主机工

况监测装置;⑥缸套冷却水温度控制装置

　　A.①②③④　　　　　　　　　　　　　B.①②③⑤

　　C.②③④⑤　　　　　　　　　　　　　D.②③④⑥

153.在 AUTO CHIEF-Ⅳ 主机遥控系统中,I/O 适配器板的作用是_____。

　　A.将外部 I/O 信号经过光电隔离后送至微处理器主板上的 I/O 接口芯片

　　B.将外部 I/O 信号转换为标准统一的电信号直接送至微处理器主板上的 I/O 接口芯片

　　C.将内部 I/O 信号经过光电隔离后送至外围电路板上的 I/O 接口芯片

　　D.将内部 I/O 信号转换为标准统一的电信号直接送至外围电路板上的 I/O 接口芯片

154.在 AUTO CHIEF-Ⅳ 主机遥控系统中,驾驶台与集控室之间的通信是通过_____实现的。

　　A.RS-232C 总线　　　　　　　　　　B.RS-485 总线

　　C.RS-422 总线　　　　　　　　　　　D.CAN 总线

155.AUTO CHIEF-Ⅳ 型主机遥控系统设在集控室控制单元面板上的模拟状态图如下图所示,用驾驶台车钟手柄操控主机时,如刚刚把车钟手柄从正车全速扳回到停车位置,状态图中应该亮的灯包括_____。

①启动阻塞;②正车转向;③停车电磁阀;④设定值限制;⑤调速器停止工作;⑥主机停车

　　A.②③④⑤　　　　　　　　　　　　　B.①③④⑤

　　C.①②④⑥　　　　　　　　　　　　　D.②③⑤⑥

156.在 AUTO CHIEF-Ⅳ 型主机遥控系统中,_____不属于应急操纵按钮。

　　A.取消限制按钮　　　　　　　　　　B.取消自动减速按钮

　　C.取消负荷程序按钮　　　　　　　　D.恶劣海况按钮

157.在 AUTO CHIEF-Ⅳ 型主机遥控系统中,驾驶室 AC-4 遥控单元操作面板的组成包括_____。

　　A.取消故障减速按钮　　　　　　　　B.完车按钮

　　C.应急停车按钮　　　　　　　　　　D.备车按钮

158.在 AUTO CHIEF-Ⅳ 型主机遥控系统中,集控室操作面板的组成包括_____。

　　A.备车指示灯　　　　　　　　　　　B.完车指示灯

　　C.模拟显示流程图　　　　　　　　　D.越控操作按钮

159.在 AUTO CHIEF-Ⅳ 型主机遥控系统中,驾驶室 AC-4 遥控单元操作面板的组成不包括_____。

　　A.多用途数码显示器　　　　　　　　B.启动闭锁复位按钮

　　C.报警和状态指示灯　　　　　　　　D.试验及参数设定按钮

160.在 AUTO CHIEF-Ⅳ 型主机遥控系统中,集控室 AC-4 遥控单元的功能不包括_____。

　　A.系统状态监视　　　　　　　　　　B.控制参数修改

　　C.系统故障的自动修复　　　　　　　D.模拟试验

161.在 AUTO CHIEF-Ⅳ型主机遥控系统的集控室 AC-4 单元操作面板中,可能是"SETPOINT LIMITER"指示灯点亮原因的是_____。

A.控制空气压力低　　　　　　　　　B.调速器零位不准

C.主机滑油压力过低　　　　　　　　D.最低转速限制

162.在 AUTO CHIEF-Ⅳ型主机遥控系统中,主机在运行时如驾驶室车钟从正车推到倒车位置,则遥控系统首先进行_____。

A.换向控制　　　　　　　　　　　　B.制动控制

C.停油控制　　　　　　　　　　　　D.启动控制

163.在 AUTO CHIEF-Ⅳ型主机遥控系统中,主机在运行时如驾驶室车钟快速从正车最大转速推到倒车最大转速位置,则遥控系统进行的逻辑控制程序为_____。

A.换向→停油→强制制动→倒车启动

B.强制制动→停油→换向→倒车启动

C.换向→能耗制动→强制制动→倒车启动

D.停油→换向→强制制动→倒车启动

164.在主机停车过程中,AC-4 系统的集控室控制面板上模拟图中的"STOP GOVERNOR" "STOP-PING"指示灯分别_____。

A.灭、亮　　　　　　　　　　　　　B.亮、亮

C.灭、灭　　　　　　　　　　　　　D.亮、灭

165.AC-4 集控室单元面板上的 MIMIC 状态流程图不能指示主机_____控制过程。

A.调速　　　　　　　　　　　　　　B.启动

C.停机　　　　　　　　　　　　　　D.换向

166.在 AUTO CHIEF-Ⅳ型主机遥控系统集控室单元面板上,通过显示器和操作按钮进行显示或设置的参数包括_____。

A.主机参数和运行参数　　　　　　　B.系统参数和车令挡位参数

C.系统参数和 I/O 通道参数　　　　　D.I/O 通道参数和主机运行参数

167.在集控室 AC-4 单元操作面板上,数值显示器下侧设有 4 个操作按钮,将控制参数修改后,必须按下_____按钮予以确认。

A.LOWER　　　　　　　　　　　　B.RAISE

C.ENTER　　　　　　　　　　　　D.TEST

168.在 AUTO CHIEF-Ⅳ型主机遥控系统中,遥控系统的参数设定主要在_____进行。

A.驾驶台 AC-4 单元操作面板上　　　B.驾驶台车钟单元操作面板上

C.集控室车钟单元操作面板上　　　　D.集控室 AC-4 单元操作面板上

169.对于 AUTO CHIEF-Ⅳ型主机遥控系统,在集控室 AC-4 单元操作面板上进行系统参数设置的方法是_____。

A.将带钥匙切换开关转到"OPEN"位置→在显示器上分别输入编码、项目参数和数值→将带钥匙切换开关转到"LOCK"位置

B.按下"COMMIS LOCK"按钮,然后在显示器上分别输入编码、项目参数和数值→按下 ENTER 按钮

C.将带钥匙切换开关转到"OPEN"位置→在显示器上分别输入编码、项目参数和数值→按下"ENTER"按钮→将带钥匙切换开关转到 LOCK 位置

D.在显示器上分别输入编码、项目参数和数值→按下"ENTER"按钮

170.在 AUTO CHIEF-Ⅳ型主机遥控系统中,在集控室 AC-4 控制单元操作面板上进行在线模拟试验的方法是_____。

A.将钥匙开关转到"打开"位置,按下"ENTER"按钮

B.将钥匙开关转到"打开"位置,按下"TEST"按钮

C.将钥匙开关转到"关闭"位置,按下"ENTER"按钮

D.将钥匙开关转到"关闭"位置,按下"TEST"按钮

171.在 AUTO CHIEF-Ⅳ型主机遥控系统中,在线功能试验的主要目的是检查_____是否正常。

A.柴油机   B.主机滑油系统

C.气动操纵系统   D.微型计算机

172.在 AUTO CHIEF-Ⅳ型主机遥控系统的状态流程图上,"高于启动转速"灯亮,表明_____。

A.主机在换向

B.主机在强制制动

C.主机已达到启动空气切断转速,应进入供油运行

D.主机在加速程序负荷

173.在 AUTO CHIEF-Ⅳ型主机遥控系统的状态流程图上,"限制设定转速"灯亮,表明_____。

A.主机在换向   B.主机在强制制动

C.主机在停车   D.主机在加速程序负荷

174.在 AUTO CHIEF-Ⅳ型主机遥控系统中,功能试验的主要作用是_____。

A.对系统硬件功能进行全面自检   B.显示主机控制过程的状态

C.整定调速器参数   D.显示调速单元的控制状态

175.在 AUTO CHIEF-Ⅳ型主机遥控系统中,SSU 8810 安全保护系统是重要的组成部分,当出现_____故障时会造成主机故障停车。

A.气缸油断油   B.活塞冷却油断流

C.缸套水出口温度高   D.凸轮轴滑油压力太低

176.在 AUTO CHIEF-Ⅳ型主机遥控系统中,DGS8800e 数字电子调速器是系统重要的组成部分,若在操作面板上用钥匙把锁转到开的位置,然后按下燃油设定(FUEL SET POINT)按钮,则_____。

A.调速器的基本功能和转速反馈信号都将被恢复

B.调速器的基本功能和转速反馈信号都将被切除

C.调速器的基本功能和转速反馈信号都将被设定

D.调速器的基本功能和转速反馈信号都将被调整

177.Auto Chief C20 主机遥控系统的硬件组成包括_____。

A.网段控制器 dpsc   B.分布式处理单元 DPU

C.远程操作站 ROS   D.系统网关 SGW

178.网络型主机遥控系统(AC-C20)的网络结构为_____。

A.单个 CAN 总线网   B.双冗余 CAN 总线网

C.双冗余以太网   D.双冗余 ProfiBus 总线网

179.Auto Chief C20 型主机遥控系统的主要组成单元不包括_____。

    A.主机接口单元   B.主机滑油温度定值控制单元

    C.安全保护单元   D.电子调速单元

180.Auto Chief C20 型主机遥控系统的主要组成单元不包括_____。

    A.驾驶台操作单元   B.集控室操作单元

    C.主机缸套冷却水温度定值控制单元   D.电子调速单元

181.在 AC-C20 主机遥控系统中,数字调速系统不包括_____。

    A.数字调速器   B.转速测量单元

    C.主机接口模块   D.伺服单元和执行机构

182.下列关于分布式处理单元 DPU 的说法,错误的是_____。

    A.每个 DPU 有各自的微处理器和输入输出接口电路

    B.DPU 可以对模拟量和开关量进行检测

    C.DPU 可以输出开关量和模拟量

    D.DPU 通过 Profibus 总线进行连接

183.Auto Chief C20 型主机遥控系统主要由_____等组成。

    ①驾驶台操作单元(BMU);②集控室操作单元(CMU);③主机接口单元(MEI);④电子调速器单元(DGU);⑤主机安全单元(ESU)

    A.①②③④⑤   B.②③④⑤

    C.①②③   D.④⑤

184.AC-C20 主机遥控系统中的主机安全单元 ESU 也是一个 DPU 模块,该模块具有_____通道。

    A.开关量输入输出   B.模拟量输入输出

    C.开关量和模拟量输入   D.开关量和模拟量输出

185.AC-C20 主机遥控系统中的转速检测 DPU 模块,通过_____将转速测量值传送给电子调速器 DGU。

    A.CAN 网络   B.RS-422/485

    C.CAN 网络和 RS-422/485   D.ProfiBus 网络

186.在 AC-C20 主机遥控系统中,DGU 通过_____接收转速测量信号。

    A.CAN 网络   B.RS-422/485 通信

    C.CAN 网络和 RS-422/485 通信   D.ProfiBus 网络

187.在 AC-C20 主机遥控系统中,DGU 通过_____将控制信号传送给油门伺服电机。

    A.CAN 网络   B.RS-422/485 通信

    C.CAN 网络和 RS-422/485 通信   D.ProfiBus 网络

188.AC-C20 主机遥控系统的主要硬件组成包括_____。

    ①主机接口单元;②电子调速器单元;③主机安全单元;④集控室操作单元;⑤驾驶台操作单元

    A.②③④⑤   B.①②③④⑤

    C.①②④⑤   D.①②③⑤

189.AC-C20 的各分布式处理单元采用_____网络结构进行通信。

    A.CAN BUS 总线   B.ProfiBus 总线

    C.工业以太网 ethernet   D.intranet

190.在网络型主机遥控系统(AC-C20)中,若在驾驶台或集控室操作面板上按下"Cancel Limits"按钮,可以取消_____。

    A.临界转速回避   B.最大转速限制和程序负荷

    C.故障自动减速   D.故障自动停车

191.Auto Chief C20 型主机遥控系统集控室控制台上的设备布置不包括_____。

    A.集控室操作单元   B.主机启/停和转速设定手柄

    C.指示面板单元   D.车令打印机

192.Auto Chief C20 型主机遥控系统的驾驶台操作单元由_____组成,两者组装在一起形成一个整体。

    A.Auto Chief 控制面板和单手柄复合车钟   B.Auto Chief 控制面板和车令打印机

    C.侧翼操作单元和单手柄复合车钟   D.侧翼操作单元和车令打印机

193.在 AC-C20 主机遥控系统中,IPU 指示面板的作用是对主机及遥控系统状态进行_____显示,另外还兼有_____。

    A.间接;辅助风机的状态控制   B.直接;机舱通风机的控制和状态指示

    C.直接;辅助风机的控制和状态指示   D.间接;机舱通风机的状态指示

194.从下图所示的 AC-C20 主机遥控系统控制面板显示窗口中可看出,目前的主机状态是_____。

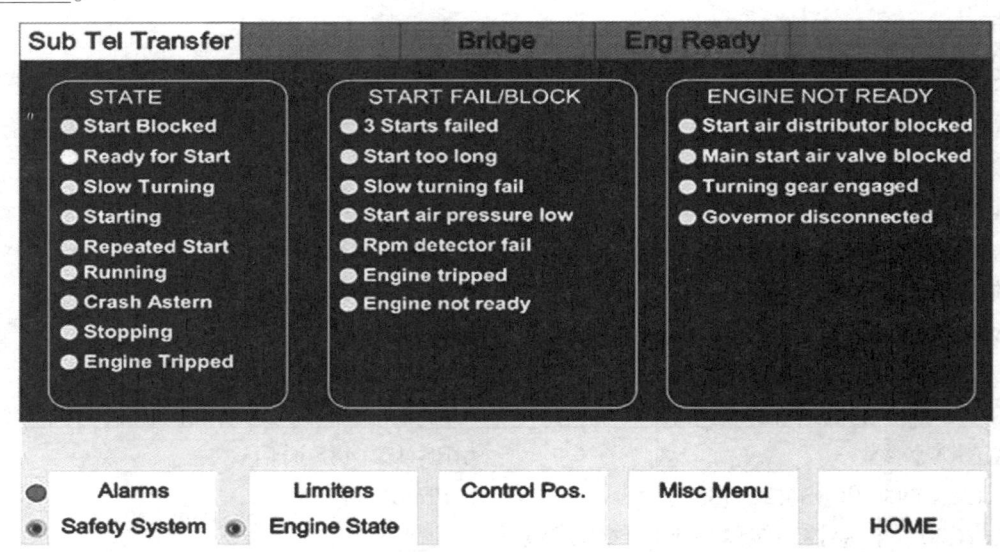

    A.主机 3 次启动故障   B.主机未准备好,不可启动

    C.主机已准备好,可启动   D.盘车机未脱开

195.Auto Chief C20 型主机遥控系统的驾驶台操作单元由_____组成,两者组装在一起形成一个整体。

　　A.Auto Chief 控制面板和主机启停与转速设定手柄

　　B.Auto Chief 控制面板和单手柄复合车钟

　　C.Auto Chief 控制面板和车令打印机

　　D.Auto Chief 控制面板和指示面板单元

196.在控制系统失电的情况下,AC-C20 的调速系统中的转速控制伺服马达将_____。

　　A.自动归零　　　　　　　　　　　　B.被锁定在当前位置

　　C.自动回到最低稳定转速位置　　　　D.自动锁定在系统预先确定的位置

197.网络型主机遥控系统(AC-C20)的特殊工作模式不包括_____。

　　A.轴带发电机模式　　　　　　　　　B.恶劣海况模式

　　C.定油量模式　　　　　　　　　　　D.转速限制模式

198.在网络型主机遥控系统(AC-C20)的工作模式中,启动逻辑控制不包括_____。

　　A.正常启动　　　　　　　　　　　　B.重复启动

　　C.慢转启动　　　　　　　　　　　　D.时间启动

199.Auto Chief C20 型主机遥控系统的特殊工作模式不包括_____。

　　A.辅助设备监控模式　　　　　　　　B.轴带发电机模式

　　C.恶劣海况模式　　　　　　　　　　D.定油量模式

200.Auto Chief C20 型主机遥控系统的特殊工作模式不包括_____。

　　A.轴带发电机模式　　　　　　　　　B.恶劣海况模式

　　C.定油量模式　　　　　　　　　　　D.机旁自动控制模式

201.在 AC-C20 主机遥控系统中,一旦出现下列_____情况,将激活启动封锁功能。

　　①主机故障停车;②启动空气压力低;③调速器脱开;④主启动阀手动关闭;⑤空气分配器锁闭

　　A.①②③④⑤　　　　　　　　　　　B.①②③④

　　C.①③④⑤　　　　　　　　　　　　D.①②③

202.在 AC-C20 主机遥控系统控制功能中,启动封锁是指在某些特定的情况下,不允许主机进行启动的一项安全措施,其中包括_____。

　　①主机故障停车;②转速检测故障;③盘车机脱开;④启动空气压力低;⑤主启动阀手动关闭;⑥空气分配器正常工作

　　A.①②④⑤　　　　　　　　　　　　B.①③⑤⑥

　　C.②③④⑤　　　　　　　　　　　　D.②③⑤⑥

203.在 AC-C20 主机遥控系统控制功能中,临界转速限制采取的措施是_____。

　　A.加、减速过程均采用避上限

　　B.加、减速过程均采用避下限

　　C.加速过程采用避上限,减速过程采用避下限

　　D.加速过程采用避下限,减速过程采用避上限

204.在 AC-C20 主机遥控系统控制功能中,轴带发电机模式转速控制过程如下图所示,其中 Shaft

Gen. Holding Time 是_____。

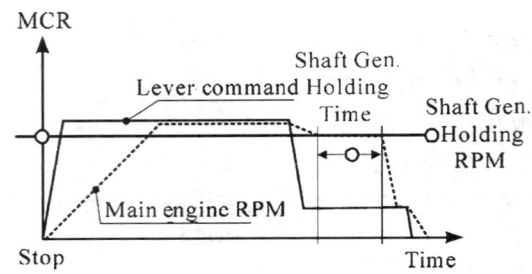

A.为轴带发电机启动、并车留出的延时时间

B.为柴油发电机启动、并车留出的延时时间

C.为轴带发电机停车、解列留出的延时时间

D.为柴油发电机停车、解列留出的延时时间

205.在 Auto Chief C20 型主机遥控系统中，调速器通过伺服控制单元锁定燃油齿条，保持恒定的主机供油量，转速将随外界负荷的波动而波动，但转速偏差不超出规定的范围的工作模式是_____。

    A.死区控制模式   B.恶劣海况模式

    C.定油量模式   D.轴带发电机模式

206.AC-C20 主机遥控系统在定油量模式下工作时，主机转速_____。

    A.保持不变

    B.随外界负荷变动而变动，但主机供油量保持恒定

    C.随外界负荷变动而变动，但当转速偏差超限时，系统将自动进入正常的转速控制模式

    D.随外界负荷变动而变动，但当转速偏差超限时，系统将发出警报，提示管理人员选择正常的转速控制模式

207.在网络型主机遥控系统（AC-C20）中，通过_____进行控制参数设定。

    A.指示面板   B.集控室控制面板

    C.驾驶台控制面板   D.车钟单元

208.在 Auto Chief C20 型主机遥控系统中，Auto Chief 控制面板的显示窗口_____。

    A.只能显示文本信息和流程图

    B.只能显示文本信息和模拟仪表图

    C.只能显示条形图和流程图

    D.既能显示文本信息，也能显示流程图、模拟仪表图和条形图

209.在 Auto Chief C20 型主机遥控系统的 Auto Chief 控制面板中，用于人机交互的主要操作设备是_____。

    A.计算机鼠标   B.计算机键盘

    C.专用键盘   D.多功能旋转按钮

210.在 Auto Chief C20 型主机遥控系统中，系统参数修改功能应在_____上进行。

    A.电子调速器单元   B.主机安全保护单元

C.Auto Chief 控制面板　　　　　　　　　　D.指示面板单元

211.AC-C20 主机遥控系统的控制面板 ACP 通过_____为用户提供了丰富的人机交互功能。

A.DPU、按键和多功能旋转按钮　　　　　　B.显示窗口、按键和多功能旋转按钮

C.显示窗口、按键和鼠标　　　　　　　　　D.显示窗口、键盘和鼠标

212.AC-C20 主机遥控系统的数字调速器模块共有 4 个 CAN 总线接口,其中 2 个接口称为
_____,用于_____。

A.全局 CAN 网络接口;与同层网络的其他 CAN 互连

B.局部 CAN 网络接口;与上层网络的其他 CAN 互连

C.全局 CAN 网络接口;在复杂系统中进行网络扩展

D.通信接口;RS-422/485 串行通信

213.MAN B&W MC/MCE 气动操纵系统若在驾驶台遥控主机的启动过程中,停车电磁阀不能断
电,此时主机将_____。

A.不能启动　　　　　　　　　　　　　　　B.不能换向

C.不能停车　　　　　　　　　　　　　　　D.不能调速

214.调距桨转叶机构和调距机构的主要作用分别是:_____;_____。

A.将回转运动变成桨叶的偏转;桨叶定位和反馈

B.故障时将螺距调节到正螺距;提供压力油用于调距、稳距

C.将往复运动变成回转运动;在失电等故障时将螺距调节到正螺距

D.将往复运动变成桨叶的转动;调距、稳距、反馈、螺距指示、应急锁紧

215.一般调距桨调距的动力是_____。

A.电动机直接带动　　　　　　　　　　　　B.压缩空气

C.液压油　　　　　　　　　　　　　　　　D.蒸汽

216.可调螺距螺旋桨传动装置的优点不包括_____。

A.船舶的机动性和操纵性好

B.有利于驱动辅助负载

C.各工况下的效率比定距桨高

D.能适应船舶阻力变化,充分利用主机功率

217.与使用定距桨比较,船舶使用调距桨的优点有_____。
①主机寿命延长;②在设计工况效率高;③在非设计工况效率高;④在非设计工况效率低;
⑤船舶机动性能好

A.①②⑤　　　　　　　　　　　　　　　　B.①③⑤

C.①②　　　　　　　　　　　　　　　　　D.①④⑤

218.可调螺距螺旋桨的调距机构的主要任务有_____。
①调距;②稳距;③反馈;④指示

A.①②　　　　　　　　　　　　　　　　　B.①②③

C.①③④　　　　　　　　　　　　　　　　D.①②③④

219.调距桨装置的调距过程完成后,反馈信号和驾驶台指令信号_____,控制阀就处于
_____位置。

中华人民共和国海船船员培训大纲熟悉训练资源

A.相同;平衡　　　　　　　　　　　　　　B.相同;不平衡

C.不相同;平衡　　　　　　　　　　　　　D.不相同;不平衡

220.调距桨推进装置有单手柄和双手柄控制,各自的特点是_____和_____。
①分别控制转速和桨距;②桨距与转速按规定关系联合控制;③分别控制很难调到最佳工况;④联合控制很难调到最佳工况;⑤分别控制方法简单、可靠;⑥联合控制方法简单、可靠

A.①⑤;②⑤　　　　　　　　　　　　　　B.①⑥;②④

C.③⑤;④⑥　　　　　　　　　　　　　　D.②⑥;①③

221.变距桨主机遥控系统不需要_____。

A.慢转启动逻辑控制　　　　　　　　　　　B.换向逻辑控制

C.制动逻辑控制　　　　　　　　　　　　　D.转速程序控制

222.下列_____是变距桨主机遥控系统的特有功能。

A.自动避开临界转速控制功能

B.最大车令转速限制功能

C.车令转速的加速速率限制功能

D.零螺距对应的最大供油量特性曲线的控制功能

223.共轨技术在传统的 Sulzer RTA 型柴油机结构上未取消_____。

A.启动空气分配器机构　　　　　　　　　　B.启动阀机构

C.排气阀驱动装置机构　　　　　　　　　　D.凸轮轴驱动机构

224.在 Sulzer RT-flex 型船用低速柴油机电子控制共轨技术中,_____是错误的。

A.气缸的控制单元根据燃油喷射控制信号这个指令和本缸气缸的活塞位置来控制燃油喷射油头个数

B.气缸的控制单元根据燃油喷射控制信号这个指令和本缸气缸的活塞位置来控制燃油喷射方式

C.凸轮轴装置对喷油和排气控制起着至关重要的作用

D.启动阀采用电动控制电磁阀

225.在 Sulzer RT-flex 型船用低速柴油机电子控制共轨技术系统中,排气阀的启闭控制是由_____发出指令给各缸控制单元(CCU),使排气电磁阀通电,控制高压伺服油驱动排气阀使之排气。

A.WECS9500(20)控制系统　　　　　　　　B.排气阀驱动装置

C.排气阀启闭系统　　　　　　　　　　　　D.排气阀定时机构

226.在电控型柴油机控制系统的组成中,运行模式选择程序部分包括_____。

A.高排放控制模式　　　　　　　　　　　　B.燃油泵的经济运行模式

C.应急停/倒车的最优化模式　　　　　　　D.主机工况监测、分析与管理模式

227.Wartsila Sulzer RT-flex 系列柴油机与 MAN B&W ME 系列柴油机的操纵系统的根本区别在于 RT-flex 系列电子控制_____, ME 系列电子控制_____。

A.高压油泵;容积喷射控制单元　　　　　　B.容积喷射控制单元;储压器

C.储压器;容积喷射控制单元　　　　　　　D.容积喷射控制单元;高压油泵

228.下列对 RT-flex 电控柴油机控制系统的描述,错误的是_____。

A.主控制器(COM-EU)接收外界的信号,把处理的结果送到各气缸控制单元(CYL-EU)

B.主控制器(COM-EU)接收控制油系统、燃油系统、液压伺服系统等信号

C.核心单元 WECS-9500 由主控制器(COM-EU)和各气缸的控制单元(CYL-EU)等组成

D.WECS-9500 控制系统不对柴油机的排气阀动作功能进行全电子化灵活控制

229.WECS-9500 控制系统中的气缸控制单元(CYL-EU)的作用是_____。

    A.用于准确测量曲柄轴位置,推算出气缸的活塞位置,便于对气缸的喷油和排气时间进行控制

    B.对各燃油喷射阀、废气排放阀、启动进气阀和液压伺服油泵的执行器进行控制

    C.对主机内部信号进行检测和传输

    D.显示主机的状态及报警信息,对各运行参数越限进行报警显示

230.在 Sulzer RT-flex 型船用低速柴油机 WECS-9500 控制系统中,公共电子控制单元(COM-EU)的主要作用包括对_____。

    A.共轨(Common Rail)管路中油量的控制

    B.共轨(Common Rail)管路中油压的控制

    C.共轨(Common Rail)管路中油温的控制

    D.主启动空气量的控制

231.在 Sulzer RT-flex 型船用低速柴油机 WECS-9500 控制系统中,公共电子控制单元(COM-EU)的主要作用包括对_____。

    A.各缸排气阀的控制   B.各缸高压油泵的控制

    C.各缸启动阀的控制   D.主启动阀的控制

232.在 Sulzer RT-flex 型船用低速柴油机 WECS-9500 控制系统中,气缸电子控制单元(CYL-EU)的主要作用包括对_____。

    A.主启动阀的控制

    B.气缸高压油泵的控制

    C.气缸启动空气阀的启、闭进行控制

    D.共轨(Common Rail)管路中油压的控制

233.在 Sulzer RT-flex 型电控柴油机的排气阀控制中,排气阀移动的位置由两个冗余设计位置传感器进行监测,若两个位置传感器都损坏,则_____。

    A.CCM 内部的固定动作程序无效,排气阀将不能工作

    B.排气阀仍能工作

    C.电控系统将启动故障程序,主机停车

    D.WECS-9500 控制系统将控制主机停车

234.在 RT-flex 电控型柴油机控制系统中,用于检测各缸电磁阀、液压伺服油缸的工作状态的是_____。

    A.各缸执行器的传感器   B.公共电子控制单元

    C.WECS 的辅助控制单元   D.曲柄角度传感器

235.在 RT-flex 电控型柴油机控制系统中,由于曲柄轴角度是极其重要的参数,对其检测采用冗余设计,即把_____个曲柄轴角度编码器安装在_____,通过联轴器由曲轴驱动。

A.3；功率输出端   B.3；自由端

C.2；功率输出端   D.2；自由端

236.如下图所示,在 Sulzer RT-flex 型电控柴油机控制系统中,当安保系统检测到危及主机的故障信号时,应动作的部件是_____。

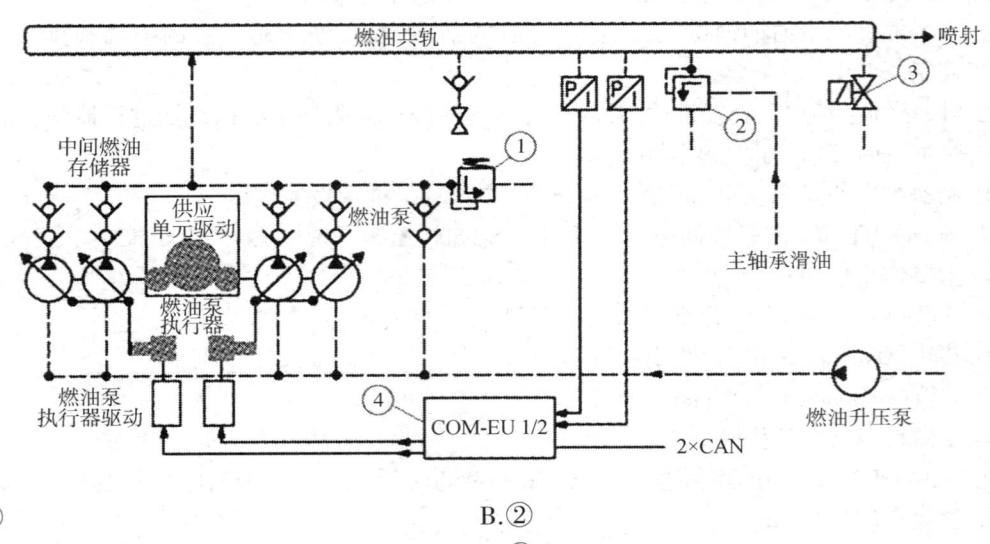

A.①   B.②

C.③   D.④

237.如下图所示,在 Sulzer RT-flex 型电控柴油机控制系统中,气缸控制模块 CCM 根据_____,发出开启排气阀的信号。

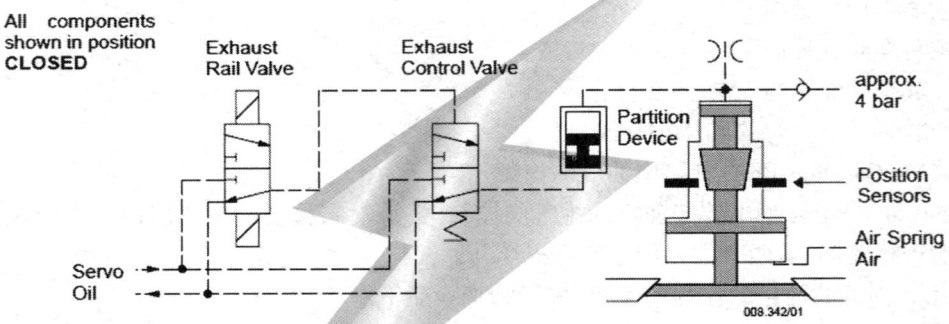

A.主机转速信号和 VIT

B.主机转速信号和 VEO

C.曲柄轴角度编码器的信号和 VIT

D.曲柄轴角度编码器的信号和 VEO

238.RT-flex 电喷柴油机控制系统的燃油控制回路如下图所示,下列说法错误的是_____。

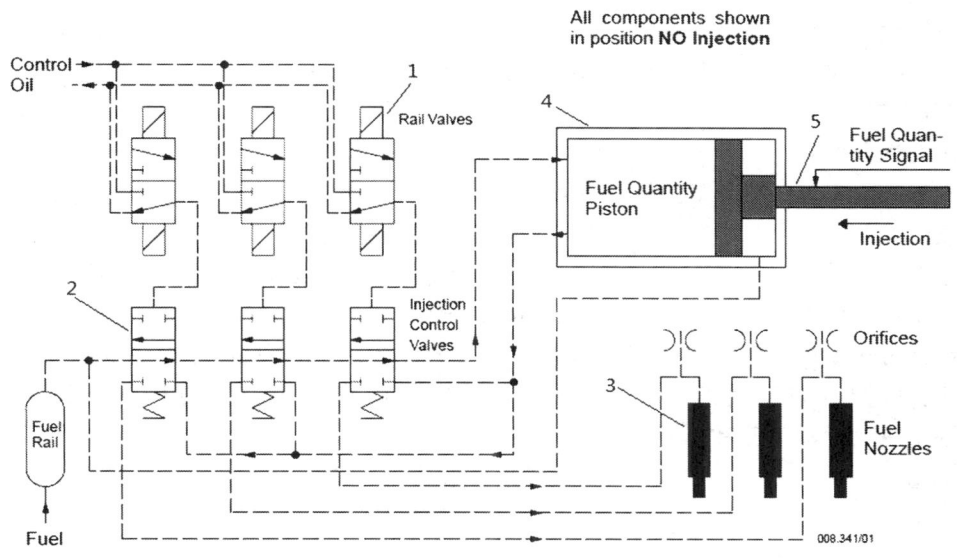

A.油量控制属于模拟量控制

B.油量控制属于闭环控制

C.共轨燃油压力控制在 1 000 bar

D.控制油压力范围为 5~10 bar

239.RT-flex 电喷柴油机控制系统的共轨管路燃油压力控制如下图所示,下列说法错误的是_____。

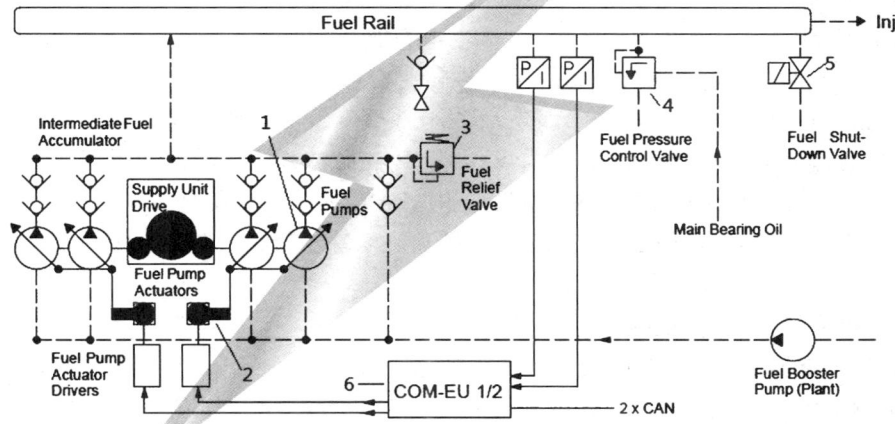

A.共轨燃油压力控制属于闭环控制

B.共轨燃油压力超过设定值时,油量通过阀 4 释放

C.共轨燃油压力超过设定值时,油量通过阀 5 释放

D.共轨燃油压力控制在 1 000 bar

240.在 MAN B&W ME 系列柴油机中,用来控制各缸喷油的电磁阀是一个_____。
 A.采用双位控制的电磁阀　　　　　　　　B.采用比例控制的电磁阀
 C.采用比例积分控制的电磁阀　　　　　　D.采用比例积分微分控制的电磁阀

241.在 MAN B&W ME 系列柴油机中,用来控制各缸排气阀的电磁阀是_____。
 A.双位控制　　　　　　　　　　　　　　B.比例控制
 C.比例积分控制　　　　　　　　　　　　D.比例积分微分控制

242.在 MAN B&W ME 系列柴油机中,用来控制各缸启动阀的电磁阀是_____。
 A.双位控制　　　　　　　　　　　　　　B.比例控制
 C.比例积分控制　　　　　　　　　　　　D.比例积分微分控制

243.在 MAN B&W ME 系列柴油机的气动操纵系统中,_____。
 ①用通过正车电磁阀的空气实现对正车运行的控制;②用通过倒车电磁阀的空气实现对倒车运行的控制;③不设正车电磁阀和倒车电磁阀;④由计算机控制的电磁阀通过伺服油系统控制主机的喷油正时和排气阀正时
 A.①②　　　　　　　　　　　　　　　　B.②④
 C.③④　　　　　　　　　　　　　　　　D.①④

244.ME 系列柴油机的电控系统不包括_____。
 A.主机信息控制单元　　　　　　　　　　B.主机控制单元
 C.主机滑油温度调整单元　　　　　　　　D.辅助控制单元

245.在 ME 系列柴油机的电控系统中,气缸内喷油量的多少是通过_____方式来实现的。
 A.控制伺服油压力大小　　　　　　　　　B.控制燃油进油阀的开度
 C.改变喷油提前角　　　　　　　　　　　D.控制燃油进油阀的开启时间

246.ME 系列柴油机的调速控制器功能被集成在下列哪个单元中?_____。
 A.ECU 单元　　　　　　　　　　　　　　B.CCU 单元
 C.ACU 单元　　　　　　　　　　　　　　D.EICU 单元

247.ME 系列柴油机转速传感器采用的是哪种转速传感器?_____。
 A.接触式数字传感器　　　　　　　　　　B.红外线数字传感器
 C.测速直流发电机输出传感器　　　　　　D.磁脉冲式输出转速传感器

248.在 MAN B&W ME 系列柴油机的电控系统中,ACU 的主要作用是_____。
 A.对伺服油泵和辅助鼓风机进行启停控制
 B.对辅助设备进行监视和控制
 C.对辅助系统进行监视和控制
 D.对辅助共轨(Common Rail)管路中的油压进行控制

249.在 MAN B&W ME 系列柴油机的电控系统中,主机控制单元(ECU)除了管理着三个辅助控制单元和各缸控制单元(CCU)外,还兼有_____功能。
 A.燃油压力变送器　　　　　　　　　　　B.转速变送器
 C.执行控制器　　　　　　　　　　　　　D.调速控制器

250.在 MAN B&W ME 系列柴油机的电控系统中,曲柄轴角度编码器的二组磁感应探头标记位相差_____。

A.30°　　　　　　　　　　B.45°

C.90°　　　　　　　　　　D.135°

251.如下图所示,在 MAN B&W 公司的 ME 系列电控型柴油机中,当进行燃油喷射时,电磁阀处于_____。

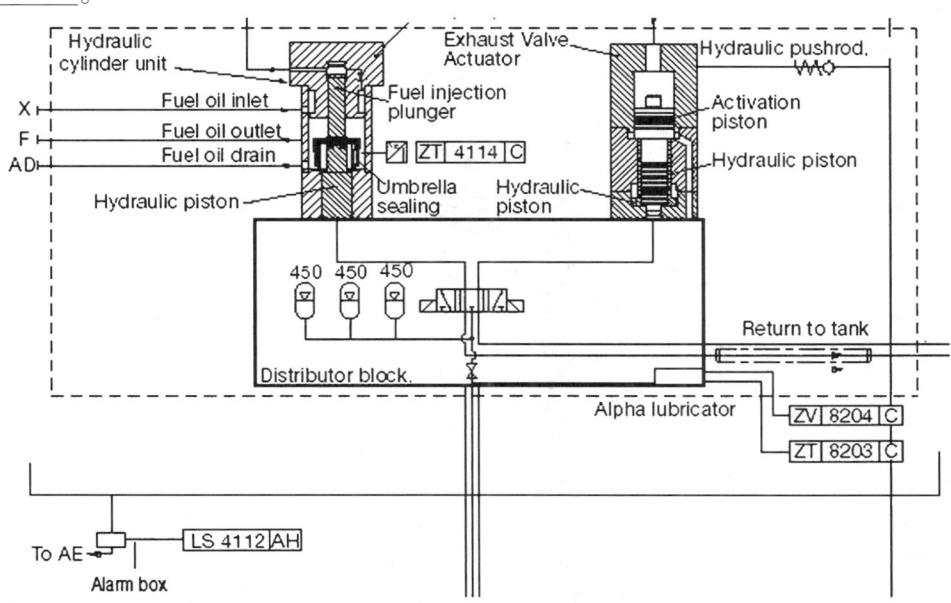

A.左位　　　　　　　　　　B.右位

C.中位　　　　　　　　　　D.左位或右位

252.如下图所示,在 MAN B&W 公司的 ME 系列电控型柴油机中,当进行排气操作时,电磁阀处于_____。

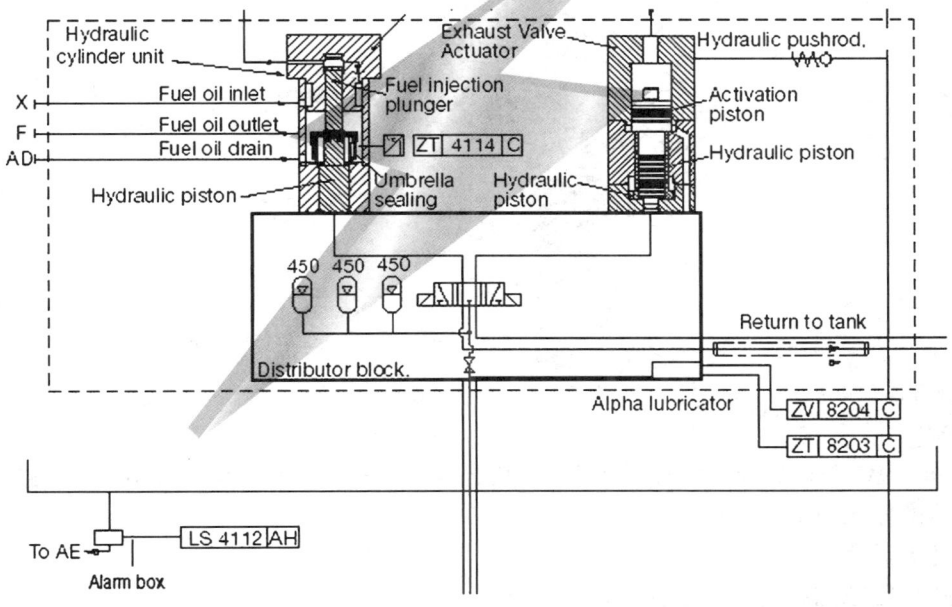

A.左位   B.右位

C.中位   D.左位或右位

253.如下图所示，MAN B&W 公司的 ME 系列电控型柴油机，转速传感器在标记位上的探头若输出高电平为"1"，低电平为"0"。当磁性半圆环处在 0°～44° 时，MMA/MMB/MSA/MSB 为_____。

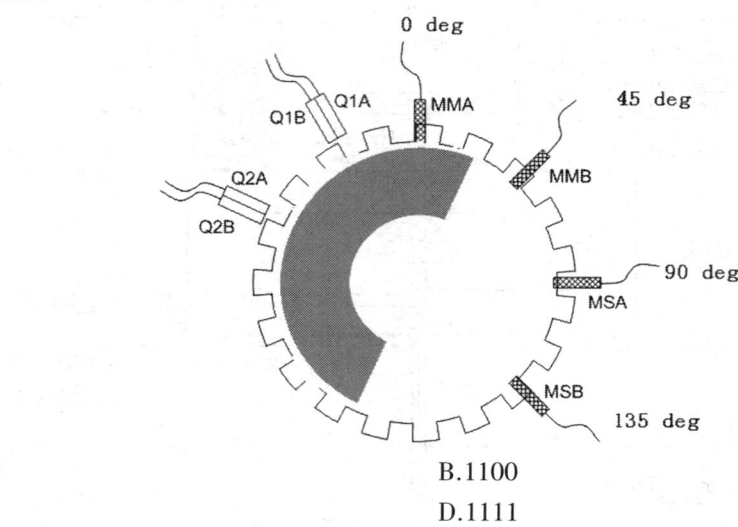

A.1000   B.1100

C.1110   D.1111

254.如下图所示，MAN B&W 公司的 ME 系列电控型柴油机，转速传感器在标记位上的探头若输出高电平为"1"，低电平为"0"。当磁性半圆环处在 180°～224° 时，MMA/MMB/MSA/MSB 为_____。

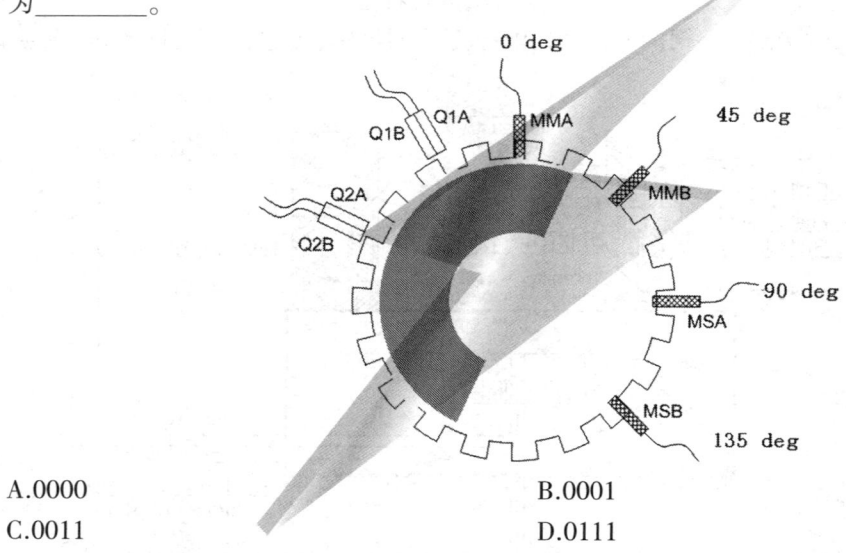

A.0000   B.0001

C.0011   D.0111

255.MAN B&W 公司的 ME 系列电控型柴油机与常规计算机控制系统有许多相似之处，多功能控制器的输入通道不包括_____。

A.开关量信号

B.脉冲信号（曲柄轴角度编码脉冲信号）

C.模拟量信号(有电压信号±10 V,电流信号4~20 mA)

D.继电接触器控制信号

256.ME 柴油机的控制系统(ECS)由一组多用途控制器(MPC)构成,这些控制器包括的信号类型有_____。

①开关量信号;②模拟量信号;③脉冲信号;④总线通信信号;⑤并行通信信号

A.①②③④　　　　　　　　　　　　B.①②③④⑤

C.②④　　　　　　　　　　　　　　D.②③

257.ME 柴油机的控制系统(ECS)由一组多用途控制器(MPC)构成,下列说法错误的是_____。

A.这些控制器信号类型包括开关量信号、模拟量信号

B.能够实现主机燃油喷射的控制

C.能够实现主机排气阀的控制

D.能够实现主机的安全保护

258.下列关于 ME 柴油机的控制系统(ECS)的说法,错误的是_____。

A.辅助控制单元(ACU)可对辅助鼓风机进行启停控制

B.主机信息控制单元(EICU)的主要作用是从选择的控制站接收航行输入信号

C.气缸油自动注油由气缸控制单元(CCU)控制

D.ME 柴油机的控制系统中加速速率控制、负荷程序、临界转速回避等由 CCU 控制

259.下列关于 ME 柴油机的控制系统(ECS)的说法,错误的是_____。

A.主机控制单元(ECU)能对 CCU 进行控制

B.主机信息控制单元(EICU)的主要作用是从选择的控制站接收航行输入信号

C.气缸油自动注油由气缸控制单元(CCU)控制

D.主机信息控制单元(EICU)与遥控系统间能进行并行通信

260.在主机遥控系统中,车钟系统一般有两种工作模式,分别是_____。

A.自动模式和手动模式　　　　　　　B.遥控模式和机旁模式

C.集控室模式和驾驶台模式　　　　　D.操控模式和传令模式

261.在主机遥控系统中,操作部位有优先级之分,其中优先级最高的是_____。

A.驾驶台　　　　　　　　　　　　　B.集控室

C.机旁　　　　　　　　　　　　　　D.遥控站

262.在重启动逻辑控制中,下列哪一项不是重启动的逻辑条件?_____。

A.有应急操作指令　　　　　　　　　B.有重复启动信号

C.有倒车指令　　　　　　　　　　　D.主机停车超过规定的时间

263.以下不属于主机遥控系统功能的是_____。

A.模拟试验功能　　　　　　　　　　B.安全保护功能

C.转速与负荷控制功能　　　　　　　D.主机缸套水泵的自动启停功能

264.下列关于主机遥控系统模拟试验功能,说法错误的是_____。

A.可以用来检查遥控系统的各种功能是否正常

B.主要用于显示遥控系统的运行状态

C.基本的试验方法是停车时利用车钟和模拟转速旋钮配合操作

D.模拟试验时主启动阀打开

265.下列关于主机遥控系统类型,说法错误的是_____。

A.气动式主机遥控系统存在压力传递滞后的现象,因此控制距离受限

B.电-气式主机遥控系统驱动机构主要由电动元件构成

C.微机控制的主机遥控系统的功能主要由软件实现

D.电动式主机遥控系统执行机构的驱动功率小

266.当车钟手柄扳回到停车位置时,由于遥控系统出现了故障,不能使主机停油,这时应该_____。

A.按下"应急停车"按钮　　　　　　　　B.切换到集控室操作

C.主机遥控系统断电重启　　　　　　　D.关闭主启动阀

267.在气动主机遥控系统中,常用压力3.0 MPa的压缩空气作为_____。

A.主机启动和换向的动力气源　　　　　B.控制空气

C.安全保护空气　　　　　　　　　　　D.曲轴箱油雾浓度监视报警装置的气源

268.主机遥控系统的负荷限制功能包括_____。

①转矩限制;②程序负荷;③增压空气压力限制;④最大油量限制;⑤启动油量的设置;⑥螺旋桨特性限制

A.①②③④⑤　　　　　　　　　　　　B.①③④⑤⑥

C.①③④⑤　　　　　　　　　　　　　D.①②③④

269.在主机遥控系统中,车钟手柄从正车全速立即扳到倒车某速度挡,其停油时刻发生在_____。

A.动车钟手柄的瞬间　　　　　　　　　B.车钟手柄过停车位置时

C.车钟手柄扳到位时　　　　　　　　　D.主机换向过程中

270.在主机遥控系统中,车钟手柄从正车全速立即扳到倒车某速度挡,制动开始发生在_____。

A.动车钟手柄的瞬间　　　　　　　　　B.车钟手柄过停车位置时

C.车钟手柄扳到位时　　　　　　　　　D.换向完成时

271.在主机遥控系统中,不属于安全保护方面的功能是_____。

A.主机故障降速　　　　　　　　　　　B.主机故障停车

C.超速保护　　　　　　　　　　　　　D.停油控制

272.在恶劣海况下,为防止主机运行中发生超速,可采用死区控制方法,此时死区调节应该_____。

A.最小　　　　　　　　　　　　　　　B.最大

C.适中　　　　　　　　　　　　　　　D.按工况自动调节

273.下列关于能耗制动,说法错误的是_____。

A.一般在应急操纵情况下进行　　　　　B.在主机高于发火转速情况下进行

C.主启动阀要打开　　　　　　　　　　D.空气分配器工作

274.大型低速柴油机,主机从停油到换向完成后一般_____。

A.只设能耗制动　　　　　　　　　　　B.能耗制动和强制制动相结合

　C.只设强制制动　　　　　　　　　　　　　　D.设倒拉反接制动

275.DGS8800e 数字调速系统适用于可调螺距系统 CPP,此时需要接收螺距反馈信号,其形式一般是_____。

　A.0~20 mA 电流信号　　　　　　　　　　B.2.5 kΩ 电位器信号

　C.-10~10 V 电压信号　　　　　　　　　　D.0~5 V 电压信号

276.主机遥控系统根据_____决定是否需要换向。

　A.车令与凸轮轴位置　　　　　　　　　　B.主机转速是否低于换向转速

　C.车令与主机转向　　　　　　　　　　　　D.主机转速是否低于制动转速

277.在主机遥控系统中,主机安全保护断油一般不包括的条件是_____。

　A.超速　　　　　　　　　　　　　　　　　　　B.推力轴承高温

　C.有应急停车指令　　　　　　　　　　　　D.气缸冷却水高温

278.在主机转速自动控制系统中,若出现主机转速无法调到车令设定转速,而稳定在某一转速值,其原因可能是_____。

　①车令设定转速已大于轮机长设定的最大转速限制值;②车令设定转速已小于最低稳定转速;③加速速率限制起作用;④车令转速设置在主机临界转速区域;⑤主机在高负荷下加速,程序负荷起作用

　A.①②④　　　　　　　　　　　　　　　　　　B.①②③⑤

　C.①③④　　　　　　　　　　　　　　　　　　D.①④⑤

279.在 Hagenuk 电/液伺服器中,力线圈的电流信号是电压/电流(U/I)转换器输出的信号,而这个电压信号是由选小器输出的,送到这个选小器的电压信号包括_____。

　①调速器输出信号;②程序负荷信号;③轮机长最大转速限制信号;④增压空气压力限制信号;⑤最大转矩限制信号;⑥手动最大油量限制信号

　A.①②③⑤　　　　　　　　　　　　　　　　B.①④⑤⑥

　C.②③④⑤　　　　　　　　　　　　　　　　D.③④⑤⑥

280.Hagenuk 电/液伺服器,当输入电流为 0 时,油门处于零开度;当输入电流为 20 mA 时,油门大于全速开度,则应_____。

　A.调节调零弹簧,使其弹力减小　　　　B.增加反馈弹簧刚度

　C.增加主泵排出油压力　　　　　　　　　D.减小反馈弹簧刚度

281.在 Hagenuk 电/液伺服器中,力线圈的工作电流是 4~20 mA,若力线圈输入电流为 20 mA,而主机转速为额定转速的 90%,这说明_____。

　A.伺服器的量程小了　　　　　　　　　　B.伺服器的零点高了

　C.伺服器的量程大了　　　　　　　　　　D.伺服器的零点低了

282.对于主机遥控系统的增压空气限制环节,正确的认识是_____。

　A.随着转速的增大,增压空气限制环节的限制值增大

　B.随着增压空气压力的增大,主机的供油量增大

　C.随着增压空气压力的增大,允许的供油量限制值增大

　D.随着增压空气压力的增大,允许的供油量限制值减小

283.气动式主机遥控系统的加速速率限制的原则不包括_____。

A.临界转速区内加速不受限制　　　　　　B.额定转速30%~70%内实行快加速限制

C.额定转速30%以下加速不受限制　　　　D.加速速率限制范围是可调节的

284.在主机遥控系统中,取消程序负荷的条件是_____。

A.有倒车车令　　　　　　　　　　　　B.有重启动指令

C.有应急操纵指令　　　　　　　　　　D.最大油量限制环节失效

285.在主机遥控系统的轮机长最大转速限制回路中,令 U_S 为车令设定转速值, U_m 为轮机长最大允许转速值, U_o 为限制回路输出值,当 $U_S>U_m$ 时,则_____。

A.$U_o = U_S$ 　　　　　　　　　　　B.$U_o > U_S$

C.$U_o < U_m$ 　　　　　　　　　　　D.$U_o = U_m$

286.在主机遥控系统中,上次停车凸轮轴在倒车位置,现把车钟手柄从停车位扳到正车全速挡,其主启动阀打开和关闭时刻分别为_____。

A.扳动车钟手柄时刻、换向完成　　　　B.换向完成、低于发火转速

C.车钟手柄扳到位、换向完成　　　　　D.换向完成、高于发火转速

287.在主机遥控系统中,应急换向的逻辑条件包括_____。

①车令与转向不一致;②车令与凸轮轴位置不一致;③停油;④低于应急换向转速;⑤低于发火转速;⑥有应急操纵指令

A.①②③④　　　　　　　　　　　　　B.②③⑤⑥

C.②③④⑤　　　　　　　　　　　　　D.②③④⑥

288.磁脉冲式转速传感器测量主机转速时,若高速时测量值准确,低速时测量值不稳定,其原因可能是_____。

A.磁头与齿顶的间隙过小　　　　　　　B.磁头与齿顶的间隙过大

C.主机振动　　　　　　　　　　　　　D.受电磁干扰

289.下列关于 DGS8800e 数字调速系统的运行模式中设定值(SETPOINT)模式,说法错误的是_____。

A.需要将修改锁(CHANGE LOCK)打开,并且按下"FUEL SETPOINT"按钮,系统才能进入设定值模式

B.调速器的转速限制功能将失效

C.实现转速的 PID 控制

D.通过车钟手柄直接调节供油量

290.在正常海况下,在海上定速航行时,DGS8800e 调速器采用_____调节规律调节。

A.PI　　　　　　　　　　　　　　　　B.PID

C.PD　　　　　　　　　　　　　　　　D.双位

291.下列_____不是 DGS8800e 调速器恶劣海况控制模式采取的调节措施。

A.减小 PI 调节的比例带

B.在 PI 调节规律中引入微分作用

C.实现极限调速器的功能,接近"超速"转速时自动切断燃油供给

D.增大 PI 调节的比例带

292.在 DGS8800e 数字调速系统电动执行机构中,安装在伺服电机非负载端的绝对编码器的作用

是检测_____。

A.电动执行器的电流 B.电动执行器的角度

C.电动执行器的电压 D.电动执行器的频率

293.车钟系统是实现_____之间进行车令传送与应答的重要设备。

A.集控室与驾驶台、集控室与机旁

B.驾驶台与集控室、集控室与轮机长室

C.集控室与驾驶台、驾驶台与轮机长室

D.驾驶台与集控室、驾驶台与机旁

294.以下属于主机逻辑控制的是_____。

A.主机燃油温度控制 B.主机燃油压力控制

C.主机滑油压力控制 D.主机换向控制

295.以下属于主机逻辑控制的是_____。

A.主机排烟温度控制 B.主机缸套水压力控制

C.主机增压空气压力控制 D.主机制动控制

296.使用车钟操控模式对应于_____,此时驾驶台车钟直接通过逻辑控制单元和转速控制单元对主机进行自动遥控。

A.在集控室遥控主机的情况

B.在机旁控制主机,只有在轮机员进行车令应答(回复)后,再对主机进行相应的操作的情况

C.在集控室遥控主机,只有在轮机员进行车令应答(回复)后,再对主机进行相应的操作的情况

D.在驾驶台遥控主机的情况

297.如果用 R_H 和 R_S 分别表示正车转向和倒车转向;用 I_H 和 I_S 分别表示正车车令和倒车车令;用 C_H 和 C_S 分别表示凸轮轴在正车位置和倒车位置;用 Y_{RL} 表示换向逻辑鉴别,则主机换向逻辑鉴别表达式为_____。

A.$Y_{RL}=I_H C_S+I_S C_H$ B.$Y_{RL}=I_H C_H+I_S C_S$

C.$Y_{RL}=I_H \overline{C_S}+I_S \overline{C_H}$ D.$Y_{RL}=\overline{I_H C_H}+\overline{I_S C_S}$

298.在所有带凸轮装置且可逆转的柴油机中,换向的必备条件包含_____。

A.停油 B.顶升机构抬起

C.主机转速下降到允许换向转速 D.主机转速下降到应急换向转速

299.在所有带凸轮装置可逆转的柴油机中,换向的必备条件包含_____。

A.停车令与凸轮轴位置不一致 B.顶升机构下落

C.主机转速下降到允许换向转速 D.主机转速下降到应急换向转速

300.用 R_H 和 R_S 分别表示正车转向和倒车转向;用 I_H 和 I_S 分别表示正车车令和倒车车令;用 C_H 和 C_S 分别表示凸轮轴在正车位置和在倒车位置。用 Y_{SL} 表示启动的鉴别逻辑,则 $Y_{SL}=1$,表示_____。

A.车令与凸轮轴位置不一致 B.车令与凸轮轴位置一致

C.车令与主机转向一致 D.车令与主机转向不一致

301.用 R_H 和 R_S 分别表示正车转向和倒车转向;用 I_H 和 I_S 分别表示正车车令和倒车车令;用 C_H

和 C_S 分别表示凸轮轴在正车位置和在倒车位置。用 Y_{SL} 表示启动的鉴别逻辑,则 $Y_{SL}=0$,表示_____。

A.车令与凸轮轴位置一致　　　　　　B.车令与凸轮轴位置不一致

C.车令与主机转向一致　　　　　　　D.车令与主机转向不一致

302.如下图所示,在三次重复启动逻辑回路中,发现在四次重复启动后才终止启动,并发出启动失败的声光报警信号,则可能的原因是_____。

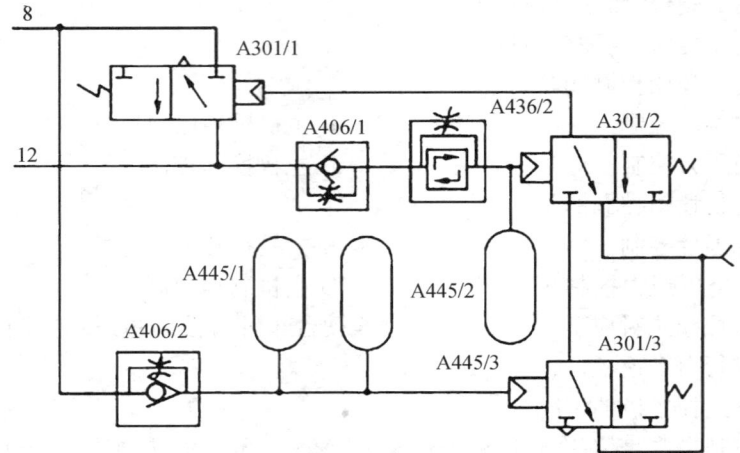

A.分级延时阀 A436/2 的调节阀开度太大

B.单向节流阀 A406/1 的调节阀部分堵住

C.单向节流阀 A406/2 的调节阀部分堵住

D.分级延时阀 A436/2 的调节阀部分堵住

303.如图所示,在三次重复启动逻辑回路中,现在要把三次重复启动改为两次重复启动后就终止启动,则应调节使_____。

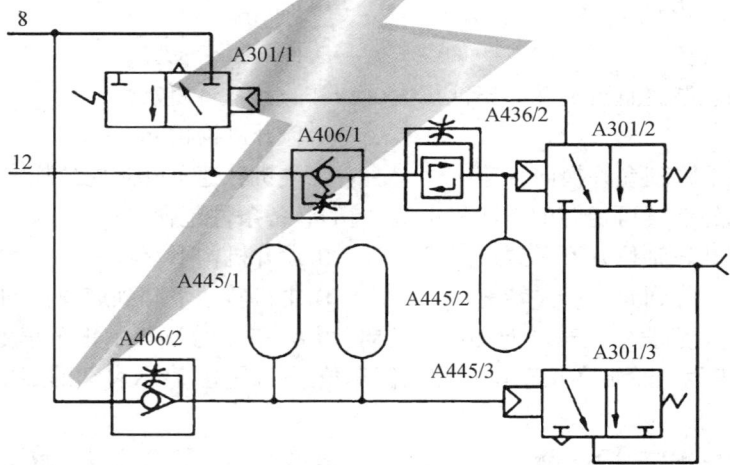

A.分级延时阀 A436/2 的延时时间缩短

B.单向节流阀 A406/1 的延时时间缩短

C.单向节流阀 A406/2 的延时时间缩短

D.分级延时阀 A436/2 的延时时间延长

304.在主机遥控系统中,以下为慢转启动逻辑条件的是_____。

    A.主机达到规定的转数　　　　　　B.主机达到规定的慢转时间

    C.有重启动信号　　　　　　　　　D.在停车期间发生断电

305.在主机遥控系统中,以下为慢转启动逻辑条件的是_____。

    A.取消慢转指令　　　　　　　　　B.主机达到规定的慢转时间

    C.有重启动信号　　　　　　　　　D.满足启动的逻辑条件

306.在主机遥控系统中,以下为慢转启动逻辑条件的是_____。

    A.主机达到规定的转数　　　　　　B.在停车期间连续供电

    C.有重启动信号　　　　　　　　　D.没有应急取消慢转指令

307.在主机遥控系统中,以下为重启动鉴别逻辑条件的是_____。

    A.满足启动的逻辑条件　　　　　　B.主机停车时间太长

    C.第一次启动　　　　　　　　　　D.启动转速达到重启动发火转速

308.在主机遥控系统中,通常设置重启动,其主要目的是_____。

    A.提高主机启动的成功率　　　　　B.减少主机磨损

    C.检查出主机的启动故障　　　　　D.对相对摩擦部件起到"布油"作用

309.在主机遥控系统中,有关强制制动的正确解释是_____。

    A.能耗制动力矩大于强制制动力矩

    B.只有空气分配器投入工作

    C.只有主启动阀投入工作

    D.柴油机相当于一台压气机

310.在主机遥控系统中,对于强制制动的正确解释是_____。

    A.强制制动力矩小于能耗制动力矩

    B.所有主机,只要在运行中完成换向后,都能进行强制制动

    C.只有主机高于发火转速时才能进行强制制动

    D.只有主启动阀投入工作

311.在集控室控制主机时,驾驶台发出车令后,集控室和机旁的复示指示灯将跟踪驾驶台车令,回令之前,_____声响提示;回令结束后,声响提示消失。

    A.只有驾驶台车钟　　　　　　　　B.只有机旁车钟

    C.三地车钟均　　　　　　　　　　D.只有集控室车钟

312.在集控室操作控制主机时,集控室车钟的作用是_____。

    A.只有对驾驶台车钟的回令功能

    B.除了完成换向操作的功能,还兼有调速功能

    C.除了完成对驾驶台车钟的回令外,还兼有换向操作的功能

    D.除了完成对驾驶台车钟的回令外,还兼有调速功能

313.在转速与负荷控制回路系统的组成系统中,属于转速给定环节的是_____。

    A.死区控制　　　　　　　　　　　B.转速调节

C.调速规律　　　　　　　　　　　　　D.程序加减速

314.在转速与负荷控制回路系统的组成系统中,属于负荷限制环节的是_____。

A.临界转速的自动避让　　　　　　　　B.最低稳定转速限制

C.最大允许转速限制　　　　　　　　　D.螺旋桨特性限制

315.如下图所示,在电动加、减速的速率限制回路中,发现二极管 LD 烧断了,其结果是_____。

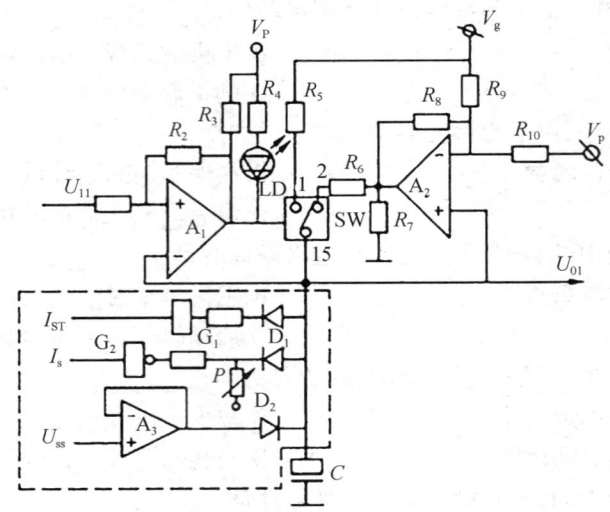

A.正常加、减速的速率限制

B.只能进行加速的速率限制,并且发出报警信号

C.只能进行减速的速率限制,并且发出报警信号

D.都不能进行加、减速的速率限制

316.如下图所示,在电动加、减速的速率限制回路中,发现二极管 LD 一直闪亮状态,可能是_____。

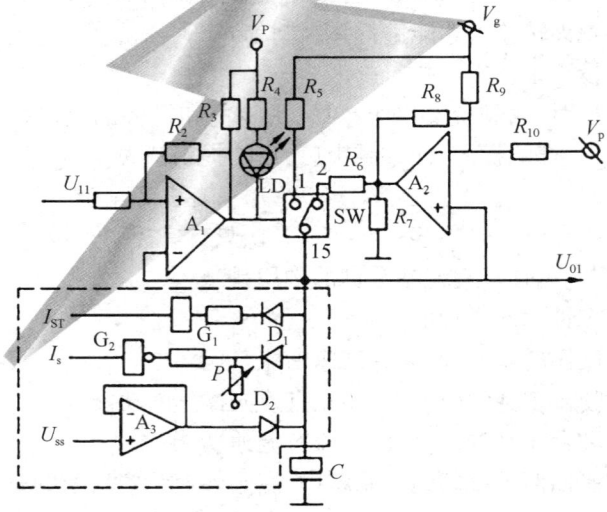

A.主机稳定运行期间　　　　　　　B.主机加速的速率限制期间

C.主机减速的速率限制期间　　　　D.主机制动期间

317.在 DGS8800e 数字调速系统中的油门反馈环节,是根据_____偏差给出控制信号。

A.设定转速值和测量转速值

B.执行器位置的设定值和实际值

C.设定转速值和执行器位置实际值

D.执行器位置的设定值和测量转速值

318.在 DGS8800e 数字调速系统中,调节器的"恶劣海况控制(rough sea control)"模式,最佳的 PID 参数应该是_____。

A.较大的比例带、较小的微分时间、较大的积分时间

B.较小的比例带、较大的微分时间、较大的积分时间

C.较大的比例带、较大的微分时间、较小的积分时间

D.较大的比例带、较小的微分时间、较小的积分时间

319.在 AC-4 主机遥控系统中,SSU8810 安全保护环节默认的可取消的自动停车触发时间是_____。

A.4 s　　　　　　　　　　　　　B.5 s

C.6 s　　　　　　　　　　　　　D.7 s

320.在 AC-4 主机遥控系统中,对 SSU8810 安全保护环节理解正确的是:大洋航行,主机驾驶台控制,值班驾驶员发现触发自动停车报警,可是主机并没有停车,这时_____。

A.通知值班轮机员,在集控室按下手动应急停车按钮

B.通知值班轮机员,在机旁按下手动应急停车按钮

C.在驾驶台按下手动应急停车按钮

D.通知轮机长,在集控室按下手动应急停车按钮

321.如下图所示,在 E/P(电气转换器)中,调压阀 H 的作用是_____。

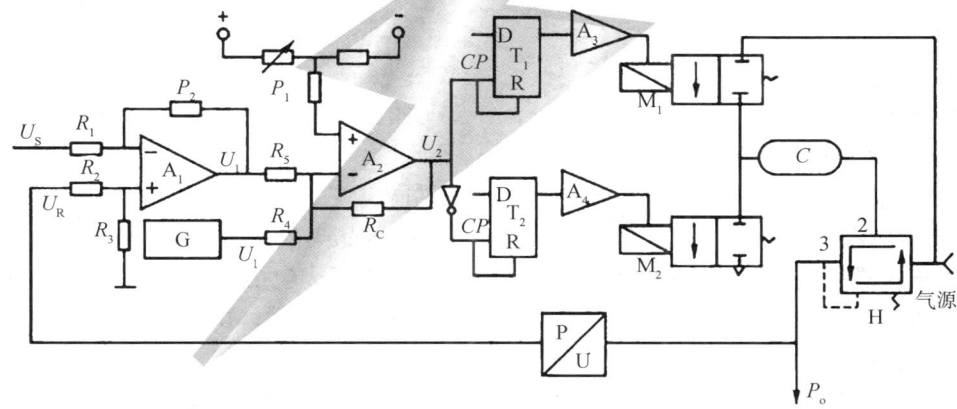

A.只有在加速过程中,输出端 3 与输入端 2 相等

B.只有在减速过程中,输出端 3 与输入端 2 相等

C.只有在转速稳定时,输出端 3 与输入端 2 相等

D.输出端3始终与输入端2相等

322.如下图所示，在 E/P（电气转换器）中，在快加速过程中，U_S 比 U_R 大很多，_____。

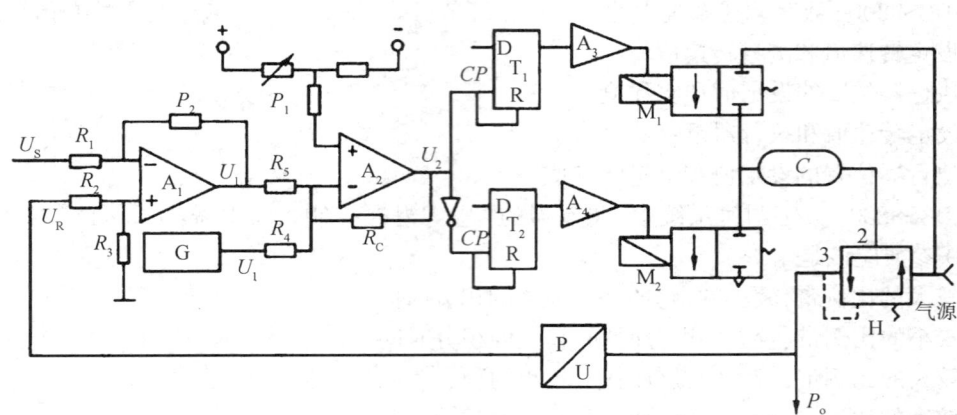

A.T_1 输出低电平,电磁阀 M_1 断电 　　　B.T_1 输出低电平,电磁阀 M_1 通电

C.T_1 输出高电平,电磁阀 M_1 断电 　　　D.T_1 输出高电平,电磁阀 M_1 通电

323.在 AUTOCHIEF-4 型主机遥控系统中,属于主机系统参数的是_____。

  A.发火转速值 　　　　　　　　　　B.模拟量零点

  C.模拟量量程 　　　　　　　　　　D.开关量的状态

324.在 AUTOCHIEF-4 型主机遥控系统中,属于主机 I/O 通道参数的是_____。

  A.A/D 转换值 　　　　　　　　　　B.轮机长限制转速值

  C.超速保护限定值 　　　　　　　　D.慢转启动参数

325.在 AC-C20 型主机遥控系统中,对于主机转速检测模块,采用了_____个 DPU。

  A.1 　　　　　　　　　　　　　　　B.2

  C.3 　　　　　　　　　　　　　　　D.4

326.在 AC-C20 型主机遥控系统中,主机安全单元（ESU）专用模块,控制停车电磁阀的控制通道号为_____,为_____信号。

  A.5;电流 　　　　　　　　　　　　B.5;电压

  C.6;电流 　　　　　　　　　　　　D.6;电压

327.主机采用变距桨的优点包括_____。

  A.效率高 　　　　　　　　　　　　B.制造工艺简单

  C.便于实现遥控 　　　　　　　　　D.维护保养容易

328.在船舶推进控制系统中,典型 AT 2000 变距桨的主要组成包括_____。

  A.主机安全单元（ESU） 　　　　　B.主机接口单元（MEI）

  C.本地控制箱（ASP12） 　　　　　D.转速检测箱（RPMD）

329.在船舶推进控制系统中,典型 AT 2000 变距桨的负荷控制函数不包括_____。

  A.按负荷程序慢加速和快减速 　　　B.增压空气压力限制

  C.最大负荷限制 　　　　　　　　　D.最小转速限制

330.在船舶推进控制系统中,典型 AT 2000 变距桨的负荷控制函数不包括_____。

    A.转速/转矩限制   B.增压空气压力限制

    C.最大负荷限制   D.临界转速避让

331.在 RT-flex 型智能柴油机控制系统中,主控制器(COM-EU)接收的外界信号,不包括_____。

    A.转速/转矩限制   B.主机遥控系统

    C.调速器   D.安保系统

332.在 RT-flex 型智能柴油机控制系统中,主控制器(COM-EU)接收的外界信号,不包括_____。

    A.最大负荷限制   B.人机界面

    C.调速器   D.控制油系统

333.在 RT-flex 型智能柴油机控制系统中,主控制器(COM-EU)接收的外界信号,不包括_____。

    A.增压空气压力限制   B.人机界面

    C.燃油系统   D.液压伺服系统

334.在 RT-flex 型智能柴油机控制系统中,主控制器(COM-EU)接收的外界信号,不包括_____。

    A.负荷程序慢加速和快减速   B.人机界面

    C.燃油系统   D.调速器

335.在 MAN B&W ME 系列柴油机的电控控制系统中,在集控室具有_____。

    A.两个串联冗余的主机控制单元

    B.两个并联冗余的主机信息控制单元

    C.两个串联冗余的主机信息控制单元

    D.两个并联冗余的主机控制单元

336.在 MAN B&W ME 系列柴油机的电控控制系统中,在集控室具有_____。

    A.两个串联冗余的执行器控制单元

    B.两个并联冗余的控制面板

    C.两个串联冗余的控制面板

    D.两个并联冗余的执行器控制单元

337.在 MAN B&W ME 系列柴油机的电控控制系统中,在机舱具有_____。

    A.两个主机信息控制单元   B.两个主机控制单元

    C.两个主机控制面板   D.两个人机信息交换单元

338.在 MAN B&W ME 系列柴油机的电控控制系统中,当驾驶台或集控室的车钟发出主机转速指令时,通过转速协调器进行的内容不包括_____。

    A.稳速过程   B.燃油量限制

    C.停车减速过程   D.最小转速

339.在 MAN B&W ME 系列柴油机的电控控制系统中,当驾驶台或集控室的车钟发出主机转速指令时,通过转速协调器进行的内容不包括_____。

A.最大转速   B.增压空气压力限制

C.定速航行过程   D.紧急停车指令

340.在 MAN B&W ME 系列柴油机的电控控制系统中,当驾驶台或集控室的车钟发出主机转速指令时,通过转速协调器进行的内容不包括_____。

  A.故障减速   B.转矩限制

  C.功率与转矩最佳配合   D.启动时的等速速率加率

341.在 AC-C20 遥控系统中,从集控室转到驾驶台操作时,首先_____,这将使集控室和驾驶台车钟上"Bridge"按钮的 LED 闪光且使蜂鸣器响;然后在驾驶台按下"Bridge"按钮,两地"Bridge"按钮的 LED 变为平光,且蜂鸣器停响。

  A.按下集控室车钟上的"Bridge"按钮

  B.按下集控室车钟上的"ECR"按钮

  C.按下驾驶台车钟上的"ECR"按钮

  D.按下驾驶台车钟上的"Bridge"按钮

342.在智能型柴油机控制系统的运行模式中,一般没有_____。

  A.燃油经济性模式   B.排放控制模式

  C.应急停/倒车的最优化模式 D.海况自适应控制模式

343.RT-flex 电喷柴油机控制系统对燃油喷射、排气、启动的控制取决于_____。

  A.车钟位置   B.油门位置

  C.曲轴角度位置   D.调速器输出信号

344.关于 ME 智能柴油机的液压动力供给单元 HPS,说法错误的是_____。

  A.为柴油机运行提供伺服油

  B.由自清洗细滤器、电动液压泵和机带液压泵组成

  C.柴油机启动前、后由电动液压泵供油,机带液压泵作为备用

  D.调速器输出信号

345.ME 智能柴油机电控系统采用的是_____方式。

  A.集中控制   B.分散控制

  C.集散控制   D.自适应控制

346.ME 智能柴油机电控系统中的主机控制单元(ECU)能实现的功能不包括_____。

  A.主机的负荷限制   B.控制气缸油的注入定时及注油率

  C.主机运行模式控制   D.主机安全保护

347.在 ME AC-C20 遥控系统中,通过 ACP 菜单操作可进入恶劣海况模式。当转速超过设定的上限转速值时,遥控系统_____,迫使主机降速,转速下降到停车复位转速后恢复供油,主机的转速慢慢地恢复到先前的转速。

  A.减少燃油供应   B.限制转速

  C.设定最大转速限制   D.切断燃油供应

348.变距桨船舶的优点有动力装置的经济性好,其原因不包括_____。

  A.变距桨桨毂比定距桨大

  B.在非设计工况下,变距桨效率比定距桨效率高

C.不同航速下,可以实现主机转速和螺距比的最佳匹配,使柴油机油耗率最低

D.为主机的定向和恒速运转提供了条件,易于实现直接驱动轴带发电机

349.下列_____不用于动力定位船舶的位置参考系统。

A.DGPS

B.张紧索系统

C.声呐系统

D.运动参考单元

350.为了保障 DP 控制系统免受船舶电站可能的故障影响,DP 控制系统一般会配置不间断电源 UPS,提供不少于_____ min 的供电时间。

A.30

B.45

C.60

D.15

351.在 DP 船舶采用的位置参考系统中,_____测量位置的精度容易受到天气条件和能见度的影响。

A.DGPS

B.激光或微波测距系统

C.声呐系统

D.张紧索系统

第二节　辅助机械控制系统

1.空压机自动控制系统中的双位控制是指_____的控制。

A.气压高限和低限

B.冷却水和放残液

C.手动和自动切换

D.集控室和机旁两地

2.空压机自动控制方式是_____双位控制。

A.冷却水温度

B.进口管内气压

C.出口管内气压

D.空气瓶内气压

3.空气压缩机的启停自动控制是用_____元件来控制的。

A.热继电器

B.行程开关

C.双位压力继电器

D.时间继电器

4.在自动化机舱中,空压机的启停一般由_____控制。

A.流量继电器

B.时间继电器

C.压力继电器

D.温度继电器

5.船用空压机的自动启停一般采用_____。

A.滑油继电器来控制

B.水压继电器来控制

C.定时器定时来控制

D.空气瓶上的压力继电器来控制

6.船用空压机自动启停采用_____。

A.双位控制

B.PI 控制

C.PD 控制

D.PID 控制

7.为了提高空压机的双位式压力调节器的上限值,应_____。

A.增大给定弹簧的预紧力

B.减小给定弹簧的预紧力

C.增大幅差弹簧的预紧力　　　　　　　　D.减小幅差弹簧的预紧力

8.在空气压缩机的自动启停控制线路中,用组合式高低压压力继电器以实现在设定的高压值时_____,而在设定的低压值时_____。

  A.停止;停止　　　　　　　　　　　　　B.停止;启动

  C.启动;停止　　　　　　　　　　　　　D.启动;启动

9.空气压缩机的自动启停控制线路中不可缺少_____,以实现在设定的高压时停止,而在设定的低压时_____。

  A.压力继电器;停止　　　　　　　　　　B.压力继电器;启动

  C.热继电器;启动　　　　　　　　　　　D.热继电器;报警

10.空压机通常设的自动保护有_____。

  ①电机过载保护;②过电流保护;③滑油低压保护;④排气高温保护;⑤排气低温保护

  A.①②③④　　　　　　　　　　　　　B.①②③⑤

  C.①③④⑤　　　　　　　　　　　　　D.②③④⑤

11.在空压机自动保护中,电机过载保护常用_____实现。

  A.空气开关　　　　　　　　　　　　　B.温度继电器

  C.电流继电器　　　　　　　　　　　　D.热继电器

12.空压机总是在空气压力低时能正常启动,但未到足够的高压值就停机,最可能的原因是_____。

  A.低压继电器整定值太高

  B.冷却水压低,此压力继电器动作

  C.高压继电器整定值太低

  D.低压继电器接到高压继电器的位置

13.在燃油辅锅炉的点火过程中,_____。

  A.风门将关小,且喷油落后于点火变压器通电

  B.全关风门进行点火

  C.先喷油,待炉膛内油雾浓度达到一定值后再点火

  D.风门全开点火

14.对于燃油辅锅炉的点火系统,不正确的描述是_____。

  A.采用点火线圈进行点火

  B.采用点火变压器进行点火

  C.点火电极必须安装位置正确,且对地绝缘良好

  D.点火电极采用陶瓷进行绝缘

15.燃油辅锅炉点火之前,必须先进行_____。

  A.炉膛内的预扫风　　　　　　　　　　B.燃油的循环加热

  C.点火电极的预通电　　　　　　　　　D.燃油电磁阀的预喷油

16.锅炉燃烧时序控制的顺序是_____。

  A.正常燃烧→喷油点火→预扫风→预点火

  B.预扫风→预点火→喷油点火→正常燃烧

  C.预点火→预扫风→喷油点火→正常燃烧

D.喷油点火→预扫风→预点火→正常燃烧

17.在辅锅炉燃烧时序控制系统中,按启动锅炉按钮后,首先进行的动作是_____。

　　A.预点火　　　　　　　　　　　　B.预扫风

　　C.预热锅炉　　　　　　　　　　　D.加热燃油

18.在 PLC 控制的全自动锅炉燃烧时序控制系统中,预扫风结束后的动作是_____。

　　A.开大风门　　　　　　　　　　　B.向炉内喷油和点火

　　C.预点火　　　　　　　　　　　　D.点火

19.在 PLC 控制的全自动锅炉燃烧时序控制系统中,若火焰感受器继电器线圈断路,再次起炉时,则会出现_____。

　　A.点火失败报警　　　　　　　　　B.不点火

　　C.时序过程不能启动　　　　　　　D.点不着火

20.辅锅炉自动点火控制系统,在自动点火程序过程中,未出现电火花,其不可能的原因是_____。

　　A.点火电极结炭严重　　　　　　　B.点火电极间隙过大

　　C.时序控制器故障　　　　　　　　D.火焰监视器故障

21.普通货船辅锅炉由于蒸发量较小,常采用双位式蒸汽压力控制,其控制元件是_____。

　　A.蒸汽压力开关(压力继电器)　　B.气动差压变送器

　　C.蒸汽压力调节器　　　　　　　　D.电动差压变送器

22.柴油机货船辅锅炉燃烧自动控制的方式常采用_____。

　　A.微分控制　　　　　　　　　　　B.双位控制

　　C.积分控制　　　　　　　　　　　D.连续控制

23.在采用压力比例调节器和电动比例操作器的辅助锅炉蒸汽压力控制系统中,为增加设定值,应调节_____。

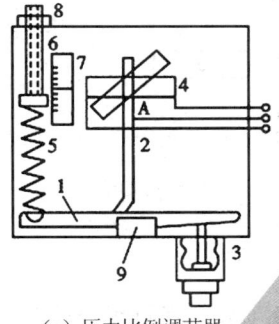

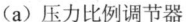

　　　(a)压力比例调节器　　　　　　　　　　　(b)电动比例操作器

　1—平衡杠杆;2—划针;3—波纹管;　　　　1—平衡电桥;2—放大器;3、4—可控硅交流开关;5—反馈齿轮;
　4—电位器;5—设定弹簧;6—调节螺杆;　　　　　　　　6—减速装置;7—制动装置
　　7—刻度盘;8—锁紧螺母

　　A.测量电位器向水平方向转一角度　　　B.测量电位器向垂直方向转一角度

　　C.增大给定弹簧的预紧力　　　　　　　D.减小给定弹簧的预紧力

24.在采用压力比例调节器和电动比例操作器的辅锅炉燃烧控制系统中,若把压力比例调节器中的定值弹簧扭紧,增大拉力,则_____。

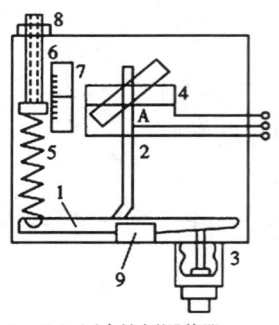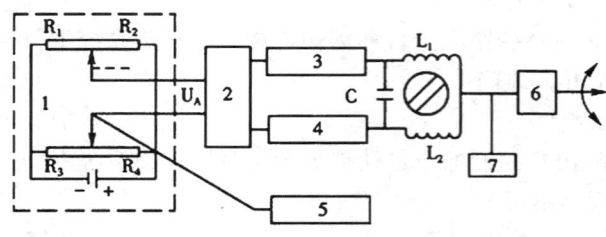

（a）压力比例调节器　　　　　　　　　（b）电动比例操作器

1—平衡杠杆；2—划针；3—波纹管；　　　1—平衡电桥；2—放大器；3、4—可控硅交流开关；5—反馈齿轮；
4—电位器；5—设定弹簧；6—调节螺杆；　　　　　　　6—减速装置；7—制动装置
7—刻度盘；8—锁紧螺母

A.增大上限值　　　　　　　　　　　B.增大给定值

C.减小下限值　　　　　　　　　　　D.减小给定值

25.在采用压力比例调节器和电动比例操作器的辅助锅炉蒸汽压力控制系统中,为增大比例作用强度,应调节_____。

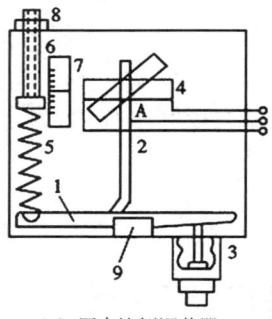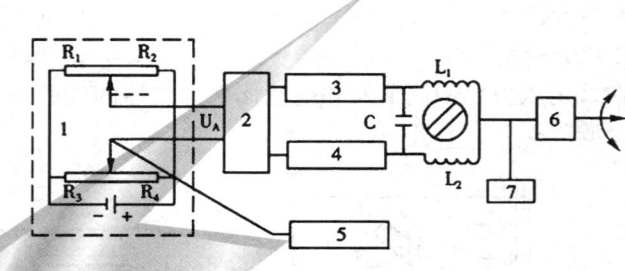

（a）压力比例调节器　　　　　　　　　（b）电动比例操作器

1—平衡杠杆；2—划针；3—波纹管；　　　1—平衡电桥；2—放大器；3、4—可控硅交流开关；5—反馈齿轮；
4—电位器；5—设定弹簧；6—调节螺杆；　　　　　　　6—减速装置；7—制动装置
7—刻度盘；8—锁紧螺母

A.测量电位器向垂直方向转一角度　　　B.测量电位器向水平方向转一角度

C.反馈电位器向水平方向转一角度　　　D.反馈电位器向垂直方向转一角度

26.在采用压力比例调节器和电动比例操作器的辅助锅炉蒸汽压力控制系统中,为减小比例作用强度,应调节_____。

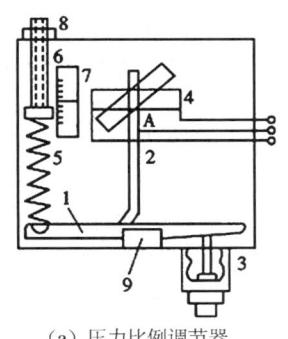

（a）压力比例调节器

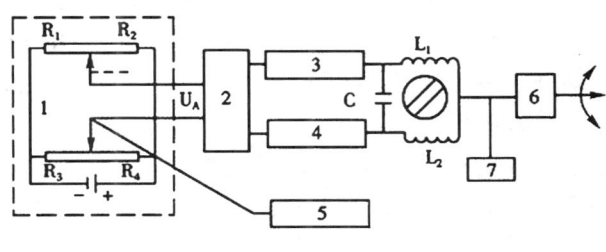

（b）电动比例操作器

1—平衡杠杆；2—划针；3—波纹管；
4—电位器；5—设定弹簧；6—调节螺杆；
7—刻度盘；8—锁紧螺母

1—平衡电桥；2—放大器；3、4—可控硅交流开关；5—反馈齿轮；
6—减速装置；7—制动装置

A.测量电位器向水平方向转一角度　　　　B.测量电位器向垂直方向转一角度

C.反馈电位器向水平方向转一角度　　　　D.反馈电位器向垂直方向转一角度

27.在货船辅锅炉汽压双位控制系统中,对采用 2 个油头工作的辅锅炉,在进行高火燃烧时_____。

　　A.打开 2 个电磁阀,风门开大　　　　　B.打开 2 个电磁阀,风门关小

　　C.打开 1 个电磁阀,风门开大　　　　　D.打开 1 个电磁阀,风门关小

28.不论是锅炉燃烧的双位控制还是比例控制,都要求_____。

　　A.蒸汽压力保持恒定　　　　　　　　　B.供风量基本适应喷油量的要求

　　C.燃烧强调可连续调节　　　　　　　　D.保证蒸发量和送气量的严格平衡

29.在燃油辅锅炉自动燃烧过程中,若将火焰探测器的插头拔出,则_____。

　　A.经点火时间的延时后,给出失火报警并停炉

　　B.立即给出熄火报警并停炉

　　C.立即停炉但不会报警

　　D.经延时后停炉但不会报警

30.下列故障中,不需要燃油辅锅炉紧急停炉保护,仅进行报警的是_____。

　　A.炉水极限低水位　　　　　　　　　　B.燃烧中途熄火

　　C.锅炉风机过载跳闸　　　　　　　　　D.炉水高位

31.在辅锅炉燃烧控制系统中,有_____安全保护环节。

　　A.水位下降到低水位　　　　　　　　　B.蒸汽压力过低

　　C.过低负荷停炉　　　　　　　　　　　D.蒸汽压力过高

32.辅锅炉在运行过程中,在正常燃烧阶段水位下降到危险低水位,则会出现_____。

　　A.报警并等待修理　　　　　　　　　　B.时序过程重新开始

　　C.自动停炉,并进行后扫风　　　　　　D.自动停炉

33.锅炉必须设有低水位保护装置。当水位下降到_____,保护装置应能切断_____,并发出报警。

　　A.低水位时;锅炉的点火　　　　　　　B.危险低水位时;锅炉的供水

船舶机舱自动化（电子电气员）（第3版）

C.低水位时；锅炉的燃烧   D.危险低水位时；锅炉的燃烧

34.熄火保护装置的试验可以在正常燃烧过程中人为_____，以试验其熄火停炉功能。

    A.手动停炉   B.切断供油

    C.断开火焰探测器的接线   D.短接火焰探测器的接线

35.锅炉的极限低水位是指_____。

    A.水位双位控制中停止补水泵的水位   B.水位双位控制中启动补水泵的水位

    C.需安全保护停炉的最低水位   D.需发出低水位报警的水位

36.下面有关辅锅炉电极式水位控制系统的作用及维护保养中，说法错误的是_____。

    A.电极室应定期放水，并清洁电极棒

    B.为保证电极棒与电极室金属外壳之间的绝缘良好，可在电极室充水状态下测量电极棒绝缘
      情况

    C.可实现锅炉水位的双位控制功能

    D.可实现锅炉水位的报警功能

37.浮子式辅助锅炉水位控制系统的水位设定范围通过_____设定。

    A.浮子杆的长度   B.浮子的大小

    C.调节块的位置   D.销钉的位置

38.在电极式锅炉水位控制系统中，在_____情况下，给水泵电机保持断电，停止向锅炉供水。

    A.从下限上升至上、下限之间水位   B.从上限下降到上、下限之间水位

    C.只要水位在上、下限水位之间   D.水位在下限水位

39.在如下图所示的锅炉电极式双位水位控制系统中，电极1、2、3分别检测高水位、低水位和危险水位，为提高锅炉允许的高水位，调整方法是_____。

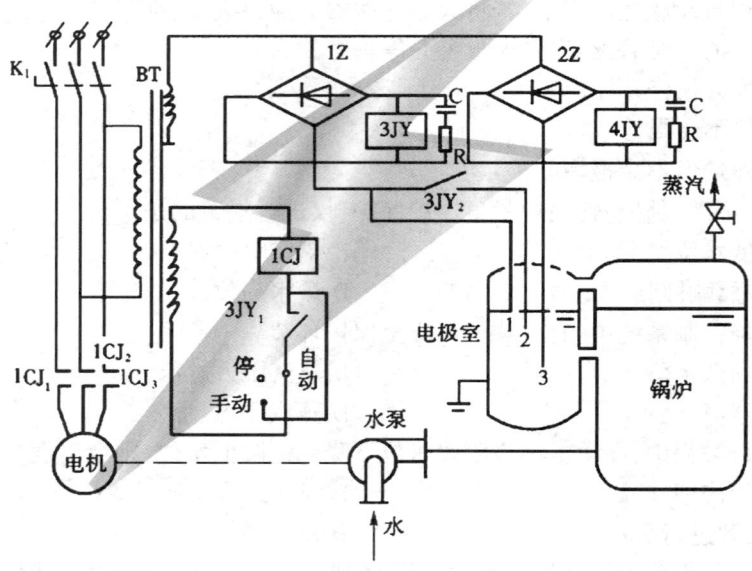

    A.电极1、2不动，降低电极3   B.电极1、3不动，降低电极2

    C.电极1、3不动，升高电极2   D.电极2、3不动，升高电极1

40.锅炉水位双位控制系统的电极室需要定期放水和清洗的原因是为了避免_____。

   A.水的盐度太高   B.水的碱性太高

   C.电极及电极室的导电性能降低   D.电极及电极室短路

41.在如下图所示的锅炉电极式双位水位控制系统中,为同时提高上、下限水位,其调整方法是_____。

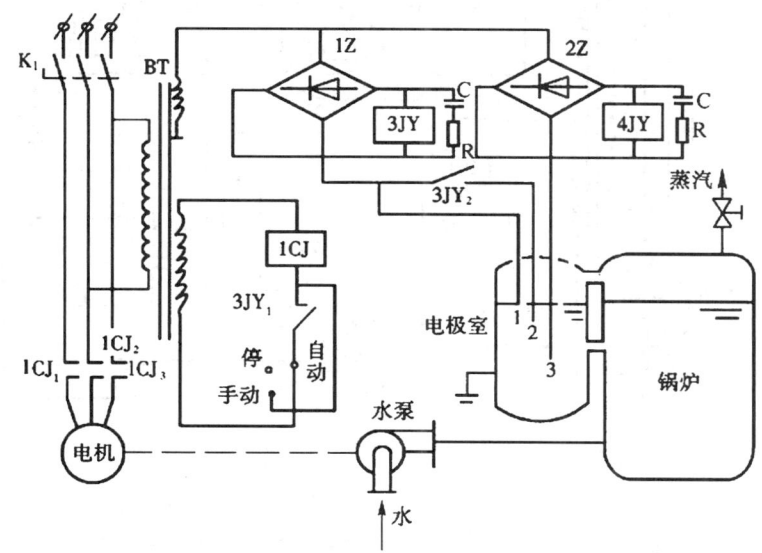

   A.下移 1 号电极,上移 2 号电极   B.同时上移 1 号和 2 号电极

   C.同时下移 1 号和 2 号电极   D.上移 1 号电极,下移 2 号电极

42.在如下图所示的锅炉电极式双位水位控制系统中,把电极 1 上移,把电极 2 下移,则锅炉的上、下限水位的变化是_____。

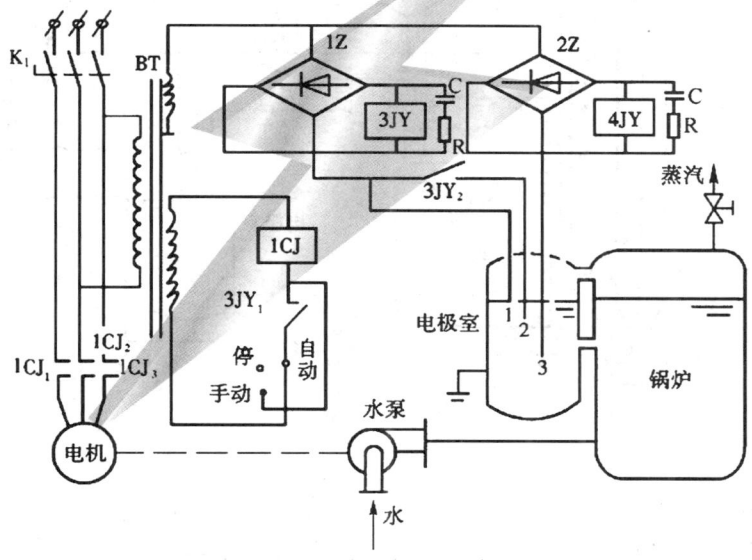

   A.上限水位提高,下限水位降低   B.上、下限水位均提高

C.上、下限水位均降低   D.上限水位降低,下限水位提高

43.在如下图所示的锅炉电极式双位水位控制系统中,电极1、2、3分别检测高水位、低水位和危险水位,为提高锅炉允许的危险水位,其调整方法是_____。

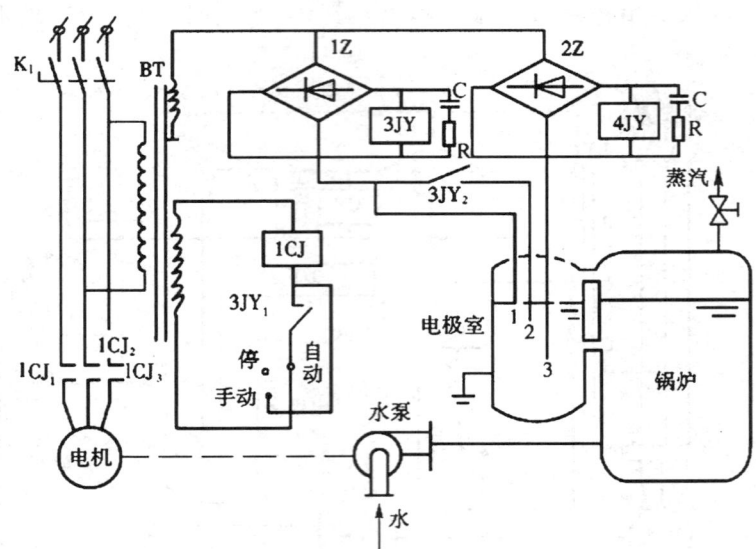

A.电极1、2不动,升高电极3   B.电极1、3不动,降低电极2

C.电极1、3不动,升高电极2   D.电极2、3不动,升高电极1

44.辅锅炉电极式水位控制系统如下图所示,给水泵电机的启动时刻为_____。

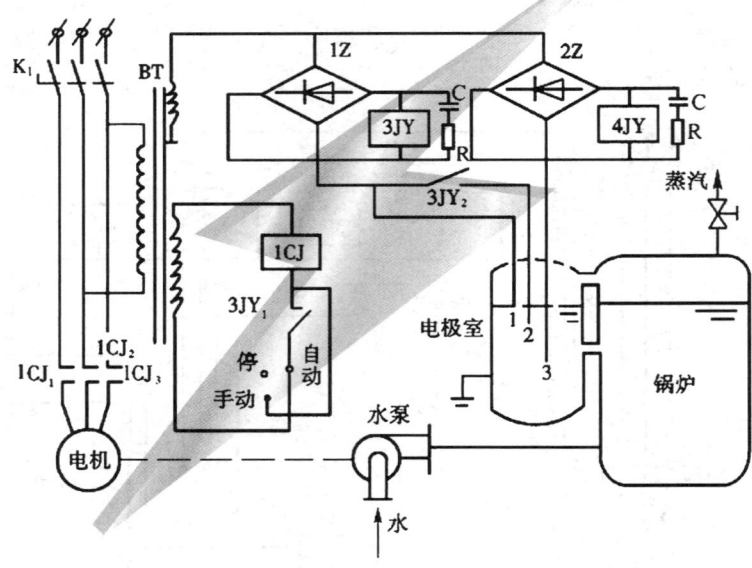

A.水位上升至上限值时   B.水位下降至上、下限值之间

C.水位下降至下限值时   D.水位上升至上、下限值之间

45.在辅锅炉水位的双位控制中,水位处于高、低位之间,水泵向锅炉供水,当水位达到上限允许

水位时,水泵_____;当水位再次降低到高、低位之间时,水泵_____。

  A.停止;启动   B.停止;停止

  C.运行;停止   D.运行;启动

46.在大型油船辅锅炉水位控制系统中,双冲量是指_____。

  A.水位、给水压差   B.水位、蒸汽流量

  C.给水流量、蒸汽流量   D.水位、给水流量

47.在货船辅锅炉燃烧时序控制系统中,可用电阻元件组成火焰感受器,其常用的电阻元件是_____。

  A.热敏电阻   B.光敏电阻

  C.金属丝热电阻   D.温包

48.可用于辅锅炉火焰检测的元件是_____。

  A.热敏电阻   B.热电阻

  C.光电池   D.低熔点合金

49.下列关于辅锅炉火焰感受器的说法,错误的是_____。

  A.常用光敏元件有光敏电阻、光电池和紫外线灯泡

  B.光电池在有光照时两极产生电压

  C.光敏电阻在有光照时阻值增大

  D.紫外线灯泡可接于直流或交流电路

50.辅锅炉自动控制系统在自动点火过程中,点火电极没点火,可能的故障是_____。

  ①点火电极结垢严重;②点火电极间隙过大;③火焰监视器故障;④回油电磁阀未打开;⑤进油电磁阀未打开;⑥时序控制器故障

  A.①②⑤⑥   B.①③④⑤

  C.②③④⑥   D.②③④⑤

51.在PLC控制的全自动锅炉燃烧控制系统中,若在正常燃烧过程中鼓风机因故障不能工作,则会出现_____。

  A.时序过程重新开始   B.报警并等待修理

  C.自动停炉并报警   D.扫风结束自动停炉

52.在PLC控制的自动锅炉燃烧控制系统中,锅炉点着火后,但很快又出现火焰故障报警,随后停炉,可能性较大的故障原因是_____。

  A.PLC硬件故障   B.火焰监测器前面的隔热玻璃脏污

  C.锅炉油路故障   D.锅炉风机损坏

53.在辅锅炉燃烧时序控制系统中,若火焰传感器断线,则系统出现的故障现象是_____。

  A.锅炉失水   B.锅炉满水

  C.锅炉汽压超限   D.锅炉点火失败

54.在辅锅炉燃烧时序控制系统中,若火焰传感器老化,则系统出现的故障现象是_____。

  A.锅炉失水   B.锅炉满水

  C.锅炉汽压超限   D.锅炉运行中熄火

55.船舶辅锅炉自动点火控制系统,在自动点火过程中点火燃烧后,但很快又发出点火失败信号,

可能原因是_____。

A.进油电磁阀未打开　　　　　　　　B.火焰监测器故障

C.点火变压器故障　　　　　　　　　D.点火电极结炭严重

56.如果火焰探测器前面的隔热玻璃脏污,在锅炉点火过程中可能出现_____。

A.点火电极不打火　　　　　　　　　B.点火失败

C.点火变压器不通电　　　　　　　　D.风门不能关小

57.关于辅锅炉燃烧器的燃油加热器,不正确的描述是_____。

A.一般采用电加热的形式　　　　　　B.加热采用温度开关进行双位控制

C.另设有高、低油温报警　　　　　　D.烧用轻油时也必须进行电加热

58.关于辅锅炉燃烧器中风门挡板的开度调节方法,不正确的描述是_____。

A.采用伺服电动机或电磁铁进行调节

B.采用伺服电动机可以进行风门开度连续调节

C.采用电磁铁只能进行风门大、小两挡调节

D.点火时应将风门开至最大

59.风油比是大型油船辅锅炉燃烧强度控制系统的重要参数,其精确与否取决于_____。

A.油量调节器的作用规律　　　　　　B.供风量调节器的作用规律

C.函数发生器的特性　　　　　　　　D.风门调节机构的特性

60.在大型油船辅锅炉水位控制系统中,为消除锅炉负荷突变时虚假水位的影响,常采用_____。

A.单冲量水位控制　　　　　　　　　B.双冲量水位控制

C.水位双位控制　　　　　　　　　　D.水位定值控制

61.在大型油船辅锅炉双冲量水位控制系统中,水位调节回路和给水差压控制回路分别控制_____。

A.给水调节阀、蒸汽调节阀　　　　　B.双冲量调节器、给水差压变送器

C.双冲量调节器、给水调节阀　　　　D.给水差压变送器、蒸汽调节阀

62.在大型油船辅锅炉水位控制系统中,一般采用_____。

A.双位调节器　　　　　　　　　　　B.比例调节器

C.PI 调节器　　　　　　　　　　　　D.PID 调节器

63.在大型油船辅锅炉水位控制系统中,为消除给水阀前后压差对补水量的影响,常采用_____。

A.单冲量水位控制　　　　　　　　　B.双冲量水位控制

C.水位双位控制　　　　　　　　　　D.双回路给水控制

64.大型油船辅锅炉的水位和蒸汽压力控制一般采用_____。

A.双位控制、双位控制　　　　　　　B.双位控制、定值控制

C.定值控制、定值控制　　　　　　　D.定值控制、程序控制

65.大型油船辅锅炉水位定值控制系统采用_____。

A.比例积分调节规律,采用双回路水位控制是为了克服"假水位"影响

B.比例积分微分调节规律,采用双回路水位控制是为了克服"假水位"影响

C.比例积分微分调节规律,采用双回路水位控制是为了克服调节阀前后压差影响

D.比例积分调节规律,采用双回路水位控制是为了克服调节阀前后压差影响

66.在大型油船辅锅炉燃烧控制系统中,函数发生器能使锅炉的供风量与供油量之间保持_____。

    A.比例关系　　　　　　　　　　　　B.双位关系

    C.立方关系　　　　　　　　　　　　D.平方关系

67.在大型油船辅锅炉双冲量水位控制系统中,当锅炉负荷变化时,其控制过程是_____。

    A.在负荷变化的短时间内,主要按蒸汽流量控制,后按水位控制

    B.在负荷变化的短时间内,主要按水位控制,后按蒸汽流量控制

    C.在负荷变化的短时间内,主要按蒸汽压力控制,后按水位控制

    D.在负荷变化的短时间内,主要按水位控制,后按蒸汽压力控制

68.在大型油船辅锅炉燃烧控制系统中,函数发生器的作用是_____。

    A.保证供油量适应负荷的变化　　　　B.保证最佳风油比

    C.使风门开度与供油量成比例　　　　D.使风门开度超前供油量变化

69.在大型油船辅锅炉的燃烧控制系统中,供风量控制回路属于_____。

    A.定值控制　　　　　　　　　　　　B.程序控制

    C.随动控制　　　　　　　　　　　　D.开环控制

70.在大型油船辅锅炉燃烧控制系统中,风油比的好坏取决于_____。

    A.油量调节器的作用规律　　　　　　B.供风量调节器的作用规律

    C.函数发生器的特性　　　　　　　　D.风门调节机构的特性

71.大型油船辅锅炉自动控制系统通常应包括_____系统。

    ①锅炉燃油温度定值控制;②双位式蒸汽压力控制;③双位式水位控制;④水位的定值控制;⑤燃烧的双位控制;⑥蒸汽压力的定值控制

    A.①④⑥　　　　　　　　　　　　　B.①③⑤

    C.④⑤⑥　　　　　　　　　　　　　D.②③④

72.大型油船辅锅炉自动控制系统中有许多控制回路,其中不包括_____。

    A.根据蒸汽压力的偏差值经 PI 控制作用的蒸汽压力调节器来控制燃油调节阀的开度回路

    B.根据给水调节阀前后压差控制蒸汽调节阀的速度回路

    C.根据喷油量对向锅炉送风量的控制回路

    D.根据水位偏差控制给水调节阀开度的水位控制回路

73.在大型油船辅锅炉燃烧控制系统中,函数发生器的输入和输出分别为_____。

    A.蒸汽压力信号、风量设定信号　　　B.蒸汽压力信号、供油量信号

    C.供油量信号、风量设定信号　　　　D.蒸汽压力信号、送风量信号

74.为保证舵机系统的供电可靠,通常采用_____。

    A.由专用柴油发电机供电

    B.由应急电源直接供电

    C.由左、右舷两路馈线方式向舵机室供电,且其中一路与应急电源相连

    D.由主电源、大应急电源、小应急电源共同供电

75.为保证电动-机械传动舵机的供电可靠,实际做法是_____。
 A.配备专用的柴油发电装置
 B.分左、右舷两路馈线方式向舵机室供电即可,没必要与应急电源相连
 C.分左、右舷两路馈线方式向舵机室供电并与应急电源相连
 D.采用一路供电仅与应急电源相连即可,没必要采用两路馈线方式

76.关于船舶舵机电力拖动与控制装置的基本要求,错误的叙述是_____。
 A.随动和应急操舵时,极限偏转限位不再起作用
 B.至少有 2 个控制站(驾驶台和舵机房),控制站之间装有转换开关
 C.通常分左、右舷两路馈线方式向舵机供电,其中之一与应急电源相连
 D.允许电动舵机的拖动电动机堵转 1 min

77.关于船舶舵机的电力拖动与控制装置的基本要求,错误的叙述是_____。
 A.通常分左、右舷两路馈线方式向舵机供电,其中之一与应急电源相连
 B.至少有 2 个控制站(驾驶室和舵机房),控制站之间装有转换开关
 C.当舵叶转至极限位置时,舵机自动停止转舵,防止操舵设备受损
 D.从一舷最大舵角转至另一舷最大舵角的时间不超过 60 s

78.电动-液压舵机通常选用_____工作制的电动机。
 A.连续   B.短时
 C.重复短时   D.任意

79.对于舵机供电线路不论舵机本身还是线路,通常均_____保护装置。
 A.必须设置过载   B.单独设置过载
 C.不设置过载   D.不设置短路

80.船舶舵机动力装置对电动机过载的要求是_____。
 A.舵机电动机过载只能报警,不能因过载而停止运行
 B.舵机电动机过载既要报警,也必须能因过载而停止运行
 C.舵机电动机过载不设报警,立即因过载停止运行
 D.舵机电动机过载不设报警,也不设过载保护停止运行

81.关于舵机拖动控制系统的要求的叙述,正确的是_____。
 A.不设舵叶偏转限位开关,只设有报警装置
 B.设有电源失压或缺相报警
 C.设有过载声、光报警,且有过载立即停机保护
 D.采用自动操作仪时,有当舵向超过一定的偏差时自动停机保护装置

82.关于船舶舵机的主要技术要求,叙述正确的是_____。
 A.由一台或几台动力设备组成的每一电动或电动液压操舵装置至少应由主配电板设两路独立馈电线直接供电,但其中的一路必须由应急配电板供电
 B.油泵电动机组需采用双机同时运行系统
 C.舵自任一舷的 25°转至另一舷的 25°所需时间不超过 28 s
 D.舵自任一舷的 30°转至另一舷的 30°所需时间不超过 28 s

83.下列关于舵机对电力拖动与控制的要求的说法,错误的是_____。

A.允许电动舵机的拖动电动机堵转 1 min

B.只在驾驶台设有一个操纵装置

C.舵叶偏转极限角一般为 35°,到达该角度,限位开关动作

D.拖动电动机应具有较强的过载能力

84.下列关于船舶舵机的说法中,错误的是_____。

A.在自动舵和随动舵出现故障不能运行时,能迅速转到应急操作舵

B.在任何情况下均能投入工作,并及时准确地把舵转至给定舵角,备有舵角指示器指示

C.舵机电机只有过载报警而无须过载保护装置

D.要求舵机的驱动电机采用连续工作制,保证拖动电机在堵转 2 min 的情况下不致被烧坏

85.为保证舵机的工作可靠、操作灵便,自动操舵仪应包括_____。

A.自动和随动两种操舵方式,并能方便地选择切换

B.应急和随动两种操舵方式,并能方便地选择切换

C.自动和应急两种操舵方式,并能方便地选择切换

D.自动、随动和应急三种操舵方式,并能方便地选择切换

86.自适应自动舵是由微机控制的具有自适应控制功能的船舶自动舵,其特点是_____。

A.通过控制面板的旋钮手动调节自动舵调节器各参数

B.自动舵调节器各参数通过对船舶现时状态的变化和扰动干扰等情况的监测进行自动调整,以达最优控制

C.自动舵调节器各参数已经达到最佳,故均固定不变

D.该系统对船舶驾驶员的操舵经验要求相比自动舵系统更高

87.船舶在海上航行过程中,自动控制系统一般使用一套舵机运行、一套备用的方案,当出现运行舵机过载报警时,自动控制系统通过_____恢复正常工作。

A.自动切换到备用机组

B.报警,但仍保持原运行机组工作,直到驾驶员手动切换

C.停止运行机组,报警,等待切换

D.报警,驾驶员立即改随动操舵

88._____是指在操舵者发出舵角指令后,不仅可使舵按指定方向转动,而且在舵转到指令舵角后还能自动停止操舵的系统。

A.随动操舵系统　　　　　　　　　　B.自动操舵系统

C.单操舵系统　　　　　　　　　　　D.应急操舵系统

89.检修或调试舵机时,应采用_____。

A.随动操舵系统　　　　　　　　　　B.自动操舵系统

C.手动操舵系统　　　　　　　　　　D.应急操舵系统

90.在自动舵系统中,比例调节规律的舵令是按_____给出的。

A.偏舵角的大小　　　　　　　　　　B.偏航角的大小

C.偏舵角的变化率　　　　　　　　　D.偏航角的变化率

91.偏舵角与偏航角呈比例的自动舵属于_____。

A.比例舵　　　　　　　　　　　　　B.比例-微分舵

C.比例-微分-积分舵　　　　　　　　　　D.比例-积分舵

92.下列关于舵机的舵角的说法,错误的是_____。

　　A.电气舵角指示器的指示舵角与实际舵角之间的偏差应不大于±1°,而且正舵时应无偏差

　　B.采用随动方式操舵时,操舵仪的指示舵角与舵停住后的实际舵角之间的偏差应不大于±1°,而且正舵时应无偏差

　　C.电气与机械的舵角限位必须可靠

　　D.实际的限位舵角与规定值之差应不大于±30°

93.在 PID 自动舵中,能在船舶回航过程中自动提前给出反向舵作用的项是_____。

　　A.比例项　　　　　　　　　　　　　　B.微分项

　　C.积分项　　　　　　　　　　　　　　D.比例-积分项

94.关于船舶常规自动舵的基本类型及其调节规律,下列叙述正确的是_____。

　　A.压舵调节一般由微分环节产生,所以又称微分调节

　　B.自动舵是操作手轮发出舵令,舵叶跟随舵令转动的自动系统

　　C.自动舵必须具有舵角反馈和航向反馈

　　D.比例自动舵机构简单,但航向精度较高

95.在自动舵系统中,_____调节规律可以克服船体惯性的作用。

　　A.比例　　　　　　　　　　　　　　　B.微分

　　C.积分　　　　　　　　　　　　　　　D.差分

96.随动舵控制系统的调整可分为_____的调整。

　　A.零位和放大比例环节　　　　　　　　B.零位和反馈环节

　　C.量程和放大比例环节　　　　　　　　D.量程和反馈环节

97.当船舶海上航行过程中舵在自动舵模式下工作时,若操舵信号发出后,舵角基本不动,改随动模式时也不能操舵,此时驾驶台应立即_____,恢复航向正常。

　　A.安排轮机员修理

　　B.使用舵机房应急操舵

　　C.使用 NFU(非随动)模式,如还不能操舵,则改到舵机房应急操舵

　　D.使用两套舵机同时工作

98.舵机拖动电气控制系统大修后需_____。

　　①测试热继电器整定值;②测试短路电流;③测试应急操舵功能;④测试随动操舵功能

　　A.①④　　　　　　　　　　　　　　　B.①③

　　C.③④　　　　　　　　　　　　　　　D.②③

99.在舵机控制系统中,当控制电磁阀一端线圈损坏时会引起_____。

　　A.跑舵　　　　　　　　　　　　　　　B.冲舵

　　C.滞舵　　　　　　　　　　　　　　　D.只能单向转舵

100.VISCOCHIEF 型燃油黏度控制系统如下图所示,供给泵的流量由流量变送器 FT 检测,用于控制器_____情况。在自动滤器的前后装有压差开关 PDS,用于滤器_____的检测。

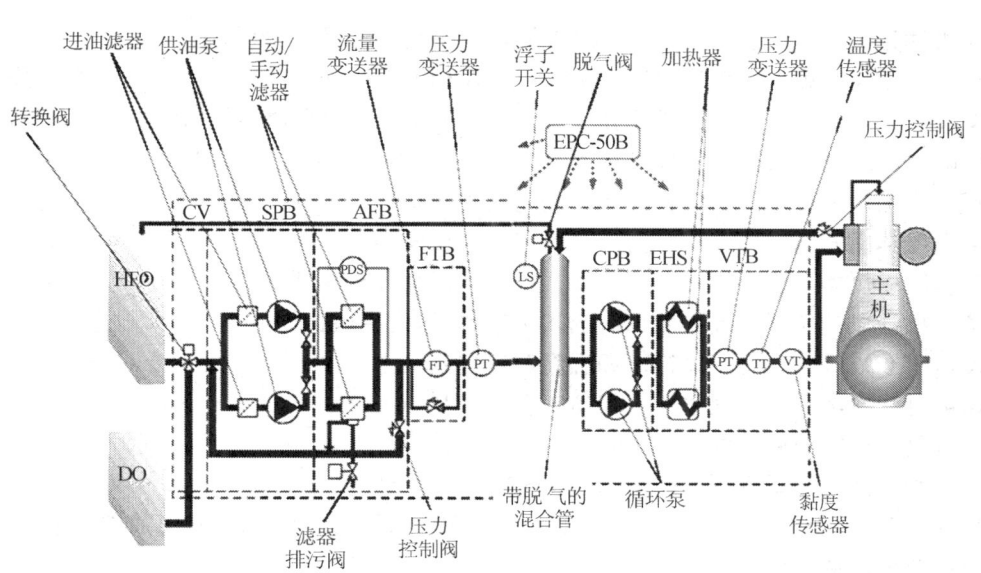

VTB—黏度温度测量模块；EHS—电加热器；CPB—循环泵组合模块；EPC-50B—控制单元；
PTB—流量计模块；AFB—自动滤器模块；PDS—差压开关；SPB—供油泵模块；CV—重油/轻油切换阀

A.测量当前流量；低压报警　　　　　　　B.测量当前流量；脏堵报警

C.分析柴油机的耗油；低压报警　　　　　D.分析柴油机的耗油；脏堵报警

101.VISCOCHIEF 型燃油黏度控制系统如下图所示，可以分为_____部分。

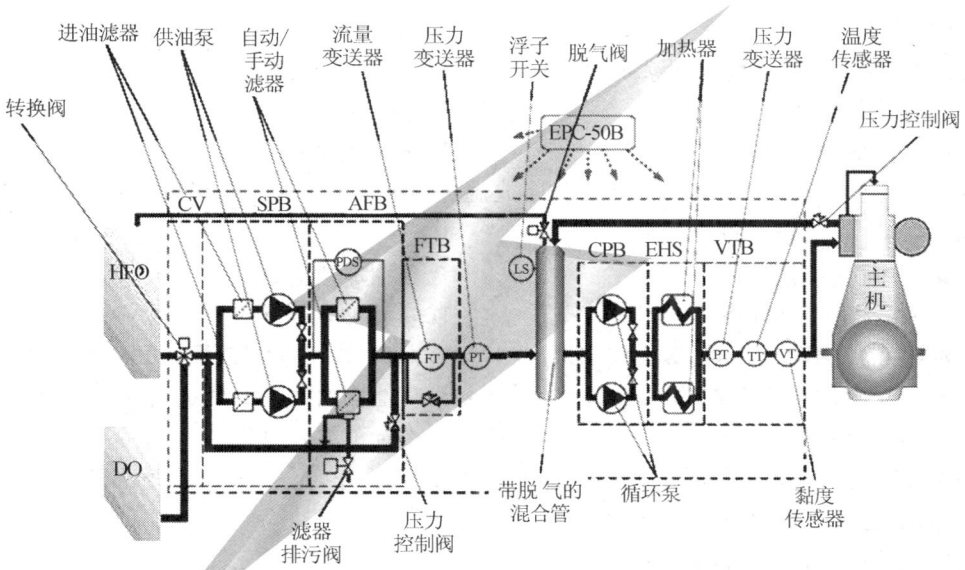

VTB—黏度温度测量模块；EHS—电加热器；CPB—循环泵组合模块；EPC-50B—控制单元；
PTB—流量计模块；AFB—自动滤器模块；PDS—差压开关；SPB—供油泵模块；CV—重油/轻油切换阀

A.燃油黏度或温度自动控制、油泵电机和滤器

B.供油处理、燃油黏度或温度自动控制、油泵电机和滤器

C.供油处理、燃油黏度或温度自动控制、油泵电机和滤器、EPC-50

D.供油处理、燃油黏度或温度自动控制、油泵电机和滤器、各种传感器

102.VISCOCHIEF 型燃油黏度控制系统的控制器 EPC-50B 主要分为_____三个部分。

A.输入回路、主控制板、输出回路 　　　　　B.信息处理回路、单片机主板、显示模块

C.电源、主控制板、操作面板 　　　　　　　D.传感器、主控制板、执行器

103.燃油供油单元中温度自动控制系统的组成不包括_____。

A.温度传感器 　　　　　　　　　　　　　　B.控制器

C.燃油加热器 　　　　　　　　　　　　　　D.黏度传感器

104.关于燃油供油单元自动控制系统的基本工作原理,说法错误的是_____。

A.可对柴油进行温度程序控制和温度定值控制

B.可对柴油进行温度程序控制和黏度定值控制

C.对重油程序加温结束后,自动转为黏度定值控制

D.可对重油进行温度程序控制、温度定值控制和黏度定值控制

105.在 Alfa Laval 公司生产的燃油供油单元 FCM 中,循环泵 CPB 用于向柴油机提供需要的油压,该参数可以通过压力_____来检测。

A.调节器 　　　　　　　　　　　　　　　　B.控制器

C.变送器 　　　　　　　　　　　　　　　　D.放大器

106.在 Alfa Laval 公司生产的燃油供油单元 FCM 中,如果系统选择黏度控制方式,则控制器按照_____控制规律来调节加热器的加热量。

A.P 　　　　　　　　　　　　　　　　　　B.PD

C.PI 　　　　　　　　　　　　　　　　　　D.PID

107.在 EPC-50B 燃油黏度控制系统中,与传感器和变送器连接的是_____。

A.远程操作面板 　　　　　　　　　　　　　B.主控制板

C.控制面板 　　　　　　　　　　　　　　　D.报警控制板

108.在燃油供油单元 FCM 中设有燃油黏度或温度自动控制功能,当其进行黏度控制时,控制对象是_____,系统输出量是_____。

A.柴油主机;燃油温度 　　　　　　　　　　B.燃油加热器;蒸汽流量

C.柴油主机;燃油黏度 　　　　　　　　　　D.燃油加热器;燃油黏度

109.柴油机在使用燃料油时,雾化加热器出口燃油温度的高低主要依据_____来决定。

A.输油泵的排出压力要求 　　　　　　　　　B.喷油器对燃油黏度的要求

C.加热器热容量的大小 　　　　　　　　　　D.燃油的泵送性能

110.在 FCM 燃油组合控制单元中,控制器 EPC-50B 主要分为_____三个部分。

A.输入回路、主控制板、输出回路

B.信息处理回路、单片机主板、显示模块

C.电源、主控制板、操作面板

D.传感器、主控制板、执行器

111.燃油供油单元的综合控制功能不包括_____。

A.回油的脱气自动控制 　　　　　　　　　　B.分油机的自动控制

C.燃油滤器的自动控制 　　　　　　　　　　D.燃油循环泵的运行/备用控制

112.在 FCM 型燃油供油单元的综合控制中,有柴油 DO 和重油 HFO 两种控制模式。当 OFF 转换为 HFO 或从 DO 转换为 HFO 且 VT 灯亮时,燃油_____被监控和显示。加热运行程序由重油温升参数控制,当燃油被加热到设定温度以下 3 ℃时,控制器自动转到_____控制。

A.温度;黏度 　　　　　　　　　　　　B.黏度;温度

C.温度和黏度;温度 　　　　　　　　　D.温度和黏度;黏度

113.在 FCM 型燃油供油单元的综合控制中,当油泵工作模式选择开关选择 EPC 时,即油泵由 EPC 控制器自动控制时,备用机组启动与否取决于相应的_____和_____的状态。

A.压力开关;备用机组 　　　　　　　　B.压力开关;运行机组

C.流量开关;运行机组 　　　　　　　　D.流量开关;备用机组

114.在燃油供油单元中,可采用电加热器或蒸汽加热器来调节燃油的黏度或温度,无论采用哪种加热方式,都是由控制器 EPC-50B 按照事前设定的_____控制规律调节加热器的加热量。

A.比例 　　　　　　　　　　　　　　　B.比例积分

C.比例微分 　　　　　　　　　　　　　D.比例积分微分

115.在柴油机气缸冷却水温度控制系统中,若把测温元件安装在冷却水进口管路中,随着柴油机负荷的增大进口冷却水温度_____,出口冷却水温度_____。

A.基本不变;增高 　　　　　　　　　　B.不变;不变

C.不变;降低 　　　　　　　　　　　　D.降低;不变

116.在船舶冷却水温度自动控制装置中,如出现调节阀门卡阻,系统会出现_____。

A.温度随负载波动而波动,不能稳定 　　B.冷却量固定,冷却水温度不变

C.冷却水高温造成故障停车 　　　　　　D.水泵过载

117.冷却水温度自动控制模块电路板故障,一时没有备件替换,可考虑_____。

A.安排值班,观察温度,机旁手动调节三通阀

B.手动设定一个三通阀的位置即可

C.使用滑油温度控制器替换本模块电路板

D.更换传感器

118.ENGARD 中央冷却水温度控制系统在自动方式下正常工作时,在控制面板的液晶窗口中将会显示出_____。

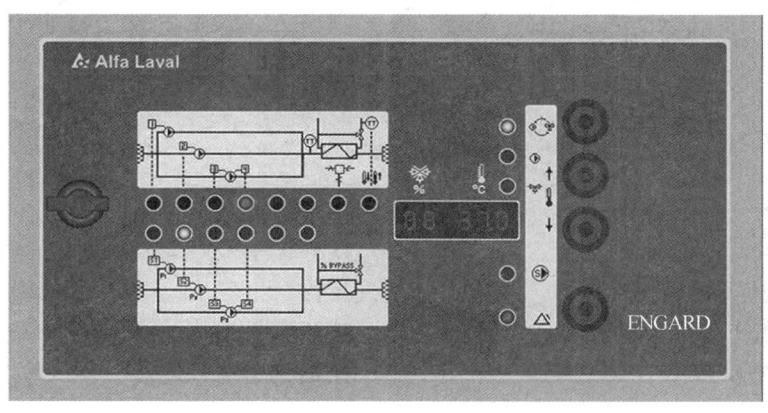

A.F 系列参数和海水温度值　　　　　　　B.F 系列参数和海水泵的累计工作时间

C.调节阀开度值和海水温度值　　　　　　D.调节阀开度值和低温淡水温度值

119.ENGARD 中央冷却水温度控制系统中的核心部件是_____。

A.中央冷却器　　　　　　　　　　　　　B.低温淡水温度调节阀

C.ENGARD 控制器　　　　　　　　　　　D.PT100 温度传感器

120.ENGARD 中央冷却水温度控制系统中的自动控制主要是对_____的控制。

A.低温淡水温度和海水温度　　　　　　　B.低温淡水流量和海水流量

C.低温淡水温度和海水流量　　　　　　　D.低温淡水流量和海水温度

121.中央冷却水温度控制系统主要是对_____进行控制。

A.高温淡水温度和低温淡水温度　　　　　B.低温淡水温度和海水温度

C.低温淡水温度和海水流量　　　　　　　D.高温淡水温度和海水流量

122.在空气反冲式自清洗滤器的清洗过程中,继续进行过滤作用的滤筒个数和进行清洗的滤筒个数分别为_____。

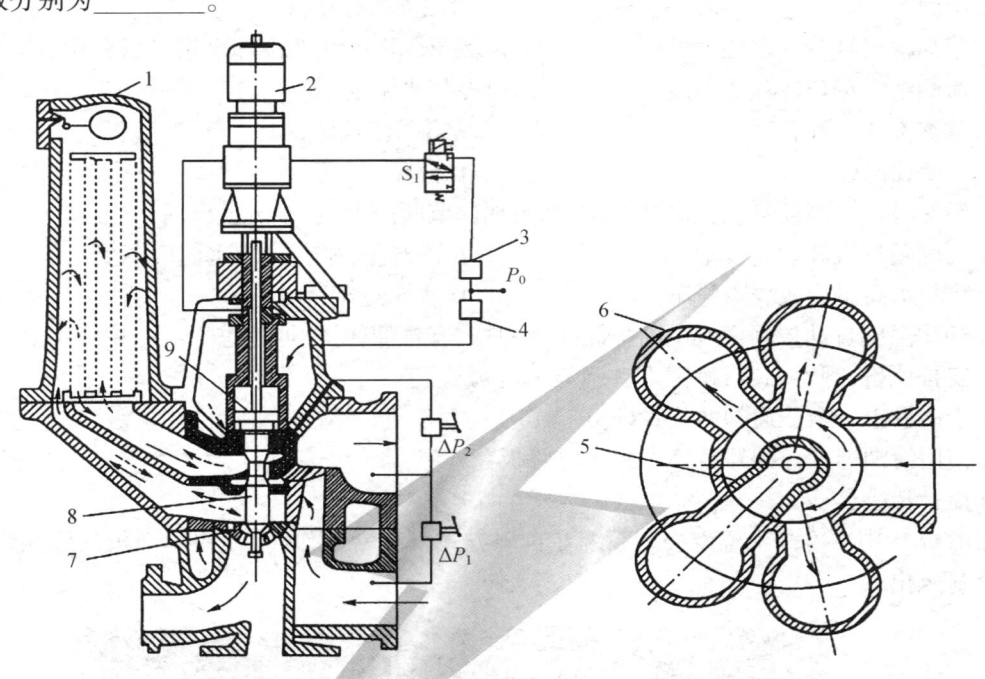

1、6—滤筒；2—电机；3、4—减压阀；5—旋转本体；7—排污阀；8—控制阀；9—控制活塞；
S_1—清洗电磁阀；ΔP_1—进出口压差开关；ΔP_2—压力开关

A.1 个、3 个　　　　　　　　　　　　　B.2 个、2 个

C.0 个、4 个　　　　　　　　　　　　　D.3 个、1 个

123.自清洗式滤器可根据_____决定自动清洗工作。

A.滤器进出口之间的压差　　　　　　　　B.油压大小

C.滤器的清洁程度　　　　　　　　　　　D.油的清洁程度

124.空气反冲式自清洗滤器如下图所示,其对某个滤筒正在进行清洗的条件是_____。

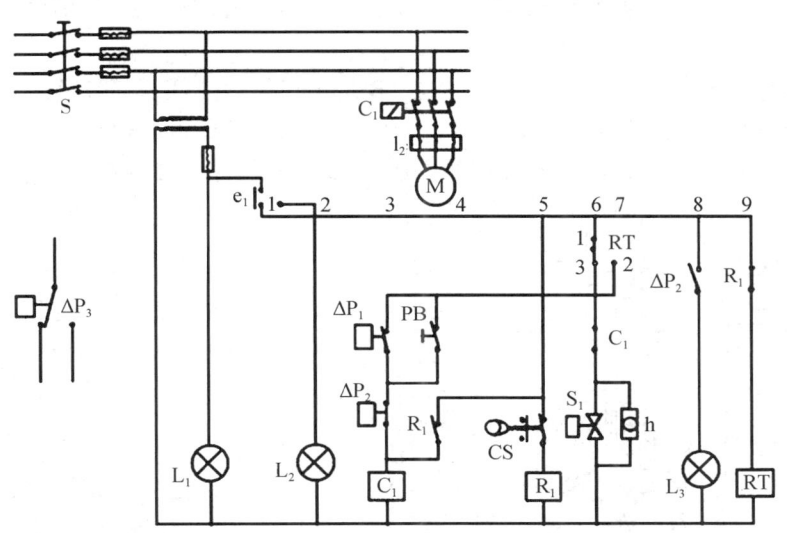

A.驱动旋转本体的电机 M 通电

B.控制清洗的电磁阀断电

C.进出口滑油压差压力开关 ΔP_1 闭合,延时继电器 RT 通电,且在延时时间内

D.进出口滑油压差压力开关 ΔP_1 断开且 RT 断电

125.如下图所示,在空气反冲式自清洗滤器控制电路中,压力开关 ΔP_2 的作用是_____。

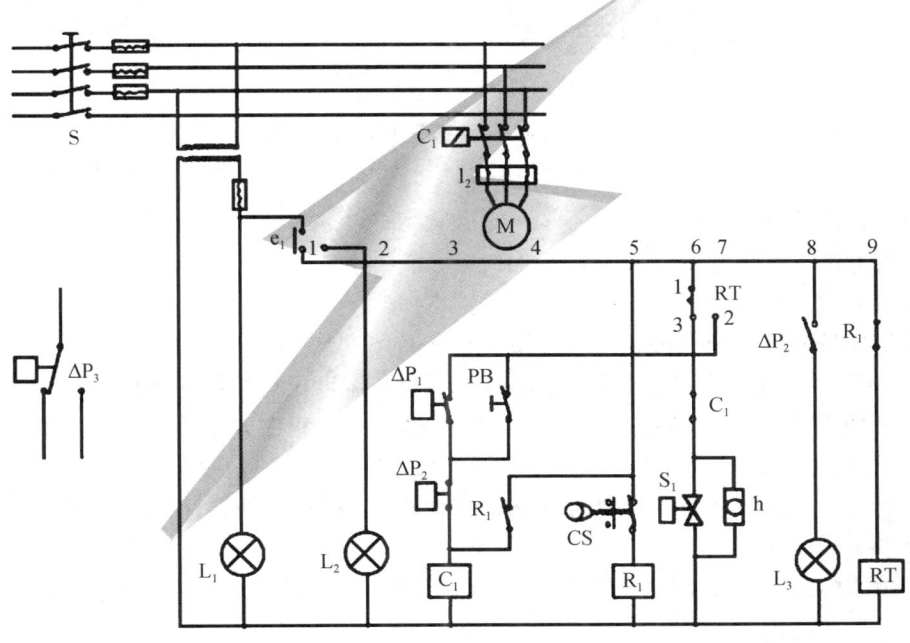

A.控制冲洗开始时间　　　　　　　　B.控制冲洗结束

  C.冲洗期间不许电机转动   D.进出口压差过大报警

126.在空气反冲式自清洗滤器的自动控制系统中,系统工作一段时间后,当清洗电磁阀因故障不
  能动作时_____。

  A.进出口压差增高,进行冲洗   B.进出口压差降低,不能冲洗

  C.进出口压差增高,不能冲洗   D.进出口压差降低,进行冲洗

127.空气反冲式自清洗滤器在压差大于 0.09 MPa 后自动开始冲洗,此后_____才停止冲洗。

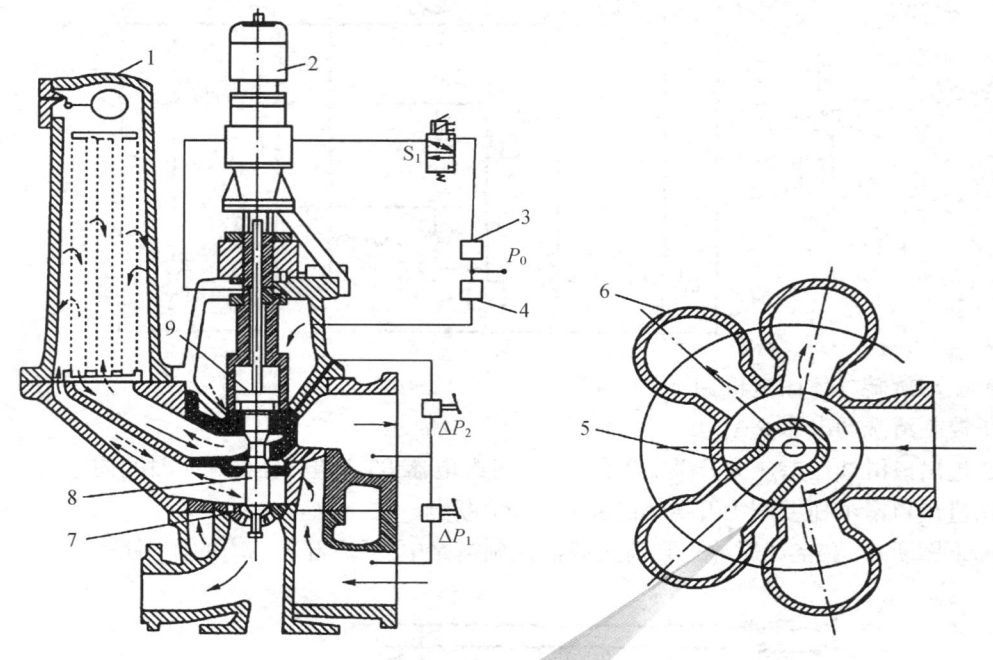

  1、6—滤筒；2—电机；3、4—减压阀；5—旋转本体；7—排污阀；8—控制阀；9—控制活塞；
      S_1—清洗电磁阀；ΔP_1—进出口压差开关；ΔP_2—压力开关

  A.各滤筒轮番冲洗一遍

  B.轮番冲洗各滤筒至压差小于 0.09 MPa

  C.轮番冲洗各滤筒至压差小于 0.03 MPa

  D.反复冲洗各滤筒至按停止冲洗按钮

128.在 FCM 燃油供油单元中,开始对重油(HFO)进行温度定值控制的条件是_____。

  A.将燃油模式选择在 DO,控制方式选择在黏度,并且程序升温达到轻油定值控制设定温度
    以下 3 ℃之内

  B.将燃油模式选择在 DO,控制方式选择在温度,并且程序升温达到轻油定值控制设定温度
    以下 3 ℃之内

  C.将燃油模式选择在 HFO,控制方式选择在黏度,并且程序升温达到重油定值控制设定温度
    以下 3 ℃之内

  D.将燃油模式选择在 HFO,控制方式选择在温度,并且程序升温达到重油定值控制设定温度

以下 3 ℃之内

129.在 FCM 燃油供油单元中,开始对轻油(DO)进行温度定值控制的条件是_____。

A.将燃油模式选择在 DO,控制方式选择在黏度,并且程序升温达到轻油定值控制设定温度以下 3 ℃之内

B.将燃油模式选择在 DO,控制方式选择在温度,并且程序升温达到轻油定值控制设定温度以下 3 ℃之内

C.将燃油模式选择在 HFO,控制方式选择在黏度,并且程序升温达到重油定值控制设定温度以下 3 ℃之内

D.将燃油模式选择在 HFO,控制方式选择在温度,并且程序升温达到重油定值控制设定温度以下 3 ℃之内

130.在 FCM 燃油供油单元中,系统在运行期间,黏度控制指示 LED 灯"VT"稳定发光说明_____。

A.现行的运行模式为轻油(DO)模式,控制器已自动转到黏度控制

B.现行的运行模式为轻油(DO)模式,控制器已自动转到温度控制

C.现行的运行模式为重油(HFO)模式,控制器已自动转到黏度控制

D.现行的运行模式为重油(HFO)模式,控制器已自动转到温度控制

131.燃油供油系统断电并重新送电后,自动启动运行的机组是_____。如 EPC-50B 控制器通电正常,而发生油泵等动力电源断电后的再次恢复,自动启动运行的机组是_____。

A.原运行机组;原运行机组　　　　　B.备用机组;备用机组

C.原运行机组;备用机组　　　　　　D.备用机组;原运行机组

132.燃油供油单元本地选择开关转至"Remote"时,不能实现的功能是_____。

A.状态指示、燃油自动转换

B.系统启停控制

C.油泵手动启停控制和报警指示

D.在远程站实现报警复位和油泵自动切换控制

133.在燃油供油单元 FCM 的自动控制系统中,系统在 DO 控制模式下运行,且 LED 指示灯"TT"闪烁时,表示系统处在_____。

A.DO 温度定值控制期间　　　　　B.DO 温升期间

C.HFO 温度定值控制期间　　　　D.HFO 温升期间

134.对于燃油供油单元 FCM 中的燃油黏度控制系统,若在温度控制模式下,温度设定值为 130 ℃,则进行黏度定值控制的条件是_____。

A.温度达到 130 ℃稳定运行几分钟后

B.温度达到 130 ℃

C.温度达到 127 ℃且控制模式选择为黏度控制

D.选择黏度控制模式,温度达到 130 ℃且稳定运行几分钟后

135.燃油供油单元 FCM 中的燃油黏度控制系统工作在重油控制方式时,加热器出现故障,系统将_____。

A.立即切换为轻油

B. 当油温低于报警值时，系统切换为轻油

C. 当油温低于低温限制值参数 Fa14 所设置的低温值时，系统自动转换为轻油

D. 当油温低于低温限制值参数 Fa14 所设置的低温值，并延时 2 min 确认时，系统自动转换为轻油

136. 在FCM燃油供油单元中，温度控制和黏度控制采用的作用规律分别是_____规律和_____规律。

A. 比例作用；比例积分作用　　　　　　　B. 比例积分作用；比例作用

C. 比例积分作用；比例微分作用　　　　　D. 比例积分作用；比例积分作用

137. 在燃油供油单元 FCM 中，燃油黏度控制系统可以对重油进行_____。

A. 黏度和温度定值控制　　　　　　　　　B. 黏度或温度定值控制

C. 加温定值控制　　　　　　　　　　　　D. 降温定值控制

138. 在燃油供油单元 FCM 中，燃油黏度控制系统可以对轻油进行_____。

A. 温度定值控制　　　　　　　　　　　　B. 黏度定值控制

C. 黏度或温度定值控制　　　　　　　　　D. 黏度和温度定值控制

139. 在燃油供油单元 FCM 中的燃油黏度控制系统中，选择开关从轻油（DO）到重油（HFO）并工作稳定后，系统控制方式是_____。

A. 温度定值控制和黏度定值控制

B. 温度程序控制和黏度定值控制

C. 温度程序控制或黏度定值控制

D. 温度定值控制或黏度定值控制

140. 燃油供油单元的黏度自动控制系统的组成不包括_____。

A. 黏度传感器和温度传感器　　　　　　　B. 控制器

C. 燃油加热器　　　　　　　　　　　　　D. 供油泵

141. FCM 燃油供油单元对重油（HFO）的控制方式包括_____。

A. 温度定值控制和黏度定值控制

B. 黏度程序控制和黏度定值控制

C. 温度程序控制、温度定值控制或黏度程序控制

D. 温度程序控制、温度定值控制或黏度定值控制

142. 在 FCM 燃油组合控制单元中，系统进行燃油黏度定值控制的阶段是_____。

A. 切换到 HFO 即开始

B. 切换到 HFO，并确认三通阀到位后开始

C. 切换到 HFO，加温到设定的黏度值时开始

D. 切换到 HFO，加温到设定的黏度对应的温度值−3 ℃时开始

143. 在燃油供油单元的综合控制中，有柴油（DO）和重油（HFO）两种控制模式。当控制器接通柴油控制模式时，EPC-50B 自动选择为_____模式，燃油_____被监控。

A. 温度控制；黏度　　　　　　　　　　　B. 温度控制；温度

C. 黏度控制；温度　　　　　　　　　　　D. 黏度控制；黏度

144. 在 FCM 燃油供油单元中，所采用的 EVT20 黏度传感器的结构不包括_____。

  A.振动杆   B.扭力管

  C.压电元件   D.钟摆

145.在采用 EPC-50B 控制的 FCM 燃油供油单元系统中,燃油黏度的检测是由_____实现的。

  A.EVT10C 黏度传感器   B.EVT20 黏度传感器

  C.差压变送器   D.黏度变送器

146.在 FCM 燃油供油单元中,所采用的 PT100 温度传感器的电阻值_____。

  A.具有正温度系数,随着温度的升高而增大

  B.具有正温度系数,随着温度的降低而增大

  C.具有负温度系数,随着温度的升高而减小

  D.具有负温度系数,随着温度的降低而减小

147.EVT20 黏度传感器在钟摆内还内置了一个温度传感器 PT100,用其检测钟摆内的温度,目的是_____。

  A.供系统校正和补偿黏度测量中由温度引起的误差

  B.供系统校正和补偿黏度测量中由黏度引起的误差

  C.供系统计算和补偿温度测量中由黏度引起的误差

  D.供系统控制和补偿温度测量中由温度引起的误差

148.EVT20 黏度传感器单片机通过测量共振频率下两个压电元件振动信号间的特定相位偏差值,从而获得一个表示燃油阻尼性质的值,该阻尼值与黏度的_____成比例。

  A.平方   B.立方

  C.立方根   D.平方根

149.EVT20 黏度传感器电路板内采用单片机控制系统,该系统将检测到的信号转换成 4～20 mA 电流信号,其对应的黏度为_____。

  A.0～30 cst   B.0～50 cst

  C.0～60 cst   D.0～80 cst

150.燃油供油单元 FCM 中的燃油黏度控制系统的 EVT-20C 黏度传感器有两套压电元件,对其作用描述正确的是_____。

  A.两套均用来检测振动信号,通过相位差计算黏度

  B.两套均用来检测振动信号,互为备用

  C.一套用来驱动钟摆旋转振动,另一套用来检测振动信号

  D.两套均用来驱动钟摆旋转振动

151.在燃油供油单元 FCM 中的黏度自动控制中,EVT20 黏度传感器装置的作用是将_____。

  A.燃油黏度的变化转变为感应电动势信号的变化

  B.燃油黏度的变化转变为 4～20 mA 电流信号的变化

  C.燃油温度的变化转变为感应电动势信号的变化

  D.燃油温度的变化转变为 4～20 mA 电流信号的变化

152.S 型分油机中的 MT50 水分传感器采用_____测量油中含水量。

  A.电容   B.电感

  C.电阻   D.频率

153.分油机自动控制系统的 MT50 水分传感器,其电路板将水分信号转换为_____信号送给以单片机为核心的 EPC-50 控制器。

    A.4~20 mA 电流   B.0.02~0.1 MPa 气压

    C.0~10 mA 电流   D.1~5 V 电压

154.S 型分油机自动控制系统的控制部分是_____。

    A.控制器   B.EPC-50 控制器

    C.ENGARD 控制器   D.EPC-50B 控制器

155.由 EPC-50 控制的 S 型分油机自动控制系统,其组成包括_____。

    A.重油沉淀柜   B.重油日用柜

    C.EPC-50 控制箱   D.黏度传感器

156.在由 EPC-50 控制的 S 型分油机自动控制系统中还装有速度传感器,用来检测分油机的转速,如_____,分油机应按一定的模式自动停止,同时发出相应的警报。

    A.分油机启动时在设定的时间内,转速未达到设定的转速范围

    B.分油机启动时在设定的时间内,转速达到设定的转速范围

    C.转速超过设定的分油机最低转速

    D.转速低于设定的分油机最高转速

157.S 型分油机自动控制系统的控制部分是_____。

    A.EPC-50B 控制器   B.EPC-50 控制器

    C.EPC-400B 控制器   D.EPC-400 控制器

158.如下图所示,在 EPC-50 控制面板中,有三个压力变送器 PT,分别装在燃油进口、净油出口和排水出口处。在正常分油过程中,三个压力变送器的压力处于:燃油进口压力_____;净油出口压力_____;排水出口压力_____。

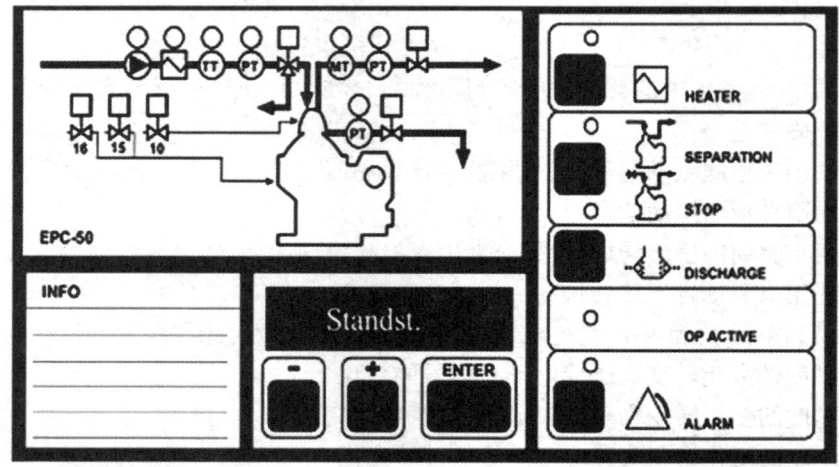

    A.正常;正常;偏低   B.正常;偏低;正常

    C.偏低;正常;偏低   D.偏低;正常;偏高

159.如下图所示,在 EPC-50 控制面板中,有三个油路控制阀,分别装在燃油进口、净油出口和排水口出口处。在正常分油过程中,三个油路控制阀的控制端状态为:燃油进口控制阀

_____;净油出口控制阀_____;排水出口控制阀_____。

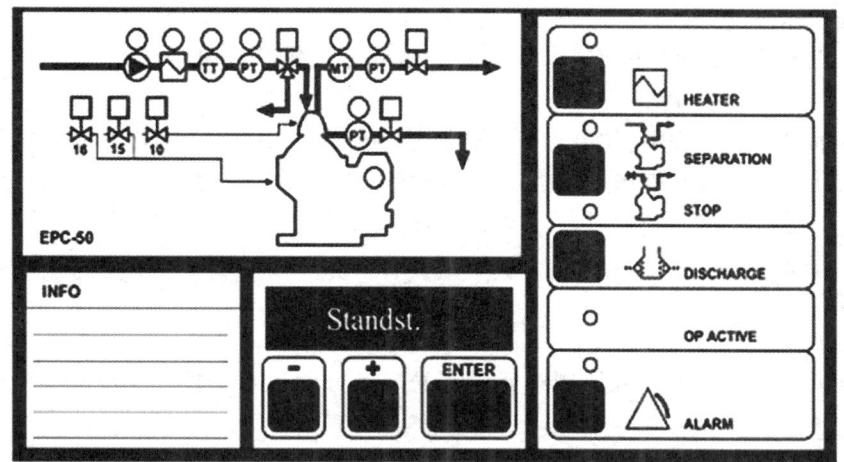

A.有电;有电;有电　　　　　　　　　　B.有电;失电;失电

C.有电;失电;有电　　　　　　　　　　D.失电;有电;失电

160._____是 S 型分油机自动控制系统的输出信号装置。

A.水分传感器　　　　　　　　　　　　B.速度传感器

C.振动传感器　　　　　　　　　　　　D.工作水阀组

161.在 EPC-50 分油机控制系统中,若手动按下排渣按钮,分油机控制程序首先会进入_____。

A.进置换水操作　　　　　　　　　　　B.断油操作

C.冲洗操作　　　　　　　　　　　　　D.排渣操作

162.在采用 EPC-50 控制单元控制的 S 型分油机自动控制系统中,如果距离上次排渣达到了设定的最大排渣时间,而净油中的含水量仍未达到触发值,那么控制系统将进行的操作是_____。

A.立即进行一次排水

B.不进置换水,立即进行一次排渣

C.等达到最大排水时间时进行一次排渣

D.先进置换水,然后进行一次排渣

163.对于采用 EPC-50 控制单元控制的 S 型分油机自动控制系统,在分油机正常运行期间,若要停止其工作,则正确的操作是_____。

A.按启动器上的供油泵停止按钮　　　　B.按启动器上的手动排渣按钮

C.按加热器的停止按钮　　　　　　　　D.按控制程序启动/停止按钮

164.对于 EPC-50 控制单元控制的 S 型分油机自动控制系统,通过 EPC-50 控制单元操作面板上的按钮可以进行_____。

①报警复位;②启动分油机马达;③控制系统参数设置;④手动排渣;⑤控制分油机进油;⑥启动燃油加热器;⑦启动或停止控制程序

A.①③④⑥⑦　　　　　　　　　　　　B.②③⑤⑥⑦

C.①②③④⑤　　　　　　　　　　　　D.①②④⑤⑦

165.对于 EPC-50 控制单元控制的 S 型分油机自动控制系统,在 EPC-50 控制单元的操作面板上不可进行的操作是_____。

A.对分油机手动启动/停止   B.按手动排渣按钮

C.分油机程序的启动/停止   D.启动加热器

166.在 S 型分油机分油过程中,如果水分传感器检测值大于 100 pF,则排水阀短时间打开一次,然后会在几秒钟内再检查水分含量。当水分含量低于 70 pF 时排水将停止。最多可连续打开_____进行排水。在打开超过该次数后,如水分含量仍未低于 70 pF,系统程序将进行_____控制。

A.3 次;排渣   B.5 次;排渣

C.6 次;排水   D.7 次;排水

167.如下图所示,在采用 EPC-50 控制单元控制的 S 型分油机自动控制系统中,压力开关 PT_1 的作用是_____。

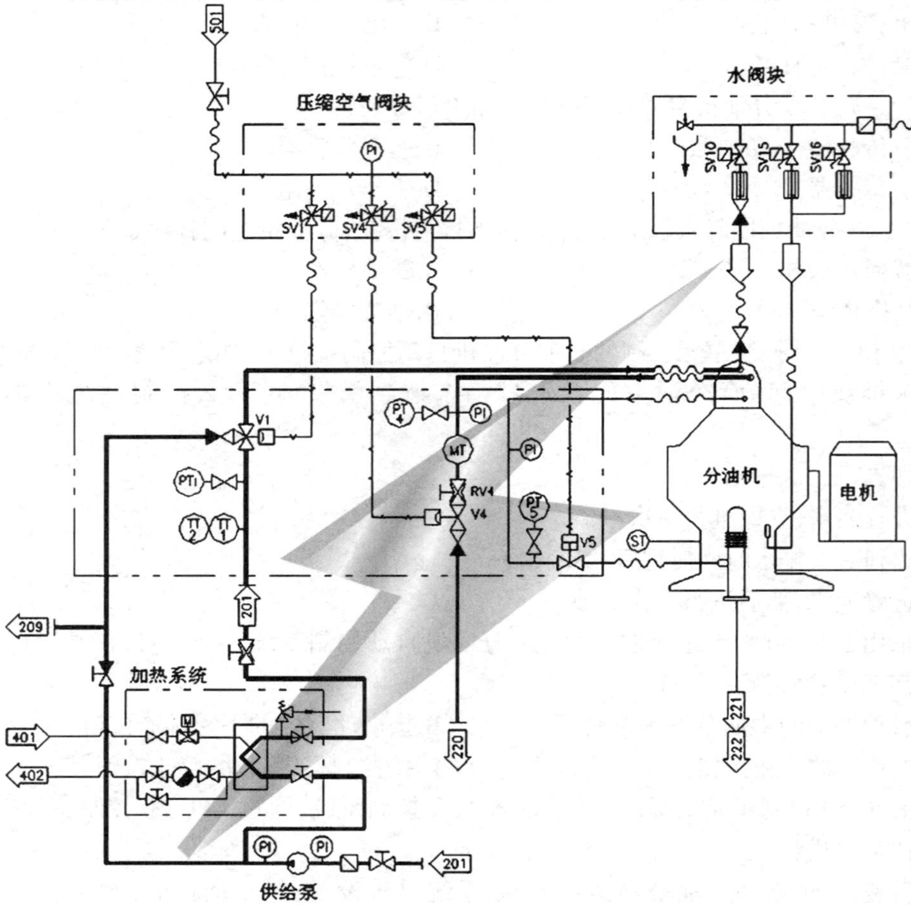

A.监视是否跑油   B.监视排渣口是否打开

C.测量分油机待分油进口的压力   D.测量净油出口压力

168.在采用 EPC-50 控制单元的 S 型分油机自动控制系统中,水分传感器 MT50 是通过_____

实现水分检测的。

A.电容器极板间的位移　　　　　　　　B.电容器极板间的距离

C.电容器极板间物质的介电常数　　　　D.极板的膨胀面积

169.在 EPC-50 控制的 S 型分油机自动控制系统中,由 EPC-50 控制器输出信号控制的是_____。

A.温度传感器 TT1　　　　　　　　　B.压力传感器 PT1

C.电磁阀 SV15　　　　　　　　　　D.分油机速度传感器 ST

170.在 EPC-50 控制的 S 型分油机自动控制系统中,温度传感器采用_____输出信号给 EPC-50 控制器。

A.二线制　　　　　　　　　　　　　B.三线制

C.四线制　　　　　　　　　　　　　D.五线制

171.在分油机控制系统中,水分传感器 MT50 检测净油中含水量的过程是_____。

A.含水量增大→电阻率增大→检测电阻增大→电流信号增大

B.含水量增大→重油重度增大→电流信号增大

C.含水量增大→介电常数增大→检测电容的电容量增大→电流信号增大

D.含水量减小→介电常数增大→检测电容的电容量增大→电流信号增大

172.不属于 EPC-50 分油机自动控制系统的主要输入信号装置的是_____。

A.水分传感器 MT50　　　　　　　　B.待分油压力传感器 PT1

C.净油出口压力传感器 PT4　　　　　D.EPC-50 控制器

173.在采用 EPC-50 控制单元控制的 S 型分油机自动控制系统中,水分传感器属于_____。

A.电阻式传感器　　　　　　　　　　B.电感式传感器

C.电磁式传感器　　　　　　　　　　D.电容式传感器

174.在 EPC-50 分油机控制系统中,水分传感器 MT50 不具有的功能是_____。

A.检测净油中的含水量　　　　　　　B.判断排水阀 V5 故障

C.判断 MT50 故障　　　　　　　　　D.判断净油出口油中有无空气

175.在 EPC-50 分油机控制系统中,水分传感器 MT50 的电容器是_____。

A.两个彼此绝缘的平行极板

B.由一个可动极板和两个固定极板构成的差动电容

C.两个彼此绝缘的同心圆筒

D.两个极板距离随油中含水量变化而变化的电容

176.在 EPC-50 分油机控制系统中,水分传感器 MT50 根据_____检测含水量。

A.水与矿物油的比重不同　　　　　　B.水与矿物油的导电电阻不同

C.水与矿物油的传热能力不同　　　　D.水与矿物油的介电常数不同

177.MT50 型水分传感器是 S 型分油机自动控制系统的重要组成部分,其安装位置是_____。

A.分油机进油管　　　　　　　　　　B.分油机净油排出管

C.分油机出水管　　　　　　　　　　D.分油机工作水管

178.在 EPC-50 控制的 S 型分油机自动控制系统中,如果净油中的含水量增大,则水分传感器 MT50 的介电常数的变化规律是_____。

A.增大   B.减小

C.不变   D.不定

179.在 EPC-50 控制的 S 型分油机自动控制系统中,如果水分传感器 MT50 检测到的水分信号过小,则表示_____。

  A.出口净油中含水量过大   B.出口净油中有空气

  C.水分传感器断线   D.水分传感器正常

180.在 EPC-50 控制的 S 型分油机自动控制系统中,水分传感器 MT50 的电路板通过交流电桥检测_____的变化,并将该信号处理后转换成 4~20 mA 的电流信号送给 EPC-50 控制器。

  A.电阻   B.电容

  C.电感   D.电流

181.单机多库的船舶伙食冷库,当制冷剂电磁阀打开进行制冷时,制冷压缩机会启动运行,其原因是_____。

  A.控制制冷剂电磁阀的温度开关同时控制压缩机启停

  B.冷剂电磁阀打开后,随制冷过程,压缩机入口压力上升

  C.冷剂电磁阀打开后,随制冷过程,压缩机出口压力上升

  D.压缩机启停受制冷电磁阀开关信号的控制

182.在船舶的伙食冷库自动控制系统中,一般不包括_____。

  A.制冷压缩机启停及能量调节系统   B.库温自动控制系统

  C.冷库自动融霜控制系统   D.冷库加热控制系统

183.组成伙食冷库系统的基本设备不包括_____。

  A.膨胀阀   B.蒸发器

  C.压缩机   D.加热器

184.制冷装置主要由_____组成。

  A.制冷压缩机、冷凝器、温度继电器、膨胀阀

  B.制冷压缩机、高低压继电器、冷凝器、蒸发器

  C.制冷压缩机、冷凝器、膨胀阀、蒸发器

  D.制冷压缩机、温度继电器、高低压继电器、膨胀阀

185.伙食冷库供液电磁阀关闭后,压缩机的吸气压力_____。

  A.越来越低   B.越来越高

  C.不变   D.不确定

186.伙食冷库的自动控制系统主要由_____组成。

  A.温度自动控制系统

  B.制冷剂的循环使用系统

  C.温度自动控制系统和制冷剂的循环使用系统

  D.冷库自动融霜控制系统

187.船舶伙食冷库库温调节系统的工作原理是_____。

  A.利用库温控制制冷剂电磁阀的开关,实现双位控制

  B.利用入口压力控制制冷压缩机的启停,实现双位控制

C.利用库温控制热力膨胀阀的开度,实现定值控制

D.利用入口压力控制制冷压缩机的负荷,实现定值控制

188.下列不属于船舶伙食冷库库温调节系统控制元件的是_____。

    A.机械式温度继电器　　　　　　　　B.电子式温度开关

    C.电子式膨胀阀　　　　　　　　　　D.差压式油压开关

189.船舶伙食冷库的库温控制系统及压力自动控制系统之间的相互联系是_____。

    A.通过共用控制器的开关量信号实现的　　B.通过制冷剂相互联系实现的

    C.两系统相互独立,完全没有联系　　　　D.通过共用变送器的模拟量信号实现的

190.船舶伙食冷库的温度继电器最常见的是用来控制_____。

    A.电子膨胀阀　　　　　　　　　　　B.供液电磁阀

    C.蒸发压力调节阀　　　　　　　　　D.回油调节阀

191.目前,在库温控制系统中,普遍采用_____控制。

    A.比例式　　　　　　　　　　　　　B.双位式

    C.比例积分式　　　　　　　　　　　D.比例积分微分式

192.在伙食冷库系统中,使用_____实现温度的双位控制,使用_____控制进入蒸发器的制冷剂的量。

    A.供液电磁阀;电子膨胀阀　　　　　　B.温度继电器;热力膨胀阀

    C.温度继电器和供液电磁阀;膨胀阀　　D.温度继电器;电子膨胀阀

193.电子式温度继电器的感温元件一般是_____。

    A.充有低沸点液体的温包　　　　　　B.热电阻或热敏电阻

    C.双金属片　　　　　　　　　　　　D.外接输入压力的波纹管

194.对机械式温度继电器测温包的描述中,不正确的是_____。

    A.通过毛细管与波纹管相连,拆装中应注意不要损坏毛细管

    B.应安装在冷库内,若为风冷冷库,应装于回风侧

    C.应尽可能接近蒸发器盘管

    D.应远离冷库门口

195.温度继电器如下图所示,若要提高冷库温度的下限设定值,应_____。

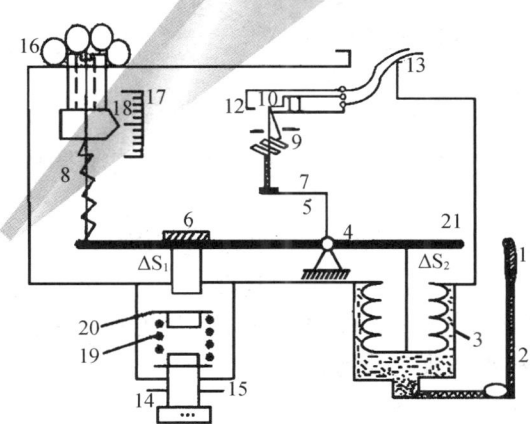

A.减小主调弹簧 8 的预紧力   B.增大主调弹簧 8 的预紧力

C.增大幅差弹簧 19 的预紧力   D.减小幅差弹簧 19 的预紧力

196.温度继电器如下图所示,若要提高冷库温度的上限设定值,应_____。

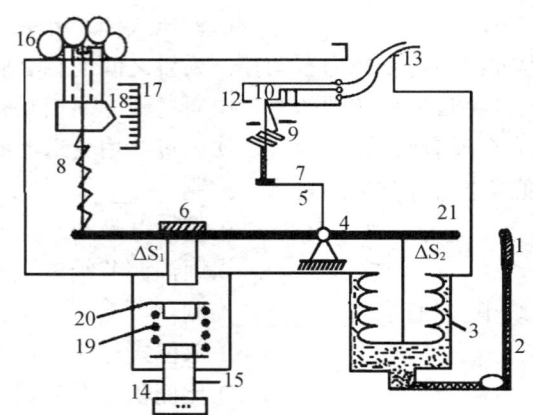

A.减小主调弹簧 8 的预紧力

B.增大主调弹簧 8 的预紧力

C.增大幅差弹簧 19 的预紧力

D.减小幅差弹簧 19 的预紧力

197.在用温度继电器对伙食冷库温度进行双位控制时,若冷库温度波动范围过大,其可能的原因是_____。

A.温度下限值调整得太大

B.温度下限值调整得太小

C.幅差调整得太小

D.幅差调整得太大

198.电子膨胀阀是近几年出现的一种新型节流机构,在正常工作中改变其开度的驱动方式是_____。

A.利用阀内膜片上下的压力差

B.利用控制器控制步进式电机的运转

C.利用手动的调节杆

D.利用主调弹簧的拉力

199.电子膨胀阀在吸气过热度控制中,其_____电机根据蒸发器出口压力、压缩机吸气过热度变化控制阀门的开度。

A.步进   B.交流伺服

C.自整角机   D.测速

200.电动式电子膨胀阀如下图所示,其工作原理是在步进电机定子绕组上施加_____驱动转子转动,调节阀杆上下移动来改变针阀的开度。

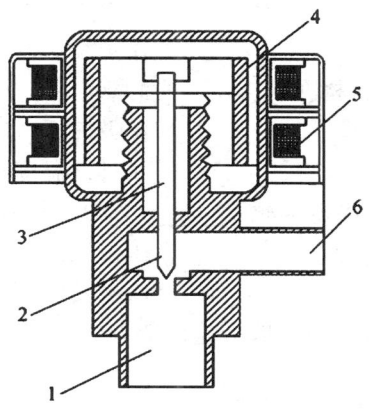

1—入口；2—针阀；3—阀杆；

4—转子；5—绕组；6—出口

A.直流电压 B.交流电压

C.脉冲电压 D.脉冲电流

201.电子膨胀阀按驱动方式分为_____两类。

A.电磁式和电动式 B.电磁式和电容式

C.电阻式和电动式 D.励磁式和电动式

202.改变电磁式膨胀阀的_____可以调节针阀的开度。

A.弹簧 B.流量

C.线圈电压 D.柱塞的位置

203.下列关于电子膨胀阀的说法,正确的是_____。

A.流量调节可以不受冷凝压力的影响 B.流量调节受供液过冷度变化的影响

C.不可以进行 PI 调节 D.流量特性的线性范围窄

204.在伙食冷库系统中,使用脉冲电动机驱动的膨胀阀是_____。

A.电磁式膨胀阀 B.热力膨胀阀

C.电动式膨胀阀 D.供液电磁阀

205.下列对制冷压缩机进行能量调节的叙述中,不正确的是_____。

A.实质就是对制冷压缩机工作时排送制冷剂量的调节

B.利用制冷压缩机低压侧蒸气压力进行控制

C.若无能量调节,制冷负荷小时易造成压缩机频繁启动

D.若无能量调节,制冷负荷大时易造成压缩机频繁启动

206.关于制冷压缩机进行能量调节的实施方法,正确的是_____。

A.利用电磁阀对压缩机进行增减缸控制

B.利用制冷剂电磁阀的开关

C.利用冷凝器中冷却水流量的调节

D.利用热力膨胀阀控制蒸发器中制冷剂流量

207.制冷压缩机能量调节通常以_____为被调参数。

A.排气压力   B.吸气压力

C.滑油压力   D.蒸发温度

208.活塞式压缩机的能量调节机构在_____时卸载。

  A.吸气压力过高   B.吸气压力过低

  C.排气压力过高   D.排气温度过高

209.在压缩机控制系统中,高压继电器感受_____为信号来控制压缩机停车。

  A.吸气压力   B.排气压力

  C.滑油压力   D.蒸发温度

210.制冷压缩机使用压力继电器-电磁阀能量调节方式时,下列描述不正确的是_____。

  A.能量调节为有级调节

  B.通过对某些缸卸载实现能量调节

  C.通过检测吸气压力实现能量调节

  D.在一定范围内实现能量连续调节

211.目前在船舶中使用较多的是采用压力继电器-电磁阀式能量调节方式。根据吸气压力的变化,控制相应电磁阀动作,以实现_____。

  A.启动或停止调节制冷压缩机

  B.开启或关闭制冷压缩机的进出口阀

  C.电磁阀的开或关

  D.加载或卸载

212.用电动机变速调节来达到制冷压缩机能量调节的目的,效率最高,若电动机可以实现_____,则能在一定范围内实现连续能量调节的效果。

  A.有级调速   B.无级调速

  C.电子调速   D.微机调速

213.组合式高低压开关的调整机构一般不包括_____。

  A.高压动作值调整旋钮   B.低压动作值调整旋钮

  C.高压幅差调整旋钮   D.低压幅差调整旋钮

214.对制冷压缩机高压开关的叙述中,不正确的是_____。

  A.目前船舶上多与低压继电器组合为高低压继电器

  B.是进行压缩机自动停机保护控制的

  C.是进行压缩机自动启停控制的

  D.在其动作之后,一般需要进行手动复位

215.对制冷压缩机低压开关的叙述中,不正确的是_____。

  A.目前船舶上多与高压继电器组合为高低压继电器

  B.是进行压缩机自动启停控制的

  C.当蒸气压力达到动作值上限时启动压缩机

  D.在其动作之后,一般需要进行手动复位

216.在船舶冷库制冷装置正常运行中,压缩机停机压力正常而启动压力过高,则应调节_____。

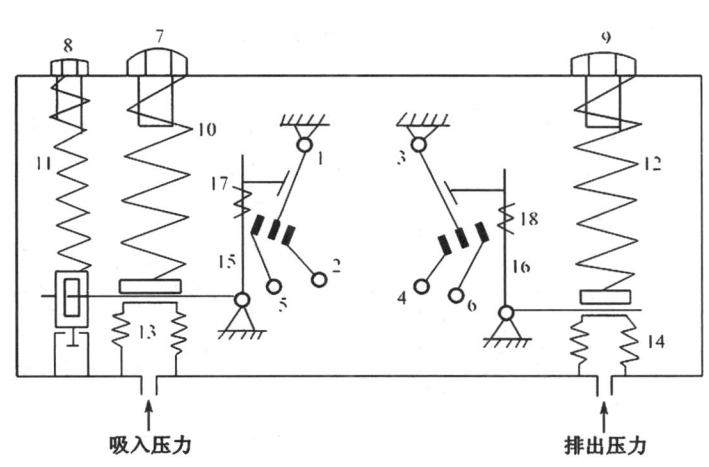

1、3—动触点；2、4、5、6—静触点；7—低压主调螺钉；8—幅差调节螺钉；
9—高压主调螺钉；10—低压主调弹簧；11—幅差弹簧；12—高压调节弹簧；
13—低压波纹管；14—高压波纹管；15、16—角杆；17、18—跳簧

A.低压继电器的主调弹簧　　　　　　B.低压继电器的幅差弹簧

C.低压继电器的主调弹簧和幅差弹簧　D.高压继电器的主调弹簧

217.在船舶冷库制冷装置正常运行中,压缩机自动停机压力过高而启动压力正常,则应调节_____。

A.低压继电器的下限值　　　　　　　B.低压继电器的上限值

C.高压继电器的下限值　　　　　　　D.高压继电器的上限值

218.高低压继电器如下图所示,若要调整低压下限值和高压上限值,应_____。

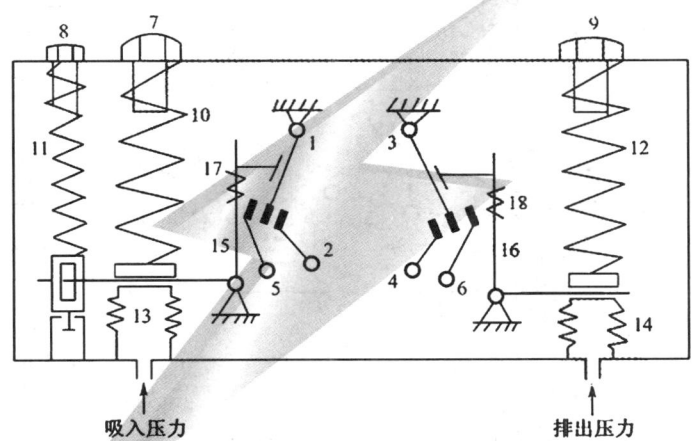

1、3—动触点；2、4、5、6—静触点；7—低压主调螺钉；8—幅差调节螺钉；
9—高压主调螺钉；10—低压主调弹簧；11—幅差弹簧；12—高压调节弹簧；
13—低压波纹管；14—高压波纹管；15、16—角杆；17、18—跳簧

A.旋转低压主调螺钉 7 和改变跳簧 18 张力

B.旋转高压主调螺钉 9 和改变跳簧 17 张力

C.旋转低压主调螺钉 7 和高压主调螺钉 9

D.旋转幅差调节螺钉 8 和高压主调螺钉 9

219.下图所示为高低压继电器,旋转幅差调节螺钉8可以调整_____。

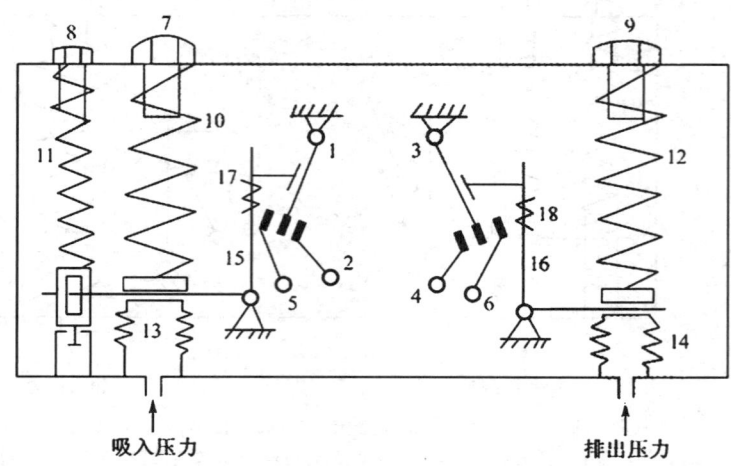

1、3—动触点；2、4、5、6—静触点；7—低压主调螺钉；8—幅差调节螺钉；
9—高压主调螺钉；10—低压主调弹簧；11—幅差弹簧；12—高压调节弹簧；
13—低压波纹管；14—高压波纹管；15、16—角杆；17、18—跳簧

A.低压上限设定值　　　　　　　　　　B.高压上限设定值
C.低压下限设定值　　　　　　　　　　D.高压下限设定值

220.下图所示为高低压继电器,旋转高压主调螺钉9可以调整_____。

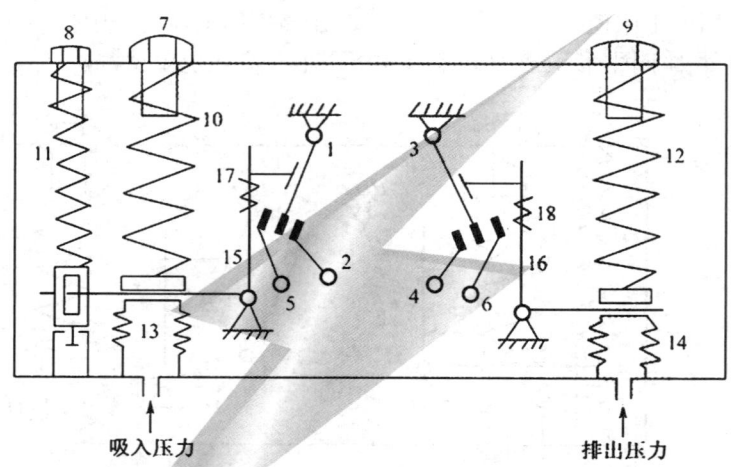

1、3—动触点；2、4、5、6—静触点；7—低压主调螺钉；8—幅差调节螺钉；
9—高压主调螺钉；10—低压主调弹簧；11—幅差弹簧；12—高压调节弹簧；
13—低压波纹管；14—高压波纹管；15、16—角杆；17、18—跳簧

A.低压上限设定值　　　　　　　　　　B.高压上限设定值
C.低压下限设定值　　　　　　　　　　D.高压下限设定值

221.下列对制冷压缩机用高低压继电器作用的描述中,不正确的是_____。

A.用于启动和停止压缩机的电动机

B.高低压继电器实现压缩机吸气压力的双位控制

C.高压继电器检测压缩机排气压力

D.低压继电器检测压缩机吸气压力

222.国产 JC3.5 型油压差继电器常用于制冷压缩机的滑油低压保护,其实现启动时建压时间延时的方式是_____。

A.通过外接的时间继电器

B.通过继电器内部电热丝+双金属片的延时机构

C.通过电子式的延时电路

D.通过气囊式的延时机构

223.压缩机油压控制器主要由_____两部分组成。

A.压差控制和时间控制　　　　　　　B.压力控制和温度控制

C.时间控制和温度控制　　　　　　　D.油量控制和油压控制

224.采用油压差继电器来实现压缩机的保护环节,油压差继电器在_____压力与_____压力之差低于设定值时,使压缩机停车。

A.排气;吸气　　　　　　　　　　　B.油泵排油;吸气

C.排气;油泵排油　　　　　　　　　D.冷凝;蒸发

225.为了保证制冷压缩机的有效润滑和安全运行,通常采用压差继电器来实现对制冷压缩机的油压差保护,而其中的油压差是指_____。

A.油泵排压与冷凝器内压力之差　　　B.油泵排压与油气分离器内压力之差

C.油泵吸入和排出压力之差　　　　　D.油泵排压与曲轴箱内压力之差

226.在船舶伙食冷库制冷机装置中,为了保证压缩机的安全运行,采用压力润滑时,当_____之差降至某一定值时,应发出信号,使压缩机停止运行。

A.油泵排压与大气压力　　　　　　　B.油泵排压与蒸发压力

C.油泵排压与曲轴箱压力　　　　　　D.油泵排压与冷凝器压力

227.在船舶伙食冷库制冷机装置中,压差继电器电路中必须有延时机构。若无延时机构,则_____。

A.压缩机无法启动投入工作　　　　　B.压缩机将会立即启动投入工作

C.油压差低于设定值时压缩机无法停车　　D.压缩机启动时将会延时动作

228.关于油压差继电器的说法,不正确的是_____。

A.油压差继电器用于检测滑油压力

B.油压差继电器的感压元件接在油泵出口端和吸入端之间

C.油压差继电器可不带延时功能

D.正常油压建立时间一般不超过 40 s

229.在制冷压缩机中使用的 JC3.5 型油压差继电器的延时功能是通过_____实现的。

A.弹簧　　　　　　　　　　　　　　B.双金属片

C.旋转开关　　　　　　　　　　　　D.波纹管

230.在伙食冷库中,电热融霜控制采用的部件不包括_____。

A.定时器　　　　　　　　　　　　　B.电加热器

C.融霜保护控制器　　　　　　　　　D.电子膨胀阀

231.船舶伙食冷库自动控制系统的温度继电器是用来控制_____的。

    A.电子膨胀阀   B.供液电磁阀

    C.蒸发压力调节阀   D.冷凝压力调节阀

232.船舶伙食冷库自动控制系统的油压控制器的作用是_____。

    A.控制滑油的工作压力   B.控制滑油的压力上限

    C.控制压缩机的吸口压力   D.控制压缩机的出口压力

233.在单机单库中,可以用_____直接控制压缩机的启停,使库温稳定在所需的范围内。

    A.高低压继电器   B.温度继电器

    C.油压差继电器   D.热力膨胀阀

234.在单机多库的制冷装置中,温度继电器一般和_____配合使用。

    A.压力继电器   B.膨胀阀

    C.供液电磁阀   D.压力调节阀

235.如下图所示,WT-1226型温度继电器用来调节温度设定值范围的部分是_____。

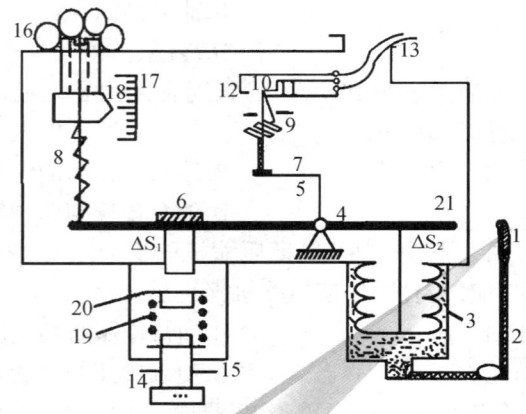

1—温包；2—传压管；3—波纹管；4—杠杆；
5—刀口支点；6—螺钉；7—摇臂；8—主调弹簧；
9—跳簧片；10—动触点；11、12—静触点；13—出线孔；
14—幅差调节螺钉；15—幅差标尺；16—主调螺杆；
17—主标尺；18—指针；19—幅差弹簧；20—弹簧座；
21—止动螺钉

    A.主调螺杆   B.幅差调节螺钉

    C.主调螺杆和幅差调节螺钉   D.温度设定不可调

236.如下图所示,WT-1226型温度继电器不调幅差调节螺钉,只调主调弹簧张力,将改变_____。

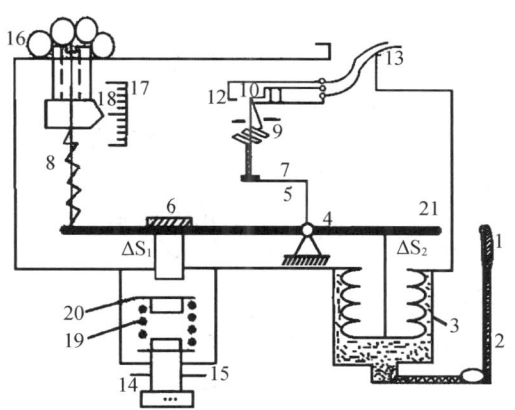

1—温包；2—传压管；3—波纹管；4—杠杆；

5—刀口支点；6—螺钉；7—摇臂；8—主调弹簧；

9—跳簧片；10—动触点；11、12—静触点；13—出线孔；

14—幅差调节螺钉；15—幅差标尺；16—主调螺杆；

17—主标尺；18—指针；19—幅差弹簧；20—弹簧座；

21—止动螺钉

A.温度上限　　　　　　　　　　　　　B.温度下限

C.温度上限和温度下限　　　　　　　　D.温度上限或温度下限

237.如下图所示,在 WT-1226 型温度继电器上,当幅差弹簧张力不变时,调节主调弹簧,则设定温度上限将_____。

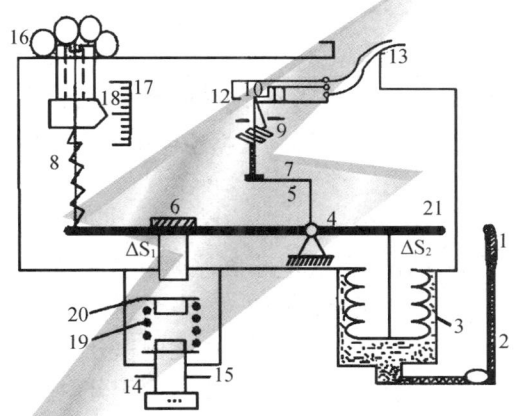

1—温包；2—传压管；3—波纹管；4—杠杆；

5—刀口支点；6—螺钉；7—摇臂；8—主调弹簧；

9—跳簧片；10—动触点；11、12—静触点；13—出线孔；

14—幅差调节螺钉；15—幅差标尺；16—主调螺杆；

17—主标尺；18—指针；19—幅差弹簧；20—弹簧座；

21—止动螺钉

A.随下限一起改变　　　　　　　　　　B.不随下限改变

C.随幅差一起改变　　　　　　　　　　D.不随幅差改变

238.冷藏集装箱冷藏巡回检查的主要内容有_____。

①控制温度是否正常;②各种表盘和记录系统是否正常;③各个制冷器件的工作是否正常;

④箱体是否完整,保温功能是否良好

A.①②③　　　　　　　　　　　　　　B.①②④

C.②③④　　　　　　　　　　　　　　D.①②③④

239.只能放在露天甲板上的冷藏集装箱采用_____。

A.风冷冷凝器　　　　　　　　　　　　B.油冷冷凝器

C.水冷冷凝器　　　　　　　　　　　　D.自然通风

240.冷藏集装箱控制系统的组成不包括_____。

A.相序鉴定继电器　　　　　　　　　　B.电压检测装置

C.功率选择控制器　　　　　　　　　　D.电能表

241.冷藏集装箱控制系统的组成不包括_____。

A.压缩机过热保护　　　　　　　　　　B.融霜完成传感器

C.蒸发器风机运转检测　　　　　　　　D.温度曲线记录仪

242.冷藏集装箱控制系统的组成不包括_____。

A.电动机变极调速　　　　　　　　　　B.压缩机的功率调节

C.制冷剂流量控制　　　　　　　　　　D.温度的检测与远传

243.在冷藏集装箱控制系统中,温度传感器多数是_____。

A.热敏电阻　　　　　　　　　　　　　B.PT100

C.温度开关　　　　　　　　　　　　　D.温包

244.冷藏集装箱操作的注意事项有_____。

①在安装温度记录纸表盘时,要注意表盘上的相应日期和时间;②在设定温度时,一定要注意设定的温度是摄氏度还是华氏度;③应根据说明书要求结合实际情况设定融霜周期

A.①②　　　　　　　　　　　　　　　B.①③

C.②③　　　　　　　　　　　　　　　D.①②③

245.冷藏集装箱控制系统的制冷控制器对电子膨胀阀和控制随动阀进行连续的电压调节控制,其过程调节采用_____调节,使系统处于最佳运行状态。

A.比例　　　　　　　　　　　　　　　B.比例积分

C.比例微分　　　　　　　　　　　　　D.比例积分微分

246.在冷藏集装箱控制系统中,关于需要安装温度传感器的地方,正确的是_____。

A.蒸发器回风、蒸发器制冷剂出口、蒸发器表面

B.冷却风扇出口、冷却器制冷剂出口、冷却器表面

C.压缩机制冷剂进口、压缩机制冷剂出口、压缩机表面

D.制冷剂膨胀阀前、制冷剂膨胀阀后、膨胀阀表面

247.在冷藏集装箱控制系统中,关于需要安装压力传感器的地方,正确的是_____。

　　A.蒸发器回风、蒸发器制冷剂出口

　　B.冷却风扇出口、冷却器制冷剂出口

　　C.压缩机制冷剂进口、压缩机制冷剂出口

　　D.制冷剂膨胀阀前、制冷剂膨胀阀后

248.在冷藏集装箱控制系统中,与设定温度比较的实际温度传感器一般是_____的温度传感器。

　　A.蒸发器回风　　　　　　　　　　B.压缩机制冷剂进口

　　C.冷藏集装箱内里蒸发器最远处　　D.制冷剂膨胀阀后

249.控制船舶中央空调空气冷却器中制冷电磁阀开闭的温度开关探测的是_____。

　　A.空调舱室的回风温度　　　　　　B.空冷器的排风温度

　　C.风机吸入的新风温度　　　　　　D.冷凝器冷却水入口的温度

250.下列对氯化锂电阻式湿度变送器的描述中,不正确的是_____。

　　A.氯化锂涂层的电阻值随环境湿度的变化而改变

　　B.元件简单、体积小、灵敏度高

　　C.由于电阻值同时受温度影响,故变送器上设有专用的调整旋钮

　　D.反应速度较尼龙式传感器慢

251.电容式湿度传感器的特点不包括_____。

　　A.精度高、反应快　　　　　　　　B.性能稳定

　　C.价格低　　　　　　　　　　　　D.使用寿命长

252.电容式湿度传感器是通过电容量的变化检测湿度变化的,在传感器中由于_____的变化而引起电容量的变化。

　　A.极板面积　　　　　　　　　　　B.极板相对距离

　　C.极间介质的相对湿度　　　　　　D.极间介质的电阻

253.船舶中央空调装置在夏季外界空气温度变化较大时,通过自动控制_____来保持舱室温度稳定。

　　A.新风温度　　　　　　　　　　　B.混合风温度

　　C.回风温度　　　　　　　　　　　D.制冷剂蒸发温度

254.船舶中央空调装置的空气处理柜用控制回风相对湿度方式实现湿度调节时,可采用_____。

　　A.比例调节或双位调节　　　　　　B.比例积分调节

　　C.比例微分调节　　　　　　　　　D.比例积分微分调节

255.许多直接蒸发式空调制冷装置采用温度继电器,在_____温度太低时使电磁阀关闭,制冷压缩机停止工作。

　　A.新风　　　　　　　　　　　　　B.回风

　　C.送风　　　　　　　　　　　　　D.舱室

256.在降温工况的温度控制方案中,采用直接蒸发式空气冷却器的中央空调装置,大多数通过温度控制器和供液电磁阀对回风温度进行_____控制。

A.双位   B.比例

C.比例积分   D.比例微分

257.在船舶中央空调装置夏季降温工况中,保持合适舱室温度的措施不包括_____。

  A.采用两组以上的冷剂电磁阀及热力膨胀阀

  B.回风温度控制冷剂电磁阀的开闭

  C.根据空冷器中的冷剂蒸发压力对压缩机进行能量控制

  D.采用空气自动加湿环节

258.直接蒸发式空调制冷装置在_____温度太低时,温度继电器使电磁阀关闭,制冷压缩机停止工作。

  A.新风   B.回风

  C.混合风   D.舱室

259.大型船舶中央空调取暖工况所用单脉冲式温度调节器的感温元件感测的是_____。

  A.供风温度   B.回风温度

  C.新风温度   D.混合风温度

260.在取暖工况的温度控制方案中,采用单温包直接作用式温度调节器来控制加热蒸汽流量,可以感受的温度不包括_____。

  A.送风温度   B.回风温度

  C.典型舱室温度   D.新风温度

261.船舶中央空调的采暖工况采用控制送风温度的双脉冲温度调节方法,其中双脉冲是指_____。

  A.送风温度和送风温度的变化量   B.送风温度和新风温度

  C.送风温度和新风温度的变化量   D.新风温度和送风温度的变化量

262.船舶空调装置的空气处理柜通过控制送风的相对湿度的方式来实现湿度调节,只采用_____。

  A.比例调节   B.双位调节

  C.比例积分微分调节   D.比例微分调节

263.电极式双位水位控制系统,若给水泵启停频繁,不可能的原因是_____。

  A.检测低水位的2号电极结垢严重

  B.检测低水位的2号电极接线断开

  C.电极1和2之间的距离调整得太小

  D.检测高水位的1号电极接线断开

264.电极式双位水位控制系统,若锅炉失水不能停炉,其原因是_____。

  A.检测低水位的2号电极结垢严重

  B.检测危险低水位的3号电极与电极室壳体短路

  C.电极1和2之间的距离调整得太小

  D.检测危险低水位的3号电极断线

265.大型油船辅锅炉水位和压力一般都采用_____控制系统。

  A.比例积分定值   B.双位

C.比例   D.PID

266.在双回路水位控制系统中,如何保证给水调节阀前后压差 Δp 不变? _____。
 A.调节蒸汽调节阀的开度   B.调节给水调节阀的开度
 C.调节汽轮机的转向   D.调节给水泵的排压

267.为了克服虚假水位对实际水位造成的影响,一般都采用双冲量水位控制,双冲量是指_____。
 ①水位;②蒸汽流量;③给水流量;④蒸汽压力
 A.①③   B.①②
 C.①④   D.②③

268.下列关于锅炉蒸汽压力自动控制说法中错误的是_____。
 A.大多数货船辅锅炉采用汽压的双位控制
 B.少数货船辅锅炉采用蒸汽压力的比例控制
 C.大型油船辅锅炉蒸汽压力多采用PI控制系统
 D.大型油船辅锅炉蒸汽压力多采用比例控制系统

269.在大型油船辅锅炉双冲量水位控制系统中,当锅炉负荷变化时,其控制过程是_____。
 A.在负荷变化短时间内,主要按蒸汽流量控制,后按水位控制
 B.在负荷变化短时间内,主要按水位控制,后按蒸汽流量控制
 C.在负荷变化短时间内,主要按蒸汽压力控制,后按水位控制
 D.在负荷变化短时间内,主要按水位控制,后按蒸汽压力控制

270.锅炉时序控制的顺序是_____。
 A.预扫风→负荷控制→喷油点火→预热
 B.预扫风→预点火→喷油点火→正常燃烧
 C.预点火→预扫风→喷油点火→正常燃烧
 D.喷油点火→预扫风→预点火→正常燃烧

271.在货船辅锅炉燃烧时序控制系统中,可用电阻元件作为火焰传感器,其常用的电阻元件是_____。
 A.热敏电阻   B.压敏电阻
 C.光敏电阻   D.热电阻

272.在电极式锅炉水位控制系统中,如果低水位电极与外壳短路,则可能发生的故障现象是_____。
 A.水位在高水位振荡   B.水位下降到低水位时无法自动补水
 C.水位在低水位振荡   D.水位上升到高水位时无法停止补水

273.在燃油黏度或温度自动控制系统中,若采用电加热器,则一般配置2个电加热器,其原因不含_____。
 A.提供足够的加热量   B.方便地控制加热速度的快慢
 C.两个加热器可互为备用   D.两个加热器串联,同时工作

274.FCM中燃油黏度控制系统采用EVT-20微机式全流量测量黏度传感器,其通过_____检测钟摆内的温度,供微机用来校正和补偿黏度测量中由温度变化引起的误差。

A.热敏电阻   B.温包

C.热电阻 PT100   D.热电偶

275.在 EHS 电加热装置和 SHS 蒸汽加热装置同时被采用的燃油黏度控制系统中,系统_____。

    A.以蒸汽加热为主,电加热装置为备用

    B.以电加热为主,蒸汽加热为备用

    C.刚投入使用期间同时用蒸汽和电加热装置

    D.加热功率减少时,只使用电加热装置

276.当控制器接通柴油模式 DO,进行斜坡函数加温期间低黏度和低温报警时,_____。

    A.低温报警无效,低黏度报警正常

    B.低温报警正常,低黏度报警无效

    C.低温和低黏度报警都无效

    D.低温和低黏度报警都正常

277.在 EPC-50B 控制器操作面板上有油泵工作模式选择开关,当选择 EPC 时,EPC-50B 的内部参数_____,表示燃油输送泵的控制方式为 1 号运行,2 号备用。

A.$Pr1 = 1(2)$ B.$Pr2 = 1(2)$

C.$Pr1 = 1$ D.$Pr2 = 1$

278.在 FCM 燃油供油单元控制中,燃油滤器选择为自动控制,则_____。

    A.滤器间隔性自动进行反冲洗

    B.滤器间隔性自动进行反冲洗;而压差开关只起到滤器脏堵报警的检测作用

    C.只当压差开关检测到滤器脏堵时才自动进行反冲洗

    D.在间隔期内,当压差开关检测到滤器脏堵时自动进行一次反冲洗,然后启动下一次间隔计时

279.在 FCM 燃油供油单元的脱气自动控制中,若上部浮子开关检测到液位_____,表示混合管内空气过_____,系统控制脱气阀打开。

A.低;多   B.高;多

C.低;少   D.高;少

280.NAKAKITA 型燃油黏度控制系统,油温较低并处于下限值,若把"柴油-重油"转换开关转至"重油"位置,并使系统投入运行,则系统_____。

    A.使用柴油运行工作,油温升高到中间温度值时,自动进行柴油到重油的转换

    B.使用柴油运行工作,油温升高到上限温度值时,自动进行柴油到重油的转换

    C.使用重油运行工作,油温升高到中间温度值时,自动进行重油到柴油的转换

    D.使用重油运行工作,油温升高到上限温度值时,自动进行重油到柴油的转换

281.毛细管式黏度计是根据毛细管_____与燃油黏度成正比测量黏度的。

A.流量   B.压差

C.液位   D.压力

282.MR-Ⅱ型电动冷却水温度控制系统的测温元件是_____。

A.正温度系数热敏电阻   B.负温度系数热敏电阻

C.热电阻 PT100　　　　　　　　　　　D.热电偶

283.MR-Ⅱ型电动冷却水温度控制系统采用_____控制。

A.PI　　　　　　　　　　　　　　　　B.PID

C.PD　　　　　　　　　　　　　　　　D.双位

284.ENGARD 冷却水温度控制系统的海水泵电机采用有级调速,关于其说法错误的是_____。

A.使用有级调速后,水泵电机温升明显下降

B.有明显的节能效果

C.海水泵由双速电机拖动

D.增加了机械磨损和维修工作量

285.下列_____属于 ENGARD 系统的过程报警。

A.控制模块错误　　　　　　　　　　　B.外部传感器接线故障

C.电源故障　　　　　　　　　　　　　D.传感器读数异常

286.空气反冲式自清洗滑油滤器的控制不包括_____。

A.上电后的自动清洗　　　　　　　　　B.滤器脏堵后的自动清洗

C.手动冲洗　　　　　　　　　　　　　D.滤器进出口压差低时的自动清洗

287.在 S 型分油机在分油期间,如果水分传感器测量值稳定,并确认油中无水、无气时,油温下降 10℃,水分传感器测量值从 82.6 升高到 83.6,则补偿值 Fa34＝_____。

A.+1.0　　　　　　　　　　　　　　　B.－1.0

C.0.0　　　　　　　　　　　　　　　　D.－2.0

288.在 S 型分油机分油过程中,如果 MT50 检测值大于 100 pF,则排水阀短时间打开,然后会在几秒钟内再检查水分含量。当水分含量低于 70 pF 时排水将停止,最多可连续打开_____次进行排水。在打开超过该次数后,水分含量仍未低于 70 pF,系统程序将跳转至 Ti74 进行_____控制。

A.3;排渣　　　　　　　　　　　　　　B.5;排渣

C.6;排水　　　　　　　　　　　　　　D.7;排水

289.S 型分油机净油出口管路上安装的 MT50 型水分传感器采用_____测量油中含水量。

A.电容　　　　　　　　　　　　　　　B.电感

C.电阻　　　　　　　　　　　　　　　D.红外

290.S 型分油机在时序控制期间当时序进行到 Ti74 排放时,EPC-50 控制器发出的指令是_____。

A.电磁阀 SV15 通电　　　　　　　　　B.电磁阀 SV16 通电

C.电磁阀 SV10 通电　　　　　　　　　D.电磁阀 SV1 通电

291.在 EPC-50 分油机自动控制系统中,如果电磁阀 SV10 线圈烧坏,则分油机将会_____。

A.排渣口跑油　　　　　　　　　　　　B.不能加置换水

C.不能加开启水　　　　　　　　　　　D.不能加补偿水

292.在 EPC-50 分油机自动控制系统中,如果电磁阀 SV16 线圈烧坏,则分油机将会_____。

A.不能排渣　　　　　　　　　　　　　B.不能加置换水

C.不能加开启水　　　　　　　　　　　D.排渣口跑油

293.在EPC-50分油机自动控制系统中,如果电磁阀SV15线圈烧坏,则分油机将_____。
　　A.不能排渣　　　　　　　　　　　　　B.不能加置换水
　　C.不能加开启水　　　　　　　　　　　D.不能加补偿水

294.在EPC-50分油机自动控制系统进行报警功能测试时,如果测试待分油压力传感器PT1错误报警试验,则相应的试验方法是_____。
　　A.断开传感器连接线　　　　　　　　　B.增大限制Fa11
　　C.减小限制Fa10　　　　　　　　　　　D.降低Ti53

295.在分油机自动控制系统中,如果水分传感器功能被禁用,分油机EPC-50在排渣期间将会_____。
　　A.不加冲洗水　　　　　　　　　　　　B.不加置换水
　　C.不加冲洗水和置换水　　　　　　　　D.正常加注冲洗水和置换水

296.在EPC-50分油机自动控制系统中,如果运行中发生多个故障报警,则当前显示的报警是_____。
　　A.最新的故障报警　　　　　　　　　　B.最重要的故障报警
　　C.最新消除的故障报警　　　　　　　　D.最新消除的最重要的故障报警

297.在S型分油机自动控制系统中,待分油温度控制系统的执行机构是_____。
　　A.温度传感器TT1　　　　　　　　　　B.伺服电机调节阀
　　C.EPC-50控制器　　　　　　　　　　D.燃油加热器

298.在S型分油机自动控制系统中,关于温度传感器TT1和TT2,下列描述正确的是_____。
　　A.温度传感器TT1、TT2都可作为控制温度的反馈信号
　　B.温度传感器TT1、TT2都可作为温度报警和保护的信号
　　C.温度传感器TT1作为控制温度的反馈信号,TT2作为温度报警和保护的信号
　　D.温度传感器TT2作为控制温度的反馈信号,TT1作为温度报警和保护的信号

299.EPC-50控制系统第一次上电运行时,一般需要进入校准启动控制程序,与不校准启动控制程序比较,多了一段校准程序,该段程序的目的是_____。
　　A.校准分油时间　　　　　　　　　　　B.校准水分传感器
　　C.校准开启水量　　　　　　　　　　　D.校准转鼓容积

300.船舶伙食冷库系统的蒸气压缩制冷装置的四大基本元件的循环流程是_____。
　　①膨胀阀;②压缩机;③冷凝器;④蒸发器
　　A.①→④→②→③　　　　　　　　　　B.④→③→②→①
　　C.①→③→②→④　　　　　　　　　　D.④→②→③→①

301.船舶伙食冷库的温度继电器最常见的是用来控制_____。
　　A.电子膨胀阀　　　　　　　　　　　　B.供液电磁阀
　　C.蒸发压力调节阀　　　　　　　　　　D.回油调节阀

302.在船舶冷库制冷系统正常制冷工作中,和供液电磁阀同步受温度继电器控制的是_____。
　　A.压缩机　　　　　　　　　　　　　　B.蒸发器对流风机
　　C.蒸发器　　　　　　　　　　　　　　D.冷凝器

303. 在船舶空压机自动控制系统中,采用带载启动的缺点不包括_____。

A.启动时间长   B.启动电流大

C.低油压停车   D.造成负载损坏

304. 对于船舶空压机自动控制系统,空压机停止或者停电时,出口电磁阀的状态是_____,其目的是_____。

A.关闭;泄放残水   B.关闭;降压启动

C.排气;泄放残水   D.排气;降压启动

305. 在形形色色的船舶锅炉中,立式烟管锅炉是锅壳内部分成两个互相隔绝的空间,炉胆、烟管里面和外面分别是_____。

A.水、烟气、烟气   B.烟气、水、烟气

C.水、烟气、水   D.烟气、烟气、水

306. 在形形色色的船舶锅炉中,立式烟管锅炉是在炉胆内燃烧,高温火焰与烟气中的热量主要通过_____方式,经_____传给炉水。

A.照射;燃烧器   B.照射;炉胆壁

C.辐射;燃烧器   D.辐射;炉胆壁

307. 船舶辅锅炉电极式双位水位自动控制系统如下图所示,与继电器 3JY 并联 RC 阻容回路的作用是_____。

A.保护桥式整流器 1Z

B.保护锅炉电极

C.保证从下限水位上升时能够连续供水

D.保证在上限水位时能够可靠停水

308. 船舶辅锅炉电极式双位水位自动控制系统如下图所示,如果 A 点断开,故障现象是_____。

中华人民共和国海船船员培训大纲熟悉训练资源

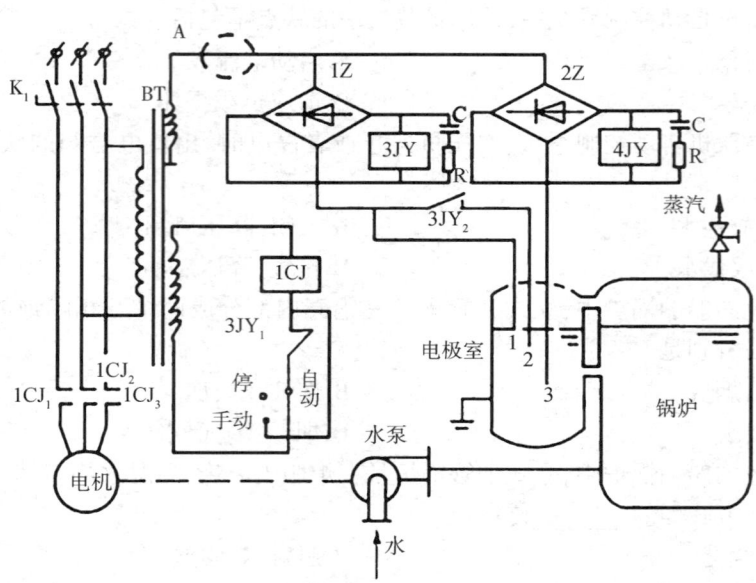

A.只能手动控制锅炉水位 　　　　　　　B.不能停炉

C.不能报警 　　　　　　　　　　　　　D.锅炉维持在上限水位

309.在船舶辅锅炉自动控制系统中,在光敏电阻式火焰感受器上装有散热片并利用空气进行冷却,其主要目的是_____。

A.防止光敏电阻受高温烤焦

B.防止光敏电阻作用延迟或误动作

C.防止光敏电阻的光敏层受高温脱落

D.防止光敏电阻的光谱敏感度范围变小

310.在船舶辅锅炉自动控制系统中,光电池是一种_____材料,它是利用有光照射后在两极间产生_____的原理工作的。

A.绝缘体;电流 　　　　　　　　　　　B.半导体;电压

C.半导体;电流 　　　　　　　　　　　D.绝缘体;电压

311.在船舶辅锅炉自动控制系统中,燃烧器的组成包括_____。

A.过热器 　　　　　　　　　　　　　　B.经济器

C.喷油器 　　　　　　　　　　　　　　D.水冷壁

312.在船舶辅锅炉自动控制系统中,燃烧器的组成包括_____。

A.蒸发管 　　　　　　　　　　　　　　B.联箱

C.点火器 　　　　　　　　　　　　　　D.下降管

313.如下图所示,在油船锅炉的水位控制系统中,为了防止水位有较大的波动,常采用_____水位控制系统。

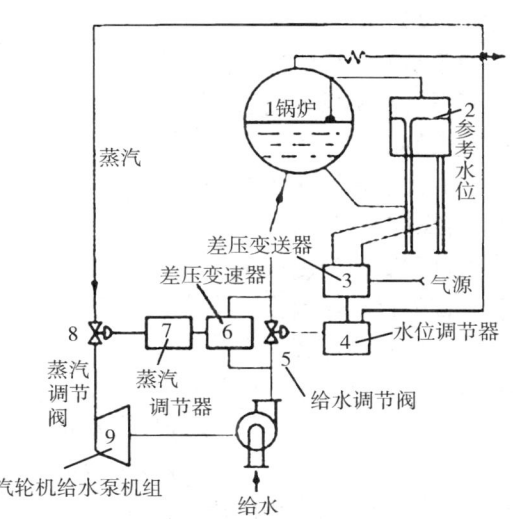

A.带有微分作用的三回路   B.带有微分作用的双回路
C.带有积分作用的三回路   D.带有积分作用的双回路

314.如下图所示,在油船锅炉的水位控制系统中,蒸汽调节器 7 采用_____控制系统。

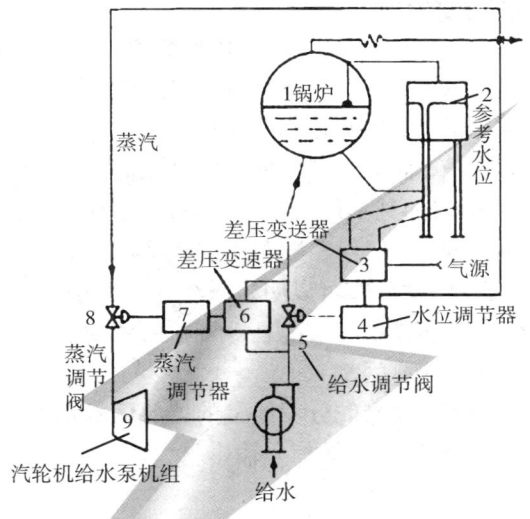

A.双位   B.比例
C.比例微分   D.比例积分

315.在船舶舵机装置的组成系统中,与操舵相关的装置包括_____。

A.电罗经   B.雷达
C.舵叶   D.GMDSS

316.在船舶舵机装置的组成系统中,与操舵相关的装置包括_____。

A.分罗经   B.测深仪
C.舵机控制系统   D.舵机驱动系统

317.在船舶操舵控制系统的分类中,说法正确的是_____。

A.单动舵是舵机房的应急操舵

B.单动舵是电控操舵,而不是舵机房的应急操舵

C.随动舵是电控操舵,而不是舵机房的应急操舵

D.随动舵是舵机房的应急操舵

318.关于船舶操舵控制系统的分类,说法正确的是_____。

 A.单动舵是舵机房的应急操舵

 B.自动操舵系统,又称为自动航向稳定系统

 C.航线自动控制系统,又称为自动航向稳定系统

 D.自动操舵系统,又称为航向自适应控制系统

319.在船舶舵角检测与转换环节系统中,常用的传感器件包括_____。

 A.线性绝对编码器　　　　　　　　　B.线性自整角机

 C.线性电位器　　　　　　　　　　　D.线性电容器

320.在船舶舵角检测与转换环节系统中,常用的传感器件包括_____。

 A.轴角电位器　　　　　　　　　　　B.轴角自整角机

 C.轴角编码器　　　　　　　　　　　D.轴角电容器

321.在船舶舵机控制系统的调节环节中,微分环节具有"超前校正"控制作用。而人们通常所说的_____,不是指微分舵的作用。

 A.纠偏舵　　　　　　　　　　　　　B.稳舵角

 C.反舵角　　　　　　　　　　　　　D.压舵调节

322.在船舶舵机控制系统的调节环节中,正确的说法是_____。

 A.比例舵的优点是结构简单,而且保持航向的精度较高

 B.比例舵是 PID 自动操舵仪的基本调节规律,而且对船舶营运的经济性较好

 C.比例舵的保持航向精度较差,但对船舶营运的经济性较好

 D.相当于比例舵,采用比例-微分舵可以明显减小 S 形航迹的摆幅

323.在船舶舵机控制系统中,自动操舵时,左右舵不对称,致使船舶偏离给定航向,驾驶员必须反向压舵才能正常航行,故障的原因是_____。

 A.当船首向与给定航向重合时,操舵分罗经上的偏航信号发生器(自整角机、旋转变压器、电位器等元件)不在零位,导致有偏航信号输出

 B.舵角反馈信号开路

 C.天气调节环节失灵

 D.操舵分罗经故障

324.在船舶舵机控制系统中,自动操舵时,船舶偏航幅度过大,故障的原因是_____。

 A.舵角比例和微分调节过大

 B.放大电路放大倍数过大

 C.电磁换向阀线圈电路并联放电的二极管电路损坏

 D.电磁换向阀线圈电路并联放电的阻容抑制电路损坏

325.船舶燃油控制系统主要包括_____。

 A.比例阀　　　　　　　　　　　　　B.三通阀

C.速放阀 　　　　　　　　　　　　D.分级延时阀

326.船舶燃油控制系统主要包括_____。

  A.先导泵 　　　　　　　　　　　　B.混油桶

  C.主泵 　　　　　　　　　　　　　　D.平衡泵

327.在船舶燃油供油单元自动控制系统中,_____不是 EVT-10C 型黏度传感器的特点。

  A.可在全流量下测量

  B.没有运动部件

  C.需参数整定

  D.在主机燃用劣质高黏度燃油情况下,仍具有较高的测量精度

328.在船舶燃油供油单元中,_____不是 VISCOCHIEF 型燃油黏度自动控制系统的特点。

  A.控制系统采用了单片机

  B.具有很强的适应性和灵活性

  C.方便内网通信,但是不具有与上位机进行通信的功能

  D.具有完善的自检、控制、显示、多种故障报警等功能

329.在 MR-Ⅱ 型电动冷却水温度控制系统中,调节仪不包括_____。

  A.输入和指示电路 　　　　　　　　B.比例微分控制电路

  C.脉冲宽度调制电路 　　　　　　　D.T802 型热敏电阻

330.在 MR-Ⅱ 型电动冷却水温度控制系统中,调节仪不包括_____。

  A.继电器和开关电路 　　　　　　　B.主电源电路

  C.稳压电源电路 　　　　　　　　　D.限位开关

331._____不是空气反冲式滑油自清洗滤器控制系统的组成部分。

  A.集油器 　　　　　　　　　　　　B.四个滤筒

  C.一个旋转本体 　　　　　　　　　D.驱动电机

332.关于空气反冲式滑油自清洗滤器控制系统,说法不正确的是_____。

  A.被清洗的滤筒由驱动电机切断进油通路

  B.在清洗时,由电机驱动旋转本体依次对准每只滤筒

  C.在同一时间只有一只滤筒处于清洗状态

  D.在一只滤筒处于清洗状态时,其他三只滤筒进行正常的过滤工作

333.VISCOCHIEF 型黏度燃油控制系统的主要缺点是_____。

  A.温度传感器检测温度敏感性差

  B.使用中参数不能自整定

  C.黏度传感器测量精度低

  D.采用了黏度和温度两种控制方案

334.有的主机燃油供油系统装燃油冷却器,其目的是_____。

  A.当主机需要较长时间使用低硫船用柴油时用来降低柴油的黏度

  B.满足主机喷油器对燃油喷射黏度的要求

  C.补偿温度变化对黏度控制的影响

  D.确保燃油喷射系统各偶件不会受到过度磨损

335.单机多库的伙食冷库,温度继电器应该在库温达到调节上限时动作而使_____。
　　A.供液电磁阀开启　　　　　　　　　　B.供液电磁阀关闭
　　C.膨胀阀开启　　　　　　　　　　　　D.膨胀阀关闭

336.WT-1226型温度继电器不调幅差螺帽,只调主弹簧张力,将改变_____。
　　A.温度上限　　　　　　　　　　　　　B.温度下限
　　C.温度上限和温度下限　　　　　　　　D.温度上限或温度下限

337.WT-1226型温度继电器不调主调弹簧预紧力,只调幅差弹簧,将改变_____。
　　A.温度上限　　　　　　　　　　　　　B.温度下限
　　C.温度上限和温度下限　　　　　　　　D.温度上限或温度下限

338.电动式电子膨胀阀在吸气过热度控制中,其_____电机根据蒸发器出口压力、压缩机吸气过热度变化控制阀门开度。
　　A.步进　　　　　　　　　　　　　　　B.自整
　　C.单相异步　　　　　　　　　　　　　D.交流伺服

339.活塞式制冷压缩机通过自身结构进行能量调节,最常用的方式是_____。
　　A.改变转速　　　　　　　　　　　　　B.改善活塞行程
　　C.常开吸入阀　　　　　　　　　　　　D.常开排出阀

340.船舶伙食冷库系统,若制冷压缩机自动停机压力过高而启动压力正常,则应调节_____。
　　A.低压继电器的下限值　　　　　　　　B.低压继电器的上限值
　　C.高压继电器的下限值　　　　　　　　D.高压继电器的上限值

341.船舶伙食冷库系统在正常运行中,压缩机停机压力正常而启动压力过高,则应调节_____。
　　A.低压继电器的主调弹簧
　　B.低压继电器的幅差弹簧
　　C.低压继电器的主调弹簧和幅差弹簧
　　D.高压继电器的主调弹簧

342.采用直接蒸发式空气冷却器的船舶中央空调装置,夏季在外界热负荷变化较大时,自动控制_____保持稳定。
　　A.舱室温度　　　　　　　　　　　　　B.舱室湿度
　　C.制冷剂蒸发温度　　　　　　　　　　D.制冷剂压力

343.空调系统冬季采用双脉冲温度调节器的两个感温元件分别感受_____的温度。
　　A.新风和回风　　　　　　　　　　　　B.新风和送风
　　C.新风和舱室　　　　　　　　　　　　D.回风和舱室

344.毛发式空调湿度调节器是利用随着空气的相对湿度的降低,毛发_____的原理工作的。
　　A.长度增大　　　　　　　　　　　　　B.长度减小
　　C.电阻增大　　　　　　　　　　　　　D.电阻减小

第一节　主推进装置控制系统

1.D	2.C	3.A	4.C	5.B	6.A	7.D	8.A	9.D	10.D
11.C	12.C	13.C	14.D	15.D	16.A	17.A	18.C	19.D	20.D
21.D	22.C	23.B	24.B	25.B	26.D	27.A	28.A	29.D	30.D
31.A	32.A	33.C	34.D	35.D	36.A	37.A	38.A	39.C	40.B
41.D	42.C	43.D	44.A	45.D	46.D	47.D	48.B	49.C	50.D
51.D	52.D	53.A	54.B	55.B	56.D	57.B	58.D	59.D	60.C
61.B	62.B	63.A	64.C	65.B	66.B	67.B	68.B	69.B	70.A
71.D	72.A	73.D	74.A	75.B	76.D	77.A	78.D	79.A	80.A
81.B	82.C	83.C	84.B	85.A	86.A	87.C	88.B	89.D	90.B
91.D	92.C	93.B	94.D	95.B	96.A	97.C	98.D	99.B	100.D
101.A	102.C	103.A	104.A	105.A	106.C	107.D	108.C	109.A	110.A
111.A	112.C	113.A	114.C	115.D	116.C	117.C	118.C	119.A	120.A
121.B	122.D	123.B	124.C	125.D	126.B	127.A	128.C	129.A	130.B
131.A	132.A	133.D	134.A	135.C	136.D	137.A	138.D	139.B	140.C
141.D	142.D	143.A	144.C	145.A	146.C	147.D	148.C	149.B	150.C
151.B	152.A	153.C	154.C	155.D	156.C	157.A	158.C	159.B	160.C
161.D	162.C	163.D	164.B	165.A	166.C	167.C	168.D	169.C	170.B
171.D	172.C	173.D	174.A	175.D	176.B	177.B	178.B	179.B	180.C
181.C	182.D	183.A	184.A	185.C	186.C	187.B	188.B	189.A	190.B
191.D	192.A	193.C	194.C	195.B	196.B	197.D	198.D	199.A	200.D
201.A	202.A	203.C	204.B	205.C	206.C	207.B	208.D	209.D	210.C
211.B	212.A	213.A	214.D	215.C	216.C	217.B	218.D	219.A	220.D
221.B	222.D	223.B	224.C	225.A	226.C	227.D	228.C	229.B	230.B
231.D	232.C	233.B	234.A	235.D	236.C	237.D	238.D	239.C	240.B
241.A	242.A	243.C	244.C	245.B	246.A	247.D	248.A	249.D	250.B
251.A	252.B	253.A	254.D	255.D	256.A	257.D	258.D	259.D	260.D
261.C	262.D	263.D	264.D	265.D	266.A	267.C	268.B	269.B	270.D
271.D	272.A	273.C	274.C	275.C	276.A	277.D	278.A	279.B	280.B
281.C	282.C	283.A	284.C	285.D	286.D	287.D	288.D	289.C	290.A
291.D	292.B	293.D	294.D	295.D	296.D	297.A	298.A	299.A	300.B
301.B	302.C	303.C	304.D	305.D	306.D	307.A	308.A	309.B	310.B
311.C	312.C	313.D	314.D	315.A	316.A	317.B	318.B	319.C	320.C

321.D　322.D　323.A　324.A　325.B　326.B　327.C　328.C　329.D　330.D
331.A　332.A　333.A　334.A　335.B　336.B　337.B　338.B　339.B　340.B
341.A　342.D　343.C　344.C　345.C　346.D　347.D　348.A　349.D　350.A
351.B

第二节　辅助机械控制系统

1.A　2.D　3.C　4.C　5.D　6.A　7.C　8.B　9.B　10.A
11.D　12.C　13.A　14.A　15.A　16.B　17.B　18.C　19.A　20.D
21.A　22.B　23.C　24.B　25.A　26.A　27.A　28.B　29.B　30.D
31.D　32.C　33.D　34.C　35.C　36.B　37.D　38.B　39.D　40.C
41.B　42.A　43.A　44.C　45.B　46.B　47.B　48.C　49.C　50.A
51.C　52.B　53.D　54.D　55.B　56.B　57.D　58.D　59.C　60.B
61.A　62.C　63.D　64.C　65.D　66.D　67.A　68.B　69.C　70.C
71.A　72.B　73.C　74.C　75.C　76.A　77.D　78.A　79.C　80.A
81.B　82.A　83.B　84.D　85.D　86.B　87.B　88.A　89.C　90.B
91.A　92.D　93.B　94.C　95.C　96.A　97.C　98.C　99.D　100.D
101.B　102.C　103.D　104.B　105.C　106.C　107.B　108.D　109.B　110.C
111.B　112.D　113.B　114.B　115.A　116.A　117.A　118.D　119.C　120.C
121.C　122.D　123.A　124.C　125.C　126.C　127.C　128.D　129.B　130.C
131.C　132.D　133.B　134.C　135.D　136.D　137.B　138.A　139.D　140.D
141.D　142.D　143.B　144.A　145.B　146.A　147.A　148.D　149.B　150.C
151.B　152.A　153.A　154.C　155.C　156.A　157.B　158.A　159.B　160.D
161.B　162.D　163.B　164.C　165.A　166.B　167.C　168.C　169.C　170.B
171.C　172.D　173.D　174.B　175.C　176.D　177.B　178.A　179.B　180.B
181.B　182.D　183.D　184.C　185.B　186.C　187.A　188.D　189.B　190.B
191.B　192.C　193.B　194.C　195.B　196.C　197.D　198.B　199.A　200.C
201.A　202.C　203.A　204.C　205.D　206.A　207.B　208.B　209.B　210.D
211.D　212.B　213.C　214.C　215.D　216.C　217.A　218.D　219.C　220.B
221.B　222.B　223.A　224.B　225.D　226.C　227.C　228.C　229.B　230.D
231.B　232.A　233.B　234.C　235.C　236.C　237.A　238.D　239.A　240.D
241.B　242.A　243.A　244.D　245.D　246.A　247.C　248.A　249.A　250.D
251.C　252.C　253.D　254.A　255.B　256.C　257.D　258.B　259.A　260.D
261.B　262.A　263.D　264.B　265.A　266.A　267.B　268.D　269.A　270.B
271.C　272.B　273.D　274.C　275.A　276.C　277.B　278.B　279.A　280.A
281.B　282.B　283.C　284.D　285.C　286.D　287.B　288.B　289.A　290.A
291.B　292.D　293.A　294.A　295.C　296.A　297.B　298.D　299.D　300.A
301.B　302.B　303.C　304.C　305.D　306.D　307.A　308.A　309.B　310.B

311.C   312.C   313.D   314.D   315.A   316.A   317.B   318.B   319.C   320.C
321.D   322.D   323.A   324.A   325.B   326.B   327.C   328.C   329.D   330.D
331.A   332.A   333.B   334.B   335.A   336.C   337.A   338.A   339.C   340.A
341.C   342.C   343.B   344.B

第五章

自动控制系统维护和修理

第一节 自动控制和监视设备

1. 在 K-Chief 500 监视与报警系统的维护管理过程中,如需更换 DPU 模块,模块更换要按说明书规定的步骤进行,更换完毕要对新模块进行_____。

　　A.通电试验　　　　　　　　　　　　B.初始化设置

　　C.与系统进行联调　　　　　　　　　D.与系统通信试验

2. 在 K-Chief 500 监视与报警系统中,若某个输入通道出现硬件故障,则可将相应的输入信号转移到其他通道,以下说法中正确的是_____。

　　A.可以将故障通道的输入信号转移到其他同类模块的空闲输出通道

　　B.可以将故障通道的输入信号转移到其他同类模块的空闲通道

　　C.若有可能,应尽量将故障通道的信号转移到同一模块的控制通道

　　D.可以将故障通道的输出信号转移到同一模块的其他空闲通道

3. 对 K-Chief 500 的故障诊断时,下列哪种方法最适合于诊断系统死机及无任何显示等各类故障?_____。

　　A.比较法　　　　　　　　　　　　　B.交换法

　　C.隔离法　　　　　　　　　　　　　D.拔插法

4. 在常见的视频监控中,信号传输距离较远的是_____。

　　①同轴电缆传输;②双绞线传输;③光纤传输

　　A.①　　　　　　　　　　　　　　　B.②

　　C.③　　　　　　　　　　　　　　　D.①和②

5. 在船舶机舱监视系统中,信号采集站与集控室监控的信号形式及连接方法多数是_____。

　　A.CAN 总线,专用通信线

　　B.CAN 总线,双绞通信线

　　C.现场总线(包括 CAN 和其他类似总线),无线通信

　　D.现场总线(包括 CAN 和其他类似总线),光纤通信线

6. 在船舶机舱监视系统中,集控室与驾驶室之间的信号形式及连接方法多数是_____。

　　A.Ethernet 总线,双绞通信线

　　B.Ethernet 总线,网络通信线

C.现场总线(包括 CAN 和其他类似总线),无线通信

D.现场总线(包括 CAN 和其他类似总线),光纤通信线

7._____是具有信息处理功能的传感器,并带有微处理机。

A.智能传感器　　　　　　　　　　B.压力传感器

C.流量传感器　　　　　　　　　　D.速度传感器

8.智能传感器的主要功能有_____。

①信息存储和传输功能;②自补偿和计算功能;③自检、自校、自诊断功能;④复合敏感功能

A.②③④　　　　　　　　　　　　B.①③④

C.①②④　　　　　　　　　　　　D.①②③④

9.相比一般传感器,智能传感器的显著特点有_____。

①提高了传感器的精度;②提高了传感器的可靠性;③提高了传感器的性能价格比;④促成了传感器多功能化

A.②③④　　　　　　　　　　　　B.①③④

C.①②　　　　　　　　　　　　　D.①②③④

10.关于总线型火警监控系统,下列说法正确的是_____。

A.每个智能传感器需要有一个地址,多个普通开关量传感器可使用一个地址

B.每个普通开关量传感器需要有一个地址,多个智能传感器可使用一个地址

C.每个普通开关量传感器和智能传感器都需要有一个地址

D.多个智能传感器和普通开关量传感器都可使用一个地址

11.在船舶机舱应急切断操作的功能中,为保证动作的可靠性,应每_____对开关做实效操作试验。

A.10 天　　　　　　　　　　　　B.30 天

C.两个月　　　　　　　　　　　　D.三个月

12.在船舶自动控制系统中,其系统的核心是_____。

A.传感器　　　　　　　　　　　　B.变送器

C.执行器　　　　　　　　　　　　D.调节器

13.在船舶主机安全的保护功能中,对曲柄箱油雾浓度过高的测试内容,不包括_____。

A.传感器　　　　　　　　　　　　B.安全保护控制逻辑

C.参考水位罐　　　　　　　　　　D.执行机构

14.对于船舶油分监测控制系统,用混浊度法检测水中含油浓度,其组成不包括_____。

A.水源　　　　　　　　　　　　　B.四氯化碳

C.光电元件　　　　　　　　　　　D.超声装置

15.对于船舶油分监测控制系统,如果用光来检测水中含油浓度,常采用的方法不包括_____。

A.混浊度法

B.利用光敏原理测定油中含水量

C.红外线吸收法

D.利用光散射原理测定水中含油浓度

16.关于船舶火灾探测器的接线方式,正确的是_____。

A.每一个探测回路一般均有一个终端电阻

B.在正常监视状态下提供一个监视电流(一般为毫安级)

C.采用火警方式时,探测器动作后产生一个报警电流(一般为微安级)

D.每一个探测回路一般均有一个终端电容

17.在实际船舶火灾系统中,火警探测器和控制器的接线方式一般均采用_____。

    A.并联   B.串联

    C.混联   D.互联

18.在船舶离子感烟式火灾探测器中,采用镅241的优点是_____。

    A.取材方便、无污染   B.取材方便、寿命长

    C.灵敏度高、无污染   D.灵敏度高、寿命长

19.船舶离子感烟式火灾探测器的特点是_____。

    A.镅241发射离子的能力随着烟雾浓度的提高而增强

    B.镅241发射离子的能力随着烟雾浓度的提高而减弱

    C.离子流的强度随着烟雾浓度的提高而增强

    D.离子流的强度随着烟雾浓度的提高而减弱

20.船舶常用光辐射式火灾探测器,其形式主要包括_____。

    A.遮蔽光式和散射光式   B.管式和半导体式

    C.紫外光式和红外光式   D.双金属式和半导体式

21.船舶常用感温式火灾探测器,其常用形式不包括_____。

    A.差温式   B.定温式

    C.光电式   D.差定温式

22.船舶常用感烟式火灾探测器,其常用形式不包括_____。

    A.离子式   B.光电式

    C.电缆式   D.激光式

23.船舶智能传感器的功能不包括_____。

    A.自动调零   B.自动排除故障

    C.自动进行校验   D.判断、决策和处理

24.感烟式火警探测器是利用_____来测定烟雾浓度的。

    A.烟雾遮光性   B.烟雾吸附性

    C.烟雾散射性   D.烟雾电离性

25.离子感烟式火警探测器进行功能试验后,应_____进行复位。

    A.按火警探测器上的复位按钮

    B.按机旁控制台上的复位按钮

    C.按驾驶室火警控制板上的复位按钮

    D.按机舱集控室控制台上的复位按钮

电子电气专业

参考答案

第一节　自动控制和监视设备

1.B	2.B	3.D	4.C	5.B	6.B	7.A	8.D	9.D	10.A
11.D	12.D	13.C	14.B	15.B	16.A	17.A	18.D	19.D	20.C
21.C	22.C	23.B	24.A	25.C